北京市教委社科计划重点项目（SZ201910037019）资助

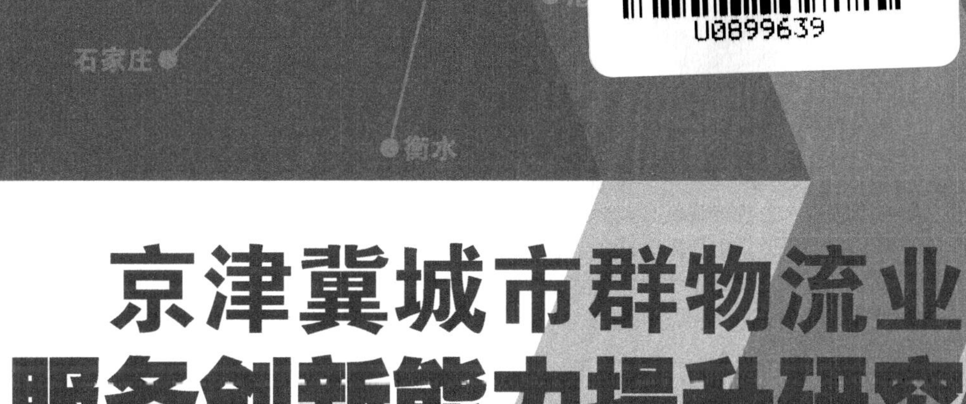

京津冀城市群物流业服务创新能力提升研究

刘艳 ◎ 著

首都经济贸易大学出版社
Capital University of Economics and Business Press
·北京·

图书在版编目（CIP）数据

京津冀城市群物流业服务创新能力提升研究 / 刘艳著.
-- 北京：首都经济贸易大学出版社，2022.1
ISBN 978-7-5638-3326-9

Ⅰ.①京… Ⅱ.①刘… Ⅲ.①城市群—物流—研究
—华北地区 Ⅳ.①F259.272

中国版本图书馆 CIP 数据核字（2022）第 001941 号

京津冀城市群物流业服务创新能力提升研究
刘 艳 著
JINGJINJI CHENGSHIQUN WULIUYE FUWU CHUANGXIN NENGLI TISHENG YANJIU

责任编辑 陈雪莲
封面设计 砚祥志远·激光照排 TEL：010-65976003
出版发行 首都经济贸易大学出版社
地　　址 北京市朝阳区红庙（邮编 100026）
电　　话 （010）65976483　65065761　65071505（传真）
网　　址 http://www.sjmcb.com
E-mail publish@cueb.edu.cn
经　　销 全国新华书店
照　　排 北京砚祥志远激光照排技术有限公司
印　　刷 北京建宏印刷有限公司
成品尺寸 170 毫米×240 毫米　1/16
字　　数 254 千字
印　　张 13.75
版　　次 2022 年 1 月第 1 版　2022 年 1 月第 1 次印刷
书　　号 ISBN 978-7-5638-3326-9
定　　价 55.00 元

图书印装若有质量问题，本社负责调换

前 言

2015年4月30日，中央政治局会议审议通过《京津冀协同发展规划纲要》。纲要指出，京津冀整体定位是以首都为核心的世界级城市群、区域整体协同发展改革引领区、全国创新驱动经济增长新引擎。京津冀城市群是我国国家级城市群建设的重点区域，在全国经济格局中具有重要的战略地位。京津冀协同发展对三地的产业升级与结构调整也提出了新的要求。围绕物流产业，北京物流业发展定位是以物流创新引领的智慧物流，天津物流业发展定位是打造以北方国际航运为核心的国际物流和高端物流，河北物流业发展定位于承接京津产业转移为基础的现代商贸物流的重要基地。

物流业是生产性服务业，服务创新也是其助力产业升级和结构调整的重要路径。实现京津冀区域经济高质量发展，既需要京津冀物流业自身高质量发展，又需要物流业服务和引领其他产业高质量发展。但从现实情况来看，京津冀物流业整体呈现创新意识不强、错位发展不够明显、优势功能互补程度不足等问题。物流产业是京津冀城市群的基础性产业，其服务创新能力的提升，可以促进自身产业的价值增值，推动京津冀物流业向产业高端化进一步发展，提高京津冀城市群发展要素的区域流通效率，对区域内其他产业的发展也起着一定的推动作用。

本书围绕物流产业的服务属性，对物流业服务创新概念的研究不完全延续已有的技术创新的相关理论。本书认为，京津冀物流业的生产服务属性是影响产业服务创新能力的重要因素之一，物流业服务创新不仅有利于自身产业发展，更会在一定程度上服务并促进区域内其他产业的发展。在考虑创新投入、创新产出、创新主体、创新环境四个维度之外，加入创新服务作用维度，构建了物流业服务创新能力评价指标体系，反映京津冀物流业服务创新以及如何与其他产业联动并服务于其他产业发展。同时，本书将京津冀城市群协同化与差异化发展引入研究框架，利用现实数据与理论模型详细刻画多因素群之间的动力传导路径，深度挖掘城市群发展与产业创新相互嵌套下京津冀物流业服务创新的瓶颈因素与优化路径，并提出了城市群物流业服务创新能力提升的对策建议。

随着三地产业结构的不断优化，京津冀协同发展逐渐进入高质量发展阶段，对物流业的服务属性也将提出新的要求，由此引发的政策环境、需求结构、技术水平和竞争压力等因素的变动也将诱发并推动物流业的服务创新发展。

本书在编写过程中，得到于晓辉老师和邵舒羽老师以及苏雪玥、张艳萍、钱坤、石莹、姬晔诸研究生的帮助，在此深表感谢。另外，本书还得到了北京市教委社科计划重点项目（SZ201910037019）资助。

目 录

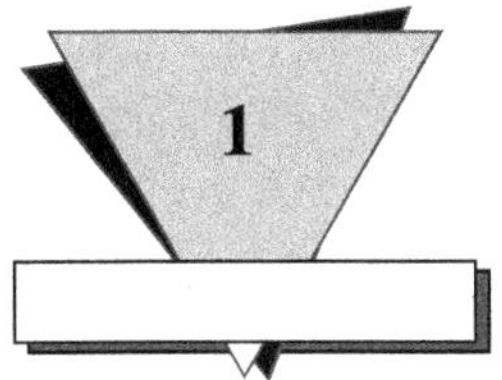

绪 论

1.1 研究背景与研究意义

1.1.1 研究背景

京津冀城市群是我国国家级城市群建设的重点区域，在全国经济格局中具有重要的战略地位。2015 年 4 月 30 日，中央政治局会议审议通过《京津冀协同发展规划纲要》。纲要指出，京津冀整体定位是以首都为核心的世界级城市群、区域整体协同发展改革引领区、全国创新驱动经济增长新引擎。物流产业作为支撑区域经济发展的基础性、战略性产业，既要注重自身的产业发展，又要很好地服务于区域内其他产业发展。在我国大力提倡创新引领高质量发展的战略背景下，提升京津冀物流业服务创新能力，推进京津冀物流业协同发展，对于进一步带动区域产业结构调整、转变区域经济增长方式、促进区域整体协同发展、打造我国世界级城市群具有重要的战略意义。

随着《京津冀协同发展规划纲要》《“十三五”时期京津冀国民经济和社会发展规划》《北京城市总体规划（2016 年—2035 年）》以及《河北雄安新区规划纲要》等规划的印发与实施，京津冀协同发展的顶层设计和战略规划不断清晰明确，战略布局基本完成。根据《京津冀协同发展规划纲要》对京津冀区域的发展战略定位，北京物流业发展的战略定位是以物流创新引领的智慧物流，天津物流业发展的战略定位是打造以北方国际航运为核心的国际物流和高端物流，而河北物流业发展则定位于以承接京津产业转移为基础的现代商贸物流的重要基地。五年来京津冀三地协同效应不断增强，交通一体化不断推进，产业升级转移持续加强，协同发展取得了显著成效。与此同时，京津冀虽然于 2014 年推出了《关于建立京津冀流通产业协同发展服务机制的意见》，并提出物流协同发展的具体措施，但三地物流产业的发展仍然面临协同程度不足、功能定位不清等问题。2020 年京津冀协同发展迈向中期目标，在新的发展阶段，京津冀各地区物流产业如果能做到功能互补、错位发展、相辅相成，促进区域物流产业协同发展，将会对京津冀地区协同发展机制有效运转，区域内发展差距趋于缩小，初步形成京津冀协同发展、互利共赢局面起到极为重要的作用。

党的十九大报告提出，当前中国经济已经从高速增长转向高质量发展，创新驱动是引领高质量发展的关键。服务业创新发展的重要性，早已引起国家的高度重视。国家发展和改革委员会早在 2017 年就印发了《服务业创新发展大纲（2017—2025 年）》，明确要加快服务业创新发展，认为服务业的创新发展，是关系经济转型升级、振兴实体经济和实现制造业强国目标的关键所在。物流业作为生产性服务业，服务创新也是其助力产业升级和结构调整的重要路径。实现京津冀区域经济高质量发展，既需要京津冀物流业自身高质量发展，又需要物流业服务引领其他产业高质量发展。但从京津冀物流业发展的现实情况来看，整体呈现创新意识不强、错位发展不够明显、优势功能互补程度不高等问题。随着京津冀城市群产业结构逐渐升级，通过提升物流业服务创新能力来实现京津冀物流业高质量发展亟待提上日程。物流产业是京津冀城市群的基础性产业，其服务创新能力的提升，可以促进自身产业的价值增值，推动京津冀物流业向产业高端化进一步发展，并且提高京津冀城市群发展要素的区域流通效率，对区域内其他产业的发展起着重要的推动作用。

综上所述，本书基于我国京津冀协同发展战略背景，同时考虑北京、天津、河北三省市不同功能定位下物流产业服务的差异性，从京津冀城市群差异化与协同化发展并存的视角出发，从京津冀物流业服务创新能力影响因素、评价体系、能力优化等方面开展研究，探讨如何从“一盘棋”的角度提升京津冀物流产业服务创新能力，确保各地物流产业协同发展，并高效服务于京津冀区域经济整体发展。

1.1.2 研究目的及意义

物流产业是支撑区域经济发展的基础性产业。为了适应社会经济高质量发展的要求，物流业的发展既要注重自身产业创新，还要能够和区域内其他产业联动并服务区域内其他产业的发展。本书将物流业的生产服务属性纳入物流业服务创新能力评价中，基于能力构成视角，对京津冀城市群物流业服务创新能力影响因素进行整体和区域分析，构建相应的评价指标体系对京津冀城市群进行实证分析，并对城市群物流业服务创新能力提升提出相应的对策建议。本书具有如下研究意义：

第一，成熟的世界级城市群作为国家经济的核心区域，具有支撑城市群内外社会经济联系的系统，并促进多个区域的经济发展。通过梳理国内外城市群的现状，对比分析京津冀城市群与其他城市群的发展差异，进一步丰富城市群产业发展研究的内容。

第二，本书基于物流产业特点，重点考虑了京津冀物流业的服务属性，从五个维度的能力构成视角出发，构建了物流业服务创新能力评价指标体系。该评价指标体系的构建，进一步完善了物流业创新相关的研究框架，为评价指标体系的设计与构建提供了新的参考。同时，将该评价指标体系应用于京

津冀城市群，为京津冀三地的物流产业发展提供了指导。

第三，基于协同化与差异化发展共存的视角，构建了京津冀物流业服务创新能力系统动力学模型，一定程度上丰富了创新能力提升模型的构建思路，可供后续研究相关内容的学者加以借鉴。该模型在边界范围内充分考虑了京津冀城市群的差异化发展与协同化发展，因而更加贴合京津冀物流业服务创新能力的实际情况，通过模型仿真分析，可以得出具有参考价值的优化建议。

综上所述，通过对京津冀物流业服务创新能力影响因素、评价体系、创新能力优化等内容的研究，进一步丰富了京津冀物流业服务创新能力相关的研究范畴。有关对策建议对京津冀物流业服务创新能力的提升具有一定的参考价值，具有一定的理论意义及现实意义。

1.2 文献综述

1.2.1 城市群产业研究

当前，伴随着城市化进程的加速与新技术革命浪潮的涌现，城市群已构成区域经济发展的基本单位，并且越来越成为产业和经济竞争的重要平台。一般意义上，城市群是城市化和工业化发展到一定阶段的产物，是推动新型城镇化的空间载体，不同城市群发展方向各有侧重。国内对城市群的研究起步较晚，但仍具有较为丰富的研究方向。

1.2.1.1 城市群基本理论

法国学者戈特曼（Gottman）在 1957 年首次提出 megalopolis 的概念，并提出 megalopolis 的五个基本条件：①有比较密集的城市；②具有一定数量的大城市都市区，核心城市与外围地区有密切的社会经济联系；③核心城市交通便利，各都市区之间联系密切；④人口在 2 500 万人以上；⑤属于国家的核心区域，具有国际交通枢纽的作用。此后，megalopolis 一词在国内学术界出现了不同的译法。学者们对这一概念有不同的称谓，如大都市圈、城市圈、大都市区、城市带、城市群等。1987 年，加拿大地理学家麦吉（Mcgee）借用印尼语 Desa-kota 来描述亚洲发展中国家和地区出现的不同于西方都市带发展背景的快速工业化和城市化的原乡村地区，之后进一步发展为类似于大都市带的超级都市区（mega urban region）的概念。

我国学者对城市群现象的研究始于 20 世纪 80 年代初。1983 年，丁红俊等首次以“巨大都市带”的译名将戈特曼的理论引入中国。随后周一星（1991）提出了与 megalopolis 相对应的概念——都市连绵区（metropolitan

interlocking region，MIR）。此外，国内学者还使用了其他一些概念来描述城市群现象，如城镇密集区、准都市连绵区、大都市带、都市区、都会经济区等。随着国内学者对于城市群研究的深入，城市群概念得到了广泛的认可，其中，以姚士谋等（2001）提出的城市群概念使用最为广泛。姚士谋认为，城市群的概念为：在特定的地域范围内具有相当数量的不同性质、类型和等级规模的城市，依托一定的自然环境条件，以1个或2个超大或特大城市作为地区经济的核心，借助现代化的交通工具和综合运输网的通达性，发生与发展着各城市个体之间的内在联系，共同构成的一个相对完整的城市“集合体”。相比其他概念，城市群是一个总体和综合的概念。从纯地理学角度来说，城市群是指一定区域内城市分布较为密集的地区，它包含城市群体或城镇体系的不同发展阶段，也包括不同城镇形态的表现形式。随着城市化的不断发展，城市群更多地被赋予经济学的内涵，既包含地理区域概念，也包含经济区域概念，因此被学术界等社会各界所认同。随后，关于城市群的概念，国内学者尝试从多种理论角度进行理解与解释，如区域空间布局、城市相互联系、系统研究、城市群作用与功能、国家治理等。

目前，在区域经济发展不平衡、不充分的问题仍旧凸显的背景下，以城市群为主体形态推进区域经济协调发展成为当前中国经济发展的重要战略选择，因此城市群协调发展一直是城市群相关研究的热点之一。在城市群协调发展基础内涵研究方面，不同学者从不同角度对城市群协调发展进行了阐述。党兴华等（2007）从系统论的视角出发将城市群整体划分为经济、社会、人口、环境、资源五大子系统，认为城市群协调发展是指城市群中五大子系统之间协同发展，形成良性循环态势。覃成林等（2010）则强调城市群内单体城市之间的分工协作，认为城市群的协调发展是指城市群内部城市之间相互开放，实现资源与要素的优化配置；通过合理的产业分工与协作，形成紧密的经济联系与发展依赖关系；在整个城市群区域范围内实现资源利用、环境保护的统筹管理与协调。

针对特定城市群，制定政策、实施相关战略措施是城市群协调发展研究的重要内容。以成立较早的长三角城市群为例，早期学者针对管理、交通、环境、一体化等区域性发展问题，提出借鉴欧美国家大都市区组织管理模式，创建长江三角洲城市群协调发展管理机构的构想。这一构想也引发了相应的后续研究，有学者提出应将城市群协调会议转变为常设机构，将单一的政府主导协调机制转变为以市场为基础、企业为主体的协调机制，并强调制度化协调机制的重要性。而随着研究方法的丰富，定量研究长三角城市群的协调发展趋势开始显现。有学者根据定量测算结果，认为长三角城市群内各城市

之间的发展水平截面差异明显，其中人口子系统与资源、环境、产业子系统的耦合协调度均偏低；也有学者对此持反对意见，认为长三角城市群地区间的协调均衡发展趋势显著，但是仍然存在核心城市的全球城市功能较弱、经济首位度较低等发展问题。

受旧金山湾区硅谷高科技产业发展模式的启发，粤港澳城市群的概念由香港科技大学校长吴家玮教授首次提出，之后粤港澳大湾区独特的空间组织、经济形态引起了不少学者的关注。目前，对粤港澳大湾区的研究主要集中在粤港澳三地地缘关系与区域协作、内部经济关系与时空演变及发展策略思考等方面。对于粤港澳大湾区整体协同发展的研究，展金泳等（2016）对粤港澳经济协调发展的时间演变与空间分布进行了分析，研究发现港澳经济具有先发优势，粤港澳经济发展中空间分布并不均衡，靠近中心城市的区域发展更为迅速，粤澳之间的市场一体化水平要大于粤港之间的水平。粤港澳区域的特殊性在于“一国两制、三个关税区域和三种法律体系”，这是与国际典型湾区和国内主要城市群的本质差异。对于京津冀城市群发展的研究，早期学者意识到京津冀城市群的发展受到制约因素的影响，其潜力尚未得到充分发挥，提出应从强化合作意识、突出“双核”驱动作用、完善区域产业链条以及构建现代化交通网络等方面制定、实施京津冀区域发展战略。而后经过若干年的发展，京津冀非首都功能疏解、城市副中心建设、雄安新区建设进入了扎实推进的新阶段，以京津为中心城市组与以冀各地级市为边缘城市组的功能分工显著。学者们通过对比研究、指标体系构建、实证研究等方式对京津冀建设世界级城市群的发展阶段、存在问题进行分析，发现京津冀人口规模和经济规模已达到世界级体量，但与世界级城市群仍存在差距。

1.2.1.2 城市群产业发展

产业发展是城市群发展的重要影响因素。在城市群发展初期，学者们将产业与城市群共同作为区域发展的重要因素，部分学者认为产业结构协调、城市群体协调是长江三角洲经济协调联动、实现一体化发展的重要部分，并且提出产业结构不合理及趋同、城市群的发展滞后等因素是城市群经济发展不协调的主要原因，应树立区域经济协调发展意识，积极引导产业集群和城市群的形成。还有学者提出了以产业转移为桥梁、以城市群化为载体、以区域协调发展为目标的“三位一体”区域协调发展构想。

随着城市群的快速发展，学者们开始重视城市群内部产业的发展问题。熊雪如（2013）在分析各城市群的协调发展模式基础上，认为推进区域产业转移和产业集聚、推动城市群整体产业结构的动态调整和区域分工优化，是城市群经济运行协调的重要内容。更多学者通过定量研究来对城市群内产业进行测算评价，并证明了产业发展是城市群发展的重要影响因素。向丽（2018）认为，目前中国十大城市群整体工业布局与区域发展协调状况良好，且不同城市的工业布局与区域发展协调性的空间溢出效应显著。但也有学者认为如何加快产业升级已经成为现阶段中西部地区经济发展面临的一个紧迫问题。张治栋（2019）发现，产业集聚和城市集聚对推动区域经济增长均具有显著作用，但城市集聚对经济增长的作用远小于产业集聚。袁世一（2019）认为产业结构是城市群发展的重要影响因素，并对国内三大城市群的产业结构高度化、合理化与生态化水平进行了评价。还有学者针对京津冀城市群开展研究，发现目前的产业结构对京津冀城市发展质量可能产生抑制作用，应该加快转型升级京津冀城市群的产业结构。另外，有部分学者从空间角度对城市群内产业发展进行了研究。例如，有学者经过测算发现，中原城市群内第三产业重心迁移轨迹和经济重心迁移轨迹基本重合，第三产业重心和经济重心灰色关联度最强。还有学者通过定量计算发现国内三大城市群逐步形成了生产性服务业集聚在中心城市、制造业集聚在中心城市外围的“中心—外围”空间格局，认为这种现象有助于提高城市群经济增长速度。

综上所述，国内学者对于城市群的相关研究随着城市群的发展逐渐丰富，同时又为城市群的发展提供了重要的理论指导。我国的城市群正处于快速发展阶段，无论是城市群本身的功能定位还是内部产业发展，都会根据国家或区域的发展战略而改变。因此，城市群相关研究往往紧紧围绕着国家城镇化发展战略等政策不断深入。尽管城市群相关研究成果颇丰，但仍然有值得进一步研究的问题，理论和实证研究仍需要进一步加强，如针对经济发展新常态，对城市群在新的功能定位下的生产服务业创新进行系统性研究。本书以优化京津冀物流业服务创新能力为目标，从城市群一体化与城市功能差异化并存角度研究京津冀城市群物流服务内涵，深化对城市群物流服务能力的认知，从整体协同和局部差异视角制定物流业创新发展政策，为区域经济学、城市管理学等学科研究提供较为完整的产业创新和区域创新相关案例，为区域物流创新发展模式提供一定的实践指导。

1.2.2 产业创新研究

城市群的发展与产业创新密不可分，产业创新和创新能力已经成为区域经济发展的决定性因素。产业创新是创新理论的重要分支，并在创新理论不断深化的研究过程中逐渐发展。奥地利经济学家熊彼特（SchumPeter）最早提出“创新”的概念，此后，创新理论得以发展，从聚焦技术创新到强调制度创新，从重视企业创新到关注国家创新，逐步形成了多个创新理论流派。

关注产业创新对于推动京津冀城市群的协同发展具有重要意义，下面将从产业创新基本理论、产业创新发展路径和产业创新影响因素三个方面展开文献梳理。

1.2.2.1 产业创新基本理论

英国经济学家弗里曼（Freeman，1983）首次提出了产业创新的理论，并在《产业创新经济学》一书中较为系统地介绍了产业创新的具体内容，建立起了产业创新理论的基础。弗里曼认为产业创新包括技术和技能创新、产品创新、流程创新、管理创新（组织创新）和营销创新，并指出不同的产业，其产业创新的内容是不一样的。而后，道奇森和罗斯韦尔（Dodgson & Rothwell，1994）合著的《产业创新手册》对产业创新的动力、创新的本质、创新的部门和创新的影响因素等进行了较为深入的分析，对产业创新有了更深层次的研究。国内的产业创新理论的研究起步相对较晚，严潮斌（1999）从产业发展理论、产业技术理论以及产业经济学等方面探讨了产业创新的发生原因及具体内涵，并初步根据产业创新主体不同，将其归纳为国家创新、产业创新和企业创新。俞海山（2001）从创新的内涵角度，分析了产业创新、科技创新、制度创新三者之间的关系。

对产业创新的相关文献进行梳理可以发现，不同的学者从不同的视角对产业创新的内涵进行阐述：狭义上来讲，产业创新是指以技术创新为核心，通过创新主体间的相互作用，实现新技术的产生及应用，从而实现产业的突破性进步；广义上来看，产业创新是指产业创新主体通过制度创新、技术创新、管理创新、组织创新等多种创新方式，充分利用各种社会资源，培育新兴产业，使原有产业取得突破性发展。本书更认同广义上的产业创新的界定，不仅强调技术创新的作用，还强调制度创新等在产业创新发展中的重要作用。产业创新还可分为宏观、中观及微观三个层面。宏观层面的产业创新是指一个国家的产业结构转换，是国家竞争力的反映。微观层面的产业创新则指企业开发新产品和服务，即通过企业创新改变现有产业结构。本书基于京津冀城市群，更多地从中观，即区域层面对产业创新展开探讨，产业结构的转型与升级对于京津冀区域协同发展至关重要。

同时，产业创新是一个系统的概念，弗里曼（1987）首次将系统论引入创新理论体系中，并提出了“国家创新系统”。埃德奎斯特（Edquist，1997）认为，创新系统是创新过程中影响因素的集合，包括经济、社会、制度与组织等。随后布雷斯基（Breschi，1997）提出了“产业创新系统”，库克（Cooke，2004）提出了“区域创新系统”。柳卸林（2000）指出，技术创新具有不同的系统层次，在产业是产业创新系统，在区域是区域创新系统，在国家则是国家创新系统。陈劲（2000）提出建立包含企业环境要素的创新体系与框架的产业创新系统思想，认为国家创新系统是由许多产业创新系统构成的。张凤、何传启（1999）在对国家创新系统结构分析的基础上，提出了产业创新系统的概念，认为产业创新系统是指与产业相关的知识创新和技术创新的机构和组织构成的网络系统。

通过以上对于产业创新基本理论相关文献的梳理不难看出，产业创新作为创新理论的重要分支，受到了国内外学者的广泛关注。产业创新是在结合技术创新、制度创新和国家创新系统理论的基础上发展起来的，对于产业创新的基本概念，可以从广义上和狭义上进行定义，也可以从宏观、中观和微观进行分类。目前国内外产业创新的相关研究主要集中在产业创新系统方面，产业创新系统介于企业创新系统和国家创新系统之间，被视为国家创新系统的重要组成部分，三种系统是一般性创新系统的不同表现形式，系统间没有严格的包含与被包含关系。本研究是在京津冀城市群协同发展的实际背景下展开的，因此，本研究认为，京津冀区域产业创新发展的未来将走向协同创新，即在产业创新系统中，通过各种创新要素与创新环境的协同作用，最大限度地从系统内部和外部获取有价值的创新资源，并进行创新资源的整合与共享，从而提升京津冀产业创新能力，早日实现京津冀城市群协同发展。

1.2.2.2　产业创新发展路径

现阶段，在创新驱动发展理论得到广泛重视的背景下，创新要素的空间集聚与扩散已成为影响现代区域经济发展与产业结构升级的重要力量。在注重产业自主技术创新的同时，产业集聚为创新要素的集聚提供基础，并通过创新要素流动提高技术扩散的效率，对推动跨区域产业创新合作进程的展开，在区域之间形成产业协同创新网络，提升区域产业创新效率，探寻产业创新发展路径，具有重要意义。

产业集聚是影响我国区域创新能力的重要因素，因而对产业创新发展路径的分析从产业集聚入手。产业集聚与技术创新的关系一直是学术界研究的重点。马歇尔较早关注产业集聚的现象，对产业集聚的内涵和外延进行解释，认为集聚产生的原因在于可获取外部规模经济所能提供的创新环境等。之后罗默等（Romer et al，1986）以内生增长理论指出区域内产业集聚对技术创新的推动作用。熊彼特进行产业集聚与创新的融合研究，认为产业集聚与创新之间是不能独立存在的。随着这些早期理论的发展，现阶段相关学者对两者关系的研究内容更加宽泛，区域创新影响因素的分析、创新效率的作用效果、区域创新的机制与效应都与产业集聚相关联，但现有研究谈论的创新较多涉及企业层面的技术创新，从产业层面开展的产业集聚与产业创新关系的研究

依然较少。简言之，产业集聚所谈及的技术创新从纵向来看未能达到产业的高度，从横向来看与产业创新的内容有所差别。

从产业集聚已有的研究出发，产业集聚带来的创新要素的集聚是实现产业创新发展的关键环节。创新要素集聚的概念源自1920年马歇尔提出的集聚效应，即同质企业的区域集群可促进产业生产要素的集聚，并通过商业活动与员工交流等方式产生知识溢出效应，形成规模经济，从而推动区域内产业的技术创新发展。并且，此概念最早由库克（2005）提出，他认为区域创新可通过人力要素、资源要素和知识要素等的交互作用，实现创新要素的流动，进而促进创新要素的集聚。现阶段，在围绕创新要素集聚开展的研究中，学者们大多从创新要素集聚水平测度、创新要素集聚的经济增长效应、创新要素集聚的产业结构效应等方面对创新要素集聚的相关问题进行研究，完全针对创新要素集聚展开的研究相对较少。有的学者则立足于产业集聚，分析创新要素集聚与产业集聚的关系。陈建军等（2008）认为，创新要素集聚是通过区域内支撑产业发展的研发机构、高校和企业等创新主体所形成的；余泳泽等（2013）指出，产业集聚形成了创新要素集聚，创新要素集聚产生的集聚效应通过外溢作用促进产业创新发展。这些研究可总结为：创新要素集聚基于产业集聚的空间地理位置集中性，实现以产业创新主体为载体的空间集聚，随着产业创新主体关系和结构等的变化进行动态发展，根据创新扩散理论，创新要素集聚的辐射性带动产业创新发展，提升产业创新绩效。所以，产业集聚构成了创新要素集聚的基础，且产业集聚的特点影响创新要素集聚的特征。

基于产业集聚和创新要素集聚的文献梳理，本书认为：产业创新发展的基本路径表现为产业集聚—创新要素集聚—产业创新发展。其中，创新要素在传统生产要素重新组合和配置的基础上，贯穿产业创新发展的全过程，且在不同阶段呈现出不同特征。在产业集聚阶段，它处于有序的状态，不同产业不同地域之间的要素未发生关联；在创新要素集聚阶段，它处于聚合的状态，以其空间外溢效应促进区域产业创新发展，并对产业集聚给予反馈，扩大产业集聚的范围；在产业创新发展阶段，它处于系统化的状态，是创新要素集聚的高级化的结果。因此，创新要素是产业创新发展的基础因素，创新要素集聚促进产业结构优化升级，持续推动产业结构迈向中高端，是产业创新发展实现的关键。

京津冀作为全国创新要素最集聚、创新产出最丰富的地区，城市群内产业创新或将成为新时代引领我国产业转型升级的重要引擎，但当前京津冀城市群发展中存在地区发展差距较大、核心城市集聚辐射效应不强、北京“大城市病”突出、城市间产业结构趋同等问题。此外，现有的京津冀城市群创新要素研究不论是以省际区域为对象还是以城市区域为对象，均以研发类要素为主。从京津冀城市群协同化与差异化的视角出发，现有文献存在以下两个问题：第一，城市群的整体发展强调协同，而不是极化或平衡，但是现有的创新要素集聚研究不考虑不同地区的发展定位与功能互补，单纯从集聚与扩散的维度去看待与产业创新发展的关系；第二，城市群内成员城市间往往既存在功能定位差异，也存在发展程度差异，从而导致政府对创新要素集聚的干预力产生差异，上述文献大多涉及人才、资本、技术等创新要素，却没有考虑管理或制度要素对创新要素集聚及产业创新发展的影响。

综上所述，产业创新路径体现为产业集聚—创新要素集聚—产业创新发展的过程，以创新要素为基础，围绕创新要素集聚，最终实现产业创新发展的目标。京津冀城市群的创新要素资源占据优势，但是基于城市群整体功能定位存在的问题，以及京津冀城市群创新要素的研究现状，京津冀城市群产业创新发展路径需从以下两个方面入手：第一，将管理及制度等创新要素纳入京津冀产业创新发展中，以现有的研发等创新要素为实体，以管理及制度等创新要素为边界，激发创新要素集聚的科学性，促进京津冀产业创新发展的系统性；第二，从京津冀城市群功能的协同发展角度出发，融合京津冀城市群发展的差距与城市群产业发展的要素集聚，以京津冀城市群产业的协同发展推动产业创新发展。

1.2.2.3　产业创新影响因素

产业创新介于国家创新与企业创新之间，是产业实现高质量发展的重要驱动力。从相应的概念来看，产业创新体现了旧产业结构破坏以及新产业结构形成的创造性过程。在此过程中，产业创新会在外部变化的环境中受到不同因素的影响而产生演变，所以对产业创新影响因素的研究可通过了解产业创新的具体过程和产业创新作用的发挥等方面实现。学者在探究产业创新成果展开的影响因素时，多是将产业创新效率或者产业创新绩效作为产业创新成功与否的评判准则，分析产业创新效率与产业创新影响因素的关系等。例如，冯旭等（2021）基于中国28个省级行政区域高技术产业的数据，探究高技术产业创新效率的提升路径，以及产业环境和外部资金支持等因素的作用机理；李盛楠等（2020）运用文献编码分析方法，对中国高技术产业技术创新效率影响因素进行梳理，从而理清影响因素之间的相互作用关系以及对提升高技术产业技术创新效率的作用。为更好地梳理产业创新影响因素的研究，本研究从研究主体以及研究因素的具体分类展开。

具体到相应的产业，产业创新影响因素研究涉及的研究主体主要是与信

息技术等相关的产业，如战略性新兴产业和高技术产业等。高艳荣等（2020）通过 SFA 模型考察政府财政激励政策对高技术产业总体创新效率的影响程度。这充分表明产业创新与未来新兴科技发展的密切关系，也表明未来产业创新的努力方向。现代物流业作为生产性服务业需向各个产业的发展提供服务，对应的战略性新兴产业物流需求不断增加，也在科技创新的整体环境中向着信息化、自动化和智能化的方向发展。近年来，学者对物流业产业创新的研究逐渐增多。例如，张焱等（2020）讨论 5G 背景下物流业产业创新生态系统的构建，运用系统动力学方法对物流业未来十年进行情景模拟分析，发现 5G 对物流产业创新提升的作用非常显著。但是整体来看，目前学者对物流业产业创新影响因素的研究还需进一步丰富。

对于具体的影响因素，产业创新的影响因素可以从创新投入、创新产出、创新环境、创新主体等方面考虑，主要选取人才、资金、技术和环境等相关因素。例如：冯旭等（2021）分析产业环境、产业结构、外部资金支持和区域经济水平与高技术产业创新效率的关系；赵玉帛等（2020）从产业创新投入和产业创新产出两个维度，选取人才要素投入、资金要素投入、实物要素投入和创新期望产出、创新非期望产出作为二级指标构建国家级新区产业创新效率评价指标体系；范德成等（2020）从创新环境的视角识别出政策环境、主体创新环境和市场环境等影响高技术产业创新效率的关键因素；王俊鹏等（2019）从创新主体、创新资源和创新环境三个方面总结归纳影响我国汽车产业创新生态系统演进的因素，并选取经济、政府、市场、自然资源、人才、技术、资金七个维度作为因素衡量指标。结合目前的研究，本书认为对于产业创新影响因素的研究多是探究高技术产业创新的影响因素，对于物流业等具有服务属性的新兴产业的研究相对较少，也未能将物流业的服务属性在具体的影响因素中体现出来。

综合现有的分析可知，产业创新影响因素目前是学者研究的热点，相关研究更多侧重产业创新效率影响因素或者产业创新绩效影响因素，且近年来物流业产业创新影响因素的研究逐渐增多。从具体的产业类型来看，目前研究多与战略性新兴产业或者高技术产业相关；从具体选取的影响因素来看，目前研究多从创新投入、创新产出、创新环境和创新主体方面考虑，选取人才、资金和技术相关的因素。但是相较而言，现有研究中与物流产业相关的内容还有待丰富，且物流业产业创新影响因素的服务属性需进一步凸显。

1.2.3 物流业创新研究

近年来，随着京津冀城市群协同发展战略的实施，作为区域产业发展重要支撑的物流业的服务创新能力很大程度上影响了区域产业的结构调整与协同发展。目前，国内外学者虽然已经对此开展了较多研究，但总体来看，学者们对于物流业服务创新能力的定义尚未完全统一，研究内容也都各有侧重。因此，本书需对物流业创新能力以及物流业服务创新能力做进一步的概念界定，并对相关研究进行梳理。

1.2.3.1　物流业创新能力

现阶段，国内外学者会根据各种研究需要，对产业创新能力进行不同层面的概念界定，尚无统一且明确的概念。综合国内外学者的研究，产业创新能力的概念总体上从产业层面出发，主要围绕高技术产业或制造业进行概念界定，少有研究涉及服务业。从高技术产业层面来看，一般认为，产业技术创新能力就是将高科技知识转化为新产品或新工艺并获得经济效益，提高产业发展的能力，由研究与开发（R&D）投入能力、成果转化能力、制造能力和支撑能力等构成。从制造业层面来看，一般认为，制造业的产业创新是技术创新、产品创新、市场创新和制度创新等的综合性创新行为，其创新能力也是多种因素集成而产生的合力，由技术创新能力、制度创新能力、市场创新能力等构成。综合上述两个层面的产业创新概念表述可知，已有的概念是学者们基于技术创新对产业发展的推动作用，进而结合各产业的发展特征及创新要素所提出的。例如，围绕高技术产业的概念更多地会涉及技术研发过程，而围绕制造业产生的概念则在考虑研发的基础上将制度与市场等创新要素纳入其中，但是二者的核心理论均是技术创新理论。根据《科学发展观百科辞典》对技术创新能力的定义，技术创新能力是依靠新技术推动企业发展的能力，也是提升企业竞争力的重要组成部分。以产品创新能力、生产技术创新能力和管理创新能力为主体，涉及整个企业技术创新过程的所有因素和对象，是企业整体的系统能力。具体由创新投入能力、创新倾向能力、企业R&D能力、财务能力、生产制造能力、组织管理能力、营销能力和创新产出能力等组成。基于技术创新能力与产业创新能力概念的提出思路，本研究进一步探讨物流业的产业创新能力。

首先，物流业是通过物流资源的产业化从而形成的一种聚合性或者复合性产业，隶属于第三产业，是生产性服务业。相比于高技术产业或制造业，物流业涉及的创新活动更为复杂，也更为宽泛。产业创新既需要技术创新，又需要管理或市场的创新。随着物流业的产业结构调整不断深入，物流服务现代化水平持续提高，整个产业的未来发展对装备研制与信息技术的创新提出更高要求，同时要求市场环境与政策制度进一步完善。因此，从广义上来看，物流产业创新的概念应以满足服务需求为主线，涵盖研发、管理两方面。

其次，物流业是国民经济的动脉系统，连接着各经济部门并使之成为一个有机整体，其发展程度已成为衡量一国现代化程度和综合国力的重要标志之一。物流的内涵是动态演化的，目前学术界对于物流业的认识维度存在一定程度差异，对物流业的创新要素众说纷纭。从产业维度来看，持此观点的学者认为，物流业创新是通过开发新产品、新技术和新服务，以增加服务内容、提高服务质量和服务效率、创造价值的创新行为和活动，创新要素集中在支撑物流活动的技术要素与产业系统运行的人、财、物资源要素。从服务体系维度来看，持此观点的学者认为，物流是工业生产和商业活动的辅助服务体系，物流业的发展核心要素是服务产品的数量与质量，创新要素集中于产品创新与外部环境创新。从经济活动过程维度来看，持此观点的学者认为，物流针对的是物的流通，应以满足客户需求为前提，创新要素集中于技术创新与管理水平的创新。

综合上述研究可知，物流业的创新要素主要涵盖技术创新、组织创新、管理创新、服务创新四种创新要素。因此，本研究认为物流业的产业创新能力是物流业通过技术创新推动服务创新，通过组织创新推动管理创新，实现产业核心竞争力提高的综合能力，由技术创新能力（研发）、组织创新能力（战略）、管理创新能力（实施）、服务创新能力（价值）构成。

1.2.3.2 物流业服务创新能力界定

服务创新的研究始于 20 世纪 80 年代中期，国外有学者指出，服务创新是集成企业人力资源、技术资源和组织资源，为特定客户提供一套问题解决方案，该问题在市场上从未出现过，或者说该企业从未遇到过。还有学者认为，与制造业的技术创新类似，服务企业的创新活动主要采用新思想、新技术和新的管理手段等对企业以往的服务流程进行系列变革，旨在提升企业服务质量和盈利能力，为顾客带来新的体验和价值。关于服务创新能力的研究，国外有学者提出，企业的服务创新能力包括知识软能力、技术硬能力、客户的知识软能力、客户的技术应变能力和服务产出能力。有学者认为，服务创新能力包括感知客户需求的能力、服务概念构建能力、服务构建能力、共同生产和协作能力、服务范围扩建能力及学习和适应能力。还有学者借鉴以往的研究，将专业服务企业的服务创新能力分为聚焦于顾客的创新能力、聚焦于营销的创新能力和聚焦于技术的创新能力。我国有学者认为，服务创新能力可以从创新智能和创新过程两个维度进行界定，包括创新资源投入能力、创新管理能力、员工创新能力、创新的生产能力、创新的营销能力。通过对早期文献及近期文献的梳理可以发现，虽然相关研究对服务创新能力的界定尚未完全统一，但国内外学者普遍认为服务创新能力是一个多维度概念。

聚焦到物流业服务创新能力的研究，因技术创新的概念更为成熟而有了更为丰富的研究内容。国内一些学者便沿用了技术创新的相关内容对物流业服务创新能力进行定义，认为物流业服务创新更多的是通过技术创新来实现的。此类研究对于物流业服务创新能力的界定为：物流企业通过投入资金和人员等开发新产品、新技术和新服务，来改善和变革现有的服务内容，以期提高现有的服务质量和服务效率，从而创造价值的创新行为和活动的能力。还有学者认为，物流业服务创新应该既包括技术创新，又包括非技术创新，如管理创新、制度创新、组织创新、过程创新、概念创新、传递创新等，物流业服务创新能力的定义应该强调其多个维度的概念。此类研究对于物流业服务创新能力的界定则为：物流企业通过在服务概念、服务模式、服务流程、服务网络、服务组织等多个方面的改进和创新，来实现物流的差异化服务，满足客户的个性化需求，从而提升物流服务价值的能力。总的来说，对于物流业服务创新能力的定义可以概括为物流企业所采取的一切与物流服务相关或针对物流服务的创新行为与活动，从而提升物流服务的能力。上述学者对于物流业服务创新能力的研究大多基于企业层面进行展开，创新主体多为物流企业，而基于产业层面的相关研究还有所欠缺，也少有学者将物流业服务创新能力放在产业创新系统中进行研究。

物流业属于生产性服务业，需要通过服务于其他产业实现其创新价值，将物流业服务创新能力放在区域产业创新系统中进行探究是非常必要的。产业联动就是在区域产业发展中，各产业间相互作用，实现区域产业的优势互补与协同发展。我国学者就物流业与其他产业的联动发展展开了丰富的研究，有学者关注物流业与制造业的联动发展，物流业与制造业的联动发展有助于实现我国产业转型升级，是产业联动的主要研究内容；也有学者不仅关注物流业与制造业的联动发展，还关注到了物流业与农业或其他产业，包括第一产业、第二产业以及第三产业的联动发展，极大地丰富了产业联动的相关研究。本书在京津冀城市群协同发展战略背景下展开，基于产业层面对物流业服务创新能力进行探究，物流业服务创新不仅需要依托于区域其他产业，也将带动和影响其他产业的转型升级；物流业的服务创新成果将在区域产业间进行转移和反馈，从整体上优化区域产业结构，提高区域产业层次，并促进区域产业的协同发展。

综上所述，本研究基于产业创新及服务创新理论，强调物流业服务创新的服务属性，并从产业联动视角出发，将物流业服务创新能力放在产业创新系统中进行解释。对物流业服务创新能力的界定为：物流业通过技术创新、组织创新、管理创新、服务创新等一切与物流服务相关或针对物流服务的创

新行为与活动，实现为区域其他产业提供更高水平的物流服务、提高物流业与其他产业联动发展的能力。

1.2.3.3 物流业服务创新能力相关研究

现阶段，国内外对服务创新能力的研究都已形成一定的体系，但是对我国来说，物流业服务创新能力仍然是一个相对较新的研究领域。从服务创新能力的层面来看，国内外学者大多从服务业出发，也有部分学者围绕区域经济增长开展研究。此类研究中，研究对象涉及范围较广，涵盖知识型服务业、生产性服务业、信托业、政府等。近年来，国内学者如秦立公（2019）、刘念（2020）等从供应链整合的角度进一步开展了服务创新能力的相关研究。

梳理既有文献发现，由于学者们侧重的研究对象不同，他们对服务创新能力的影响因素理解也各有不同。物流业属于生产性服务业，对生产性服务业的服务创新能力影响因素的认知有以下几类。远亚丽与唐卫宁等人以物流业产业集群为研究对象，从低碳视角出发，确定了技术创新、创新政策、创新能力、知识水平创新与创新支撑机制等五大类具有多重共线性的影响因素。张晓从第三方物流企业服务创新能力的风险维度出发，分析得出环境、资源投入能力、管理能力、服务研发能力与服务实施能力等五种风险影响因素。王坤与骆温平基于开放式创新理论探讨了在制造业参与背景下组织协作对物流业服务创新能力的影响，涉及技术研发、管理水平、创新环境与知识管理等多个维度的影响因素。申静、耿瑞利和陈中华（2016），将知识型服务业的服务创新能力概念引入物流业，结合物流业服务创新特征，主要考察了创新投入、创新产出与创新环境三个方面的影响因素。综合上述文献可发现，除了申静的研究之外，现阶段国内尚无完全从产业发展角度探究物流业服务创新能力影响因素的研究，而由于服务创新能力的概念源自知识型服务业，本书认为申静的研究在产业组织与价值增值等方面有所缺失，难以完全涵盖物流业的服务创新能力。

关于服务创新能力影响因素的研究方法，国内外学者整体上采用扎根案例研究与问卷调查两种方法，此外也有部分学者从理论研究的层面开展了定性研究。从基于扎根理论开展的相关研究来看，近年来学者们对服务创新能力影响因素的认知是动态演化的，涉及的关键因素从产业或企业内在的技术积累或资源集合逐步向创新生态系统中的知识获取水平与资源网络配置等方面转变。从基于问卷调查开展的研究来看，虽然现阶段的调查对象范围已经足够广泛，但是在经过权重打分后，绝大多数研究对服务创新能力影响因素的判定依然停留在投入、产出与环境三个维度，从2014年起至今未发生明显的动态演化。服务创新能力与创新能力应具有显著关联，然而近年来有关产

业或企业创新能力的影响因素探索，逐渐出现了投入—过程—产出或投入—产出—支撑等多种角度的研究，相比之下服务创新能力影响因素判定已略显滞后。因此，本书将根据扎根研究的理论动态演化，在后续的影响因素探索与评价指标体系构建等研究环节，进一步丰富物流业服务创新能力关键影响因素或指标的内容，与当下主流认知进一步贴合。

在现代服务业发展空间不断拓展与生产性服务业稳定地向专业化和价值链高端延伸的大背景下，物流业的产业内涵不断丰富。物流业不仅仅是以增值为目的提供服务产品的生产部门和企业集合，也涵盖了一定的以满足社会公共需要为目的提供服务产品的政府行为集合。广义来看，服务创新是指服务业的创新行为与活动，所以本书将结合物流业的创新特征与要素等多个维度，进一步探讨物流业服务创新能力的影响因素。

科学合理的评价体系是准确衡量服务创新能力的前提，因此服务创新能力评价研究是服务创新的重要内容之一。国外在服务创新能力评价方面有较为全面的研究成果：宏观层面有全球得分板 GIS、欧洲创新得分板 EIS（2001—2010），微观层面可借助中小企业服务价值创造能力模型等对服务创新能力进行评估。相比之下，国内对服务创新能力评价的研究起步较晚，陈劲（2004）在国家层面进行了探索性研究，更多学者在服务创新研究日渐深化的过程中，意识到服务创新能力对于服务企业与服务产业起着越来越重要的作用。由此，针对企业层面的服务创新能力评价研究开始出现：有学者针对零售企业、知识型服务企业分别构建了服务创新能力评价指标体系，为企业提高服务创新能力提供了指导。随着我国服务业的高速发展，服务创新在某些服务产业中发挥了越来越重要的作用，因此，产业服务创新能力成为学术界研究的重点领域：学者们针对中国高技术服务业、知识密集型服务业、物流业、B2B 电子商务业分别构建了服务创新能力评价指标体系，使这些行业的发展态势得到了客观反映。

从分析视角来看，现有研究基本可分为投入—产出视角与能力整合视角。在投入—产出视角方面，申静等（2016）分别针对我国高技术服务业、物流业、B2B 电子商务业，从创新投入、创新产出和创新环境三个维度构建了服务创新能力评价指标体系，并进行了实证检验，验证了评价指标体系的有效性与适用性。在能力整合视角方面，辛枫冬（2010）从创新组织管理能力、创新服务研发能力、创新服务实施能力、创新服务营销能力、组织学习和成长能力五个层面构建了知识密集型服务企业服务创新能力评价指标体系；孙永波等（2013）从基础管理能力、人力资源、市场营销能力、零供关系维护能力、创新服务内容、服务设施创新能力、自有品牌创新能力、技术创新能

力八大方面构建了零售企业服务创新能力评价指标体系；陶颜等（2014）构建了包括服务开发能力、服务生产能力、服务营销能力和组织支持能力四个维度的企业服务创新能力评价体系，并对浙江省知识型服务企业的服务创新能力进行了测量。

经过文献梳理发现，目前国内对于服务创新能力评价的研究主要集中在产业层面与企业层面，缺乏针对区域内的产业服务创新能力研究。随着现代服务业在我国区域经济发展过程中的地位不断攀升，同一地区内产业集群的服务创新能力也需要受到更多关注。本书从区域发展视角出发，针对京津冀城市群物流业的服务创新能力开展基于微观和宏观两个层面的研究，提出京津冀城市群物流业服务创新能力提升路径及对策建议，以满足物流业适应京津冀协同发展的现实要求。

1.3 研究思路和研究方法

1.3.1 研究思路

本书按照提出研究问题→收集与整理相关文献→探究理论背景→探讨实际情况→展开科学研究→归纳研究结论→提出政策建议的研究思路，从物流业服务创新能力构成视角，考虑物流业的生产服务属性，对京津冀物流业服务创新能力的提升展开具体研究，研究思路及内容如下。

绪论章节简述了研究背景及意义，并提出了本书的研究问题。基于研究问题，本书对城市群以及产业创新相关的文献进行梳理。通过收集与整理相关文献，绪论部分探讨城市群产业研究、产业创新研究、物流业创新研究等理论背景，为后续研究打下了坚实的理论基础。国内外城市群发展案例和京津冀城市群物流业及创新概况两章，分别介绍了京津冀城市群协同发展现状、国内外五大城市群概况、与其他知名城市群的对比情况、协同发展背景下京津冀物流业现状、京津冀物流业服务创新及趋势，对于京津冀城市群及其物流业实际情况的分析，可进一步支撑对京津冀物流业服务创新能力影响因素的探讨，并为后续的优化研究提供一些参考。京津冀物流业服务创新能力影响因素、评价体系和创新能力优化模型三章，共同构成了本书的主体研究部分。其中，影响因素研究部分，通过对现有研究成果的梳理和整合，并结合京津冀物流业实际情况，归纳得出国内外学界认可度较高且与京津冀城市群具有较强相关性的物流业服务创新能力影响因素群，为本书核心研究部分的开展做出铺垫。评价体系研究部分，对国内外物流业服务创新能力影响因素

进行梳理，在考虑物流业服务属性的基础上，从能力构成角度建立了物流业服务创新能力评价指标体系，并对京津冀物流业的服务创新能力展开实证分析。创新能力优化模型部分，在实证分析基础上，进一步围绕京津冀物流业现状，选取权重较大的影响因素，从京津冀物流业服务创新能力提升和衰减两个角度构建系统动力学模型，并通过相关因素进行模型仿真分析和情景模拟分析，探究各影响因素对京津冀物流业服务创新能力的影响，围绕关键因素探究实现京津冀物流业服务创新能力提升的可行路径。研究结论和对策建议部分通过对核心研究部分的研究结论的整理和归纳，提出了京津冀物流业服务创新能力的提升路径及对策建议。

1.3.2 研究方法

1.3.2.1 文献研究法

本书将运用文献研究法，系统性地搜索并整理与城市群产业研究、产业创新研究、物流业创新研究等内容相关的论文和报告材料。在文献综述的过程中，梳理出与本研究相关的所有理论知识，并通过总结和提炼，得出物流业服务创新能力的定义，进而对物流业服务创新能力进行深入分析，得出物流业服务创新能力的五个构成维度，为后续研究打下坚实的理论基础。

1.3.2.2 对比分析法

本书将对长三角城市群、粤港澳大湾区城市群、波士顿—华盛顿城市群、德国莱茵—鲁尔城市群、日本东海道城市群五个国内外城市群展开案例研究，并通过与上述城市群的对比分析，对京津冀城市群进行深入剖析，阐述京津冀城市群在功能定位、空间结构、创新环境、产业发展、流通条件等方面的自身特点及未来发展方向。

1.3.2.3 定性分析法

定性分析法在本研究中的京津冀物流产业服务概况分析、京津冀物流业服务创新特点分析过程中均有运用。对于京津冀物流产业服务概况的分析，本书将运用 SWOT 分析法，在对京津冀物流业发展现状进行详细分析后，归纳和概括京津冀物流业的发展优势与劣势、机会与威胁，而后得出京津冀物流产业的发展趋势。在对京津冀物流业服务创新特点进行分析时，本书将主要依据京津冀物流业服务创新活动和京津冀城市群创新环境，对京津冀物流业产业特点和京津冀城市群环境特点进行提炼。

1.3.2.4 定量分析法

在京津冀物流业服务创新能力评价部分，本书从国家数据统计年鉴、中国物流年鉴等获取相关数据，采用 CRITIC 赋权法，对物流业服务创新能力评

价指标进行权重赋值。而后选取 TOPSIS 评价法，运用物流业服务创新能力评价指标体系及相关数据，科学合理地对京津冀物流业服务创新能力展开评价，并对评价结果进行分析，进行提出建议。

1.3.2.5 模拟仿真法

本书结合系统动力学理论，运用 VENSIM 和 MATLAB 等软件，采用模拟仿真法，探究京津冀物流业服务创新能力的提升路径。参考构成京津冀物流业服务创新能力的五个维度和其主要特征，基于差异化和协同化并存的视角，得出京津冀物流业服务创新能力提升的系统动力学模型，通过设置影响因素间的数学表达式，并输入京津冀地区真实数据，展开模型仿真分析和情景模拟分析，以此得出京津冀物流业服务创新能力的提升路径。

1.3.2.6 总结归纳法

本书将运用总结归纳法，展现出京津冀物流业服务创新能力评价体系和京津冀物流业服务创新能力提升模型的主要研究结论，并就此研究结论，基于京津冀地区协同化与差异化发展并存的背景，提出京津冀物流业服务创新能力的提升路径及对策建议。

1.4 主要研究内容、结构和创新点

1.4.1 主要研究内容和结构

第 1 章为绪论，首先提出本书的研究背景和意义，然后通过综述城市群产业研究、产业创新研究和物流业创新研究的相关文献，进一步明确本书的特点及意义，最后介绍本书的研究思路、研究方法、主要研究内容、研究结构及创新点。

第 2 章主要对国内外一些城市群进行分析并和京津冀城市群进行对比。对长三角、粤港澳大湾区、波士顿—华盛顿、德国莱茵—鲁尔、日本—东海道五个城市群展开案例研究，通过与京津冀城市群对比，分析京津冀城市群在功能定位、空间结构、创新环境、产业发展、流通条件等方面的特点。

第 3 章主要描述京津冀城市群物流业发展现状及产业创新面临的机遇和挑战。根据有关政策及相关产业发展数据，对京津冀物流业发展现状进行具体分析，探究京津冀城市群物流产业发展的优势与劣势、机会与威胁，围绕京津冀物流业服务创新活动，总结京津冀物流业的产业特点及创新发展所面临的机遇和挑战。

第4章重点围绕京津冀物流业服务创新能力影响因素开展研究。通过梳理国内外有关文献，从创新投入、创新产出、创新主体、创新环境等维度出发，对京津冀物流业服务创新能力影响因素群进行初步筛选。结合物流业生产性服务的产业特点，构建出符合京津冀物流业服务创新特点的影响因素群整体框架，并对框架内部各组成部分间的关联关系进行阐述。最后，得出涵盖上述各维度中具体影响因素的京津冀物流业服务创新能力影响因素群，并对各影响因素加以解释。

第5章将基于第4章所得到的京津冀物流业服务创新能力影响因素群，构建京津冀物流业服务创新能力评价体系。遵循评价指标体系设计的目标及原则，从能力构成视角出发，构建考虑生产服务特性的物流业服务创新能力评价指标体系，同时选取相关方法对评价指标进行权重赋值，得到完整的物流业服务创新能力评价指标体系，并对京津冀物流业服务创新能力展开具体评价分析。

第6章围绕京津冀物流业服务创新能力优化开展相关研究。利用系统动力学方法，选取物流业服务创新能力的重要影响因素，基于差异化和协同化发展并存的背景，在VENSIM软件中构建京津冀物流业服务创新能力系统动力学模型的因果关系图，讨论各影响因素间的数学关系，并据此得出存量流量图，最后借助MATLAB软件设置不同情境进行模拟分析。

第7章在第5章和第6章的基础上，进一步提出京津冀物流业服务创新能力的提升路径及对策建议。

整体研究结构如图1.1所示。

1.4.2 研究创新点

本书基于京津冀协同发展的差异化与协同化视角，在考虑物流业服务属性基础上，探究京津冀物流业服务创新能力的提升路径，具有以下创新点。

第一，对于物流业服务创新能力概念的定义，本书不再局限于延续技术创新的相关概念，而是考虑了物流产业的“服务”属性，认为京津冀物流业的生产服务属性是影响产业服务创新能力的重要因素之一，物流业服务创新不仅有利于自身产业发展，更会在一定程度上服务并促进区域内其他产业的发展。因此，在构建京津冀物流业服务创新能力评价指标体系的过程中，本书选取能力构成视角的同时，也不再局限于从创新投入、创新产出、创新主体、创新环境四个维度挑选评价指标，还考虑了“创新服务作用”维度，反映京津冀物流业的创新如何与其他产业联动并服务于其他产业发展。

第二，本书以物流业服务创新机制为内核，进一步兼顾城市群发展的外

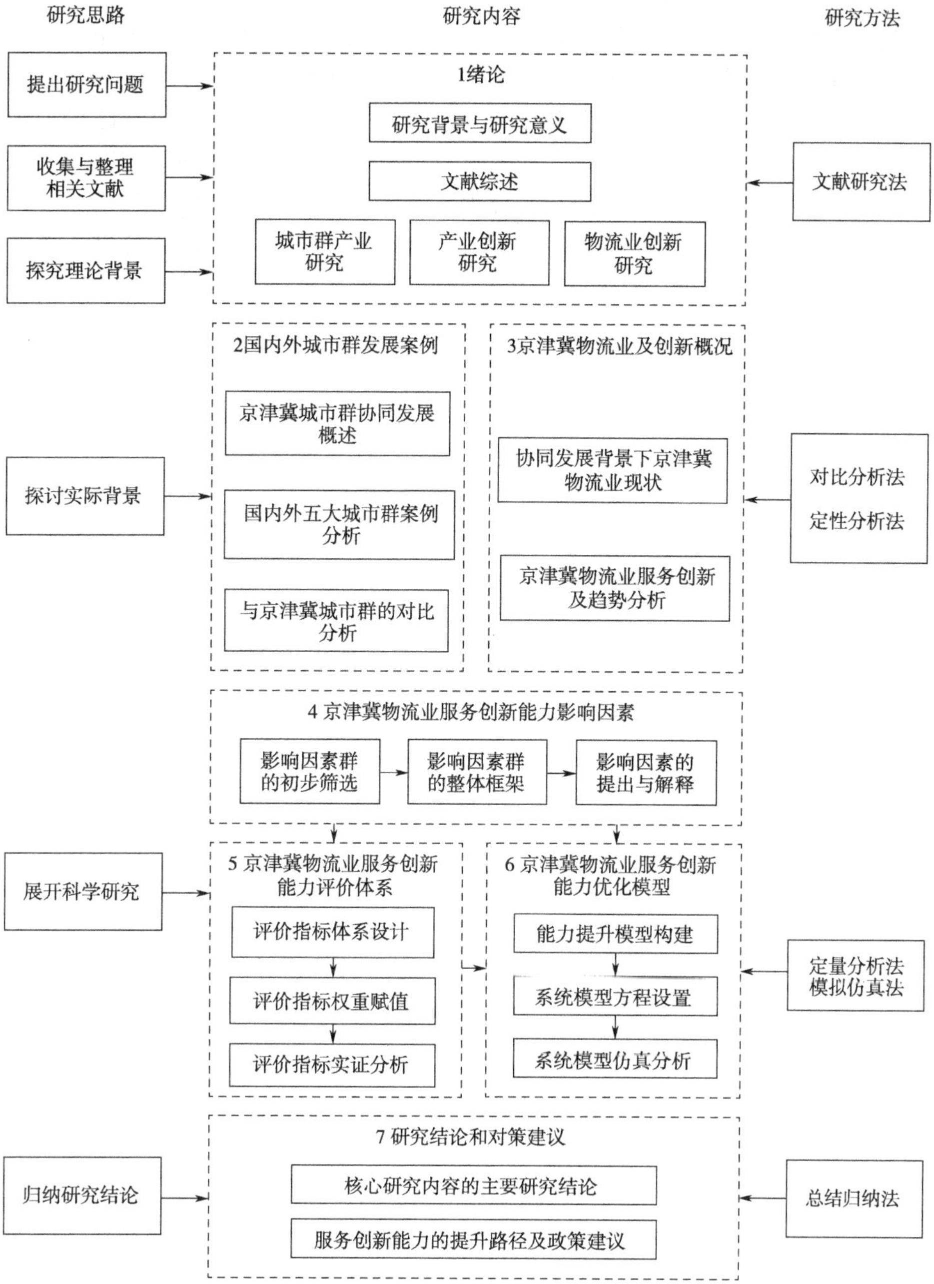

研究思路 | 研究内容 | 研究方法

提出研究问题
收集与整理相关文献
探究理论背景

1绪论
研究背景与研究意义
文献综述
城市群产业研究
产业创新研究
物流业创新研究

文献研究法

探讨实际背景

2国内外城市群发展案例
京津冀城市群协同发展概述
国内外五大城市群案例分析
与京津冀城市群的对比分析

3京津冀物流业及创新概况
协同发展背景下京津冀物流业现状
京津冀物流业服务创新及趋势分析

对比分析法
定性分析法

4 京津冀物流业服务创新能力影响因素
影响因素群的初步筛选 → 影响因素群的整体框架 → 影响因素的提出与解释

展开科学研究

5 京津冀物流业服务创新能力评价体系
评价指标体系设计
评价指标权重赋值
评价指标实证分析

6 京津冀物流业服务创新能力优化模型
能力提升模型构建
系统模型方程设置
系统模型仿真分析

定量分析法
模拟仿真法

归纳研究结论

7 研究结论和对策建议
核心研究内容的主要研究结论
服务创新能力的提升路径及政策建议

总结归纳法

图 1.1 京津冀物流业服务创新能力提升研究结构

部性因素，将京津冀城市群所涵盖的协同化与差异化这一特色内容引入研究框架。立足于前人研究，从系统视角出发，构建了涵盖物流业内生作用、产业联动作用及城市群客观环境等主要内容的京津冀物流业服务创新能力系统模型。利用现实数据与理论模型详细刻画多因素群之间的动力传导路径，深度挖掘城市群发展与产业创新相互嵌套下京津冀物流业服务创新的瓶颈因素与优化路径：一方面，引入创新环境因素，丰富了物流业服务创新相关研究的内容；另一方面，为京津冀物流业服务创新能力的进一步提升提供了理论指导。

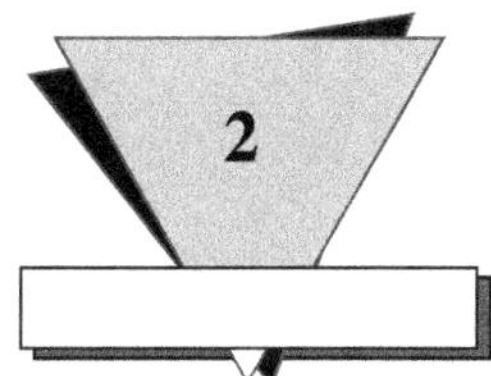

国内外城市群发展案例

随着经济全球化进程的加快，参与世界经济联系和能量交换的基本单元逐渐由城市向城市群转变。全球范围内区域经济一体化的经济发展趋势越发明显，一些城市基于科技、金融、制造等领域已有的先发性优势，逐渐成为区域或全球的科技创新或贸易中心，进而形成多个世界级的创新集群，如美国波士华城市群、英国—爱尔兰城市群、德国鲁尔工业区城市群、日本东海道城市群、中国长三角城市群等。从概念上讲，城市群是城市化与工业化发展到一定阶段的产物，是推动区域经济发展的空间载体，根据基础条件与发展规划的差异，不同的城市群发展的侧重方向也有所不同。近年来，我国逐渐意识到城市群建设的重要性，2016 年“十三五”规划中明确指出要重视“城市群建设发展”，2019 年中共中央政治局会议强调要“加快重大战略实施步伐，提升城市群功能”。党的十八大以来，我国区域经济一体化进程不断加快，已形成长江三角洲区域一体化、京津冀协同发展、长江经济带发展、粤港澳大湾区建设的四大跨区域协调发展的总体格局。

本章通过梳理京津冀城市群协同发展相关政策分析京津冀发展现状，并对国内长三角城市群、粤港澳大湾区城市群，国外波士华城市群、德国莱茵—鲁尔城市群、日本东海道城市群展开案例研究，对比分析京津冀与其他国内外城市群在功能定位、空间结构、创新环境、产业发展、流通条件等方面的差异，探究京津冀物流产业的发展方向。

2.1 京津冀城市群协同发展概述

2.1.1 京津冀城市群协同发展政策梳理分析

2014 年 2 月 26 日，习近平总书记主持召开座谈会，专题听取京津冀协同发展工作汇报，强调实现京津冀协同发展，是面向未来打造新的首都经济圈、推进区域发展体制机制创新的需要，是探索完善城市群布局和形态、为优化开发区域发展提供示范和样板的需要，是探索生态文明建设有效路径、促进人口经济资源环境相协调的需要，是实现京津冀优势互补、促进环渤海经济区发展、带动北方腹地发展的需要，是一个重大国家战略，要坚持优势互补、互利共赢、扎实推进，加快走出一条科学持续的协同发展路子来。

自京津冀协同发展上升为国家战略以来，国家及三地政府先后出台了一系列相关规划及政策，加快构建京津冀协同发展规划政策体系。规划及政策于 2014 年开始陆续出台，政策颁布数量于 2016 年、2017 年达到顶峰，随后趋于下降并进入政策消化期，截至 2020 年，京津冀协同发展规划政策体系的上层建设已经基本完成。据不完全统计，自2014年以来，围绕京津冀协同发展陆续出台了三千多项政策文件，其中北京近千项、天津三百余项、河北一千多项。在京津冀协同发展规划政策体系中，2015年发布的《京津冀协同发展规划纲要》从战略意义、总体要求、定位布局、有序疏解北京非首都功能、推动重点领域率先突破、促进创新驱动发展、统筹协同发展相关任务、深化体制机制改革、开展试点示范、加强组织实施等方面描绘了京津冀协同发展的宏伟蓝图，是京津冀协同发展的最高层战略性规划纲要。该规划明确指出了京津冀区域整体定位以及京津冀三地功能定位（如图2.1所示）。此外，京津冀还确定了“功能互补、区域联动、轴向集聚、节点支撑”的布局思路，明确了以“一核、双城、三轴、四区、多节点”为骨架，推动有序疏解北京非首都功能，构建以重要城市为支点，以战略性功能区平台为载体，以交通干线、生态廊道为纽带的网络型空间格局。

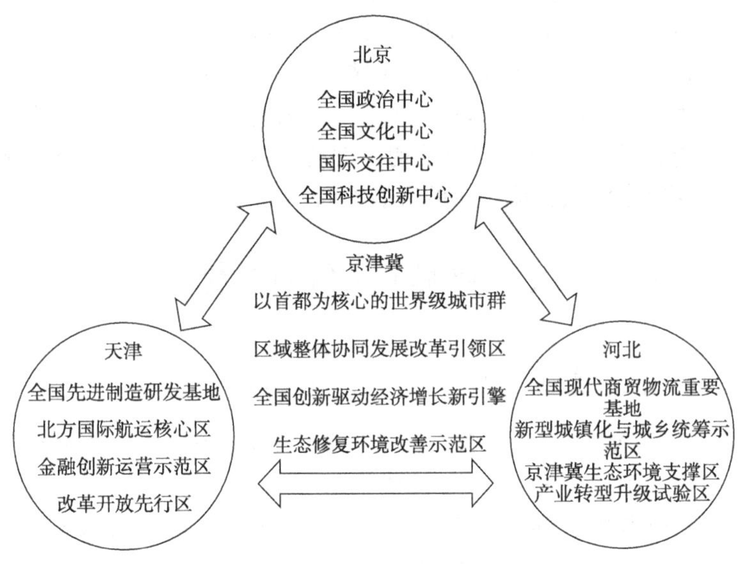

图2.1　京津冀城市群整体定位及京津冀三地功能定位

以《京津冀协同发展规划纲要》为基本遵循，《“十三五”时期京津冀国民经济和社会发展规划》于2016年2月6日印发实施，该规划是全国第一个跨省市的区域“十三五”规划，明确了京津冀地区未来五年的发展目标，有序推进北京非首都功能的疏解，紧密结合三省市实际，把京津冀作为一个区域整体统筹规划，并制定了创新发展（将京津冀地区打造成全国创新驱动经

济增长新引擎）、转型升级（构建现代产业发展体系）、互联互通（加快重大基础设施建设）、绿色发展（建设生态修复环境改善示范区）等九个方面的重点发展任务。此外，京津冀协同发展规划政策体系中还包括许多产业领域的规划及政策，制定了京津冀各领域更具有针对性的发展战略。例如，在交通领域，把交通一体化作为先行领域，实现规划同图、建设同步、运输衔接、管理协同。京津冀地区以现有通道格局为基础，着眼于打造区域城镇发展主轴，促进城市间互联互通，推进“单中心放射状”通道格局向“四纵四横一环”网络化格局转变。完善首都机场服务功能，形成优势互补、适度竞争、具有国际竞争力的“双枢纽”机场格局，显著增强北京地区民航运输保障能力和辐射带动作用，大幅提升北京航空枢纽国际竞争力，增强区域枢纽作用，建设我国国际航空物流中心。商贸、海关、旅游等方面相关政策的陆续出台，为京津冀三地协同发展提供了有序的商贸环境。持续推进京津冀通关一体化改革，通过建设一个中心，搭建四个平台，大幅减少海关审批手续和通关环节，降低京津冀地区进出口企业办理跨关区货物通关的成本。在国家京津冀协同发展总体框架下，在商贸物流发展专项规划中进一步明确京津冀区域商贸物流发展的主要思路、原则、任务，重要节点和通道、重点园区、服务平台等内容，推动形成京津冀多层次、多功能、便捷高效的区域综合物流服务体系。随着天津自由贸易试验区和北京市“两区”建设规划的落地，京津两地以推进供给侧结构性改革为主线，发挥三地优势互补、协作共赢的理念，促进流通业态创新、模式创新，提高流通效率和服务质量。

《京津冀协同发展规划纲要》作为京津冀三地协同发展的纲领性文件，着重强调了京津冀区域整体定位以及京津冀三地功能定位，三省市定位服从和服务于区域整体定位，增强整体性，符合京津冀协同发展的战略需要。此后发布的各项京津冀协同发展规划及政策大多以规划纲要为基准，也一并延续了其中提出的差异化定位以及协同化发展，这些政策涵盖了京津冀协同发展的各个领域及层面，基本形成了全方位覆盖，为各领域推动京津冀协同发展都制定了相应的指导性文件。2018 年之后已发布政策大多处于已完成或加紧落实阶段，各项工作稳步推进，京津冀协同发展初显成效。

2.1.2 京津冀城市群发展现状

京津冀城市群由北京、天津两个直辖市与河北省的石家庄、承德、张家口、秦皇岛、唐山、廊坊、保定、沧州八个地区的城镇组成，共有省级城市两个、地级市 8 个、县级市 17 个、县城 82 个、建制镇 991 个，目前已基本形成了以特大城市北京和天津为中心，以八个主要城市为外围，以众多星罗棋布的小城镇为基础的“2+8”式城市群规模结构。京津冀三省市地域面积达21.6万平方千米，占全国国土面积的1.9%。考虑城镇体系空间结构，京津冀地区显著地呈现出“一轴两带”的空间形态，即连接北京和天津两大核心城市的京津主轴，以北京为核心的中部城镇发展带，以天津为核心的沿海城镇发展带。作为我国北方经济的重要核心区，2020年京津冀地区城镇化率为69.02%，比2019年提高2.32个百分点，其中北京与天津的城镇化率均超过84%，河北省城镇化率虽提升超过1个百分点，但仍与北京、天津有较大差距（如图2.2所示）。2020年，京津冀地区生产总值合计86 393.2亿元，总体比上年增加6.6%，约占全国生产总值的8.5%左右，其中北京、天津、河北分别为36 102.6亿元、14 083.7亿元和36 206.9亿元，北京与天津贡献了京津冀地区超过58.3%的地区生产总值（GDP），而河北地区的人均GDP仍不及全国人均水平（如图2.3所示）。在居民人均收支情况方面，2020年京津冀三地的差距依旧较大，北京地区的人均可支配收入与人均消费支出分别为69 434元与38 903元，天津地区的人均可支配收入与人均消费支出分别为43 854元与28 461元，京津均保持着较高收支水平，而河北省两项数据分别为27 136元与18 037元，低于全国均值。在教育资源方面，京津冀地区有本科高校143所，专科高校109所，其中本科高校主要集中于京津地区，有93所，占本科高校总数的65%；专科高校主要集中于河北地区，有58所，占专科高校总数的53%。从这些数据可以看出，京津冀是城市群尺度上资源禀赋和经济社会发展差异巨大的地区。

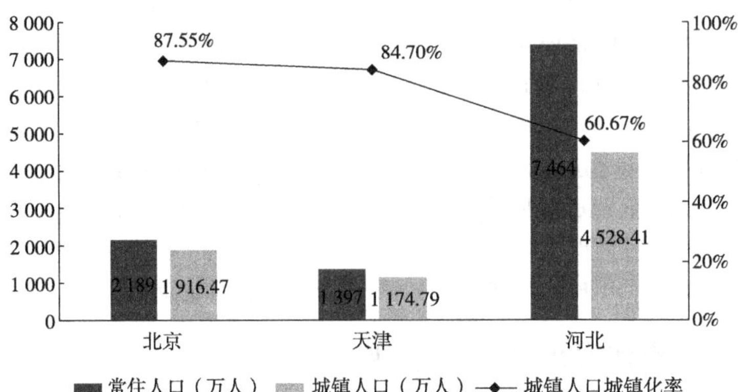

图2.2　2020年京津冀地区人口及城镇化情况

注：2020年全国城镇化率为63.89%。

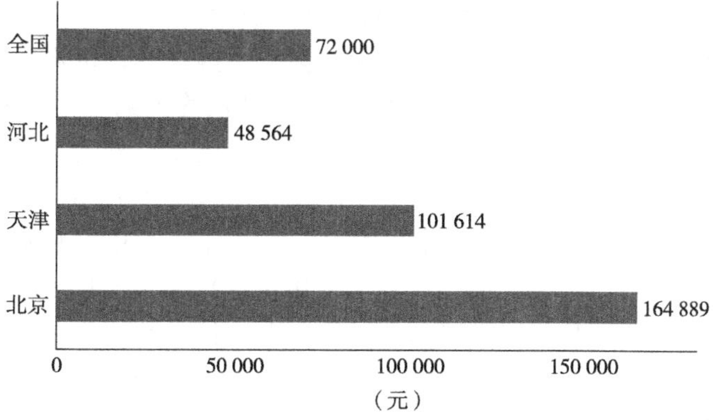

图 2.3 2020 年全国及京津冀地区人均 GDP 情况

在产业发展方面，北京市作为国家首都，其文化、政治地位突出，对外交流能力强，社会资源、生产要素吸引能力相对较强。北京市国民经济和社会发展统计公报数据显示，北京市第一产业比重由 1949 年的 23.12%降低至 2020 年的 0.3%，第二产业比重由 1949 年的 36.82%降低至 2020 年的 15.8%，第三产业比重由 1949 年的 40.07%上升至 2020 年的 81.7%，北京市已经率先进入后工业化发展阶段。天津市毗邻北京市，较容易吸引资金、技术等生产要素进入，且作为北方重要港口，具有较强的海运能力，能够进口国外矿石、煤炭等资源，因而天津市的装备制造、加工产业比较发达。天津市国民经济和社会发展统计公报数据显示，2020 年天津市第一产业比重为 1.5%，第二产业比重为 34.1%，第三产业比重为 64.4%，天津市正在进入后工业化发展阶段。河北省作为北方大省，地区主要以平原为主，第一产业比重较大，同时作为内陆省，其在发展工业过程中难以吸引外部资源进入，且矿产资源少，无法形成规划统一的第二产业布局。河北省国民经济和社会发展统计公报数据显示，2020 年河北省第一产业比重为 10.7%，第二产业比重由 1978 年的 51%降低至 2020 年的 37.6%，第三产业比重由 1978 年的 21%上升至 2020 年的 51.7%，河北省正处在工业化后期发展阶段。总体来看，京津冀城市群的产业结构呈现“三、二、一”结构，即京津冀地区产业比重以第三产业为主、第二产业次之、第一产业最低。同时，京津冀第三产业发展水平要高于全国水平，而第一、二产业发展水平低于全国水平。京津冀地区第三产业发展以北京市最优、天津市次之，河北省最低，从而造成三个地区就业结构相差较大。北京市从业人员主要集中在第三产业，天津市从业人员主要集中在加工制造的第二产业，而河北省从业人员主要集中在劳动密集型的传统行业，京津冀区域产业结构不平衡也阻碍了三地的协同发展。

随着经济发展，第三产业逐渐成为衡量一个国家或地区经济发展质量的重要标准，未来第三产业将会取代第一、二产业成为国家或地区的经济支柱，成为产业结构的主导产业。对第三产业，可将其简单理解为涉及流通、服务的产业。2020 年末，京津冀区域内第二产业法人单位有 51.6 万家，第三产业法人单位有 236.3 万家，分别占全国第二、三产业法人单位总数的 17.9%和 82.1%（见图 2.4）。其中，第三产业法人单位占比超过全国平均水平 3.5 个百分点。此外，北京市科学研究和技术服务业、信息传输软件和信息技术服务业、文化体育和娱乐业占北京第二、三产业法人单位比重分别为 19%、6.5%和 7.0%，而 2013 年末所占比重分别为 11.3%、7.6%、4.3%。天津市第三产业法人单位有 29.1 万家，占天津市第二、三产业法人单位比重为 80.8%，比 2013 年末提升 6.3 个百分点，提升幅度较大。其中，天津市科学研究和技术服务业、信息传输软件和信息技术服务业占天津第二、三产业法人单位比重分别为 13.3%、4.9%，分别比 2013 年末提升 5.0 和 4.0 个百分点。天津市第三产业增幅较大，且高技术服务业快速增长。

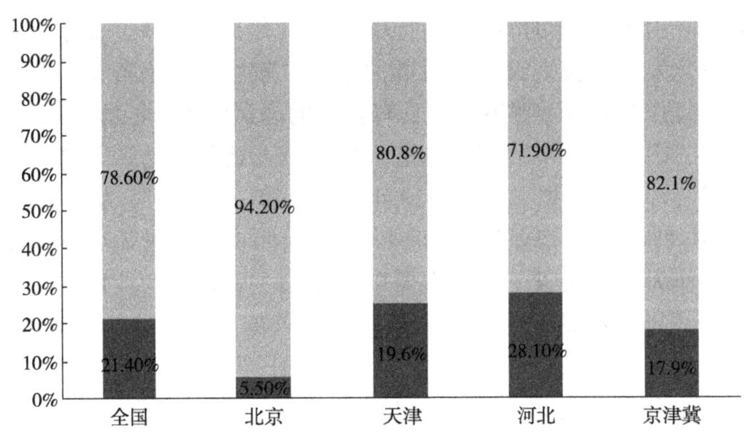

图 2.4　2020 年京津冀第二、三产业法人单位占比重情况

随着京津冀区域第三产业占比的不断增加，创新将成为产业高质量发展的重要动力。京津冀三地规模以上工业企业新产品开发项目总数由 2015 年的 27 869 项增加至 2020 年的 47 866 项，增长了 71.8%。其中，北京市与天津市增比分别为 24.7%与 47.4%，增长较为平稳；河北省在三地中增幅最大，达到 147%。三地规模以上工业企业专利总数由 2015 年的 47 141 件增至 2020 年

的 68 995 件，增长了 46.4%。其中，天津市和北京市增长幅度较小；河北省在三地中增幅最大，达到 138.7%。三地技术市场成交总额由 2015 年的 3 996.87亿元提高到 2020 年的 8 680.68 亿元，增长了 117.9%。其中，北京市技术市场成交额占三地总额的比重从 2015 年的 86%下降到 2020 年的 72.8%，天津市技术市场成交额占三地总额的比重从 2015 年的 13.1%上升到 2020 年的 20.8%，河北省技术市场成交额占三地总额的比重从 2015 年的 0.9%增加到2020 年的 6.4%。虽然河北省技术市场成交额一直处于增长状态，但是在三地中依然处于劣势地位。综合以上数据，在规模以上工业企业新产品开发项目数和规模以上工业企业专利数所代表的技术研发方面，京津冀各地占京津冀地区总体的比例相近；在技术市场成交额所代表的技术成果转化方面，北京市具有显著优势（如图 2.5 所示）。

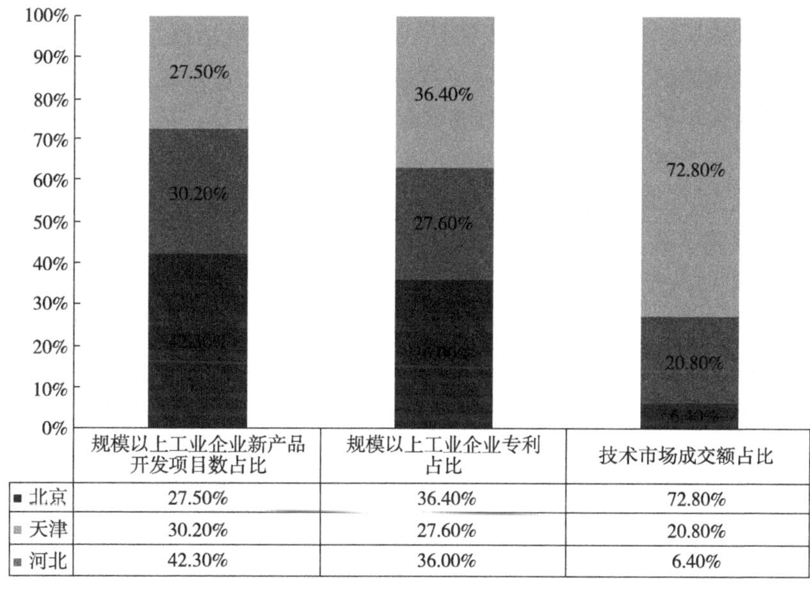

	规模以上工业企业新产品开发项目数占比	规模以上工业企业专利占比	技术市场成交额占比
■ 北京	27.50%	36.40%	72.80%
■ 天津	30.20%	27.60%	20.80%
■ 河北	42.30%	36.00%	6.40%

图 2.5　2020 年京津冀地区部分科技创新情况

城市地理学的研究表明，城市群中的城市和城镇在经济专业方面相互补充，因此城市群内每个城市都比孤立的城市更具有竞争力。所以，城市群具有相当大的区域凝聚力，在这一区域凝聚力中，各城市间的人口、组织和产业之间的关系要优于传统的大都市边界界定的城市网络关系。城市群中不同城市实现经济互补的前提要求是各城市不仅要专门从事不同行业，同时还要表现出明显的空间相互作用，从而实现一体化。现阶段的京津冀城市群发展潜力逐步显现，京津冀城市群创新要素集聚效应凸显，同时城市群产业结构与空间格局调整趋势不断向好。随着中关村国家自主创新示范区建设的深入推进，发挥京津冀区域科技资源集聚优势，明确京津冀三地区域创新中的功能定位，完善技术转移与成果产业化支撑平台建设，强化区域协同创新的体制机制建设，必将有效提升京津冀城市群整体发展实力，对促进京津冀一体化发展发挥更为显著的支撑引领作用，推进京津冀城市群形成圈层式、网络化的区域创新格局。

2.2 国内外城市群案例

2.2.1 长三角城市群

长三角即长江三角洲，该地区是我国经济发展最活跃、开放程度最高、创新能力最强的区域之一。改革开放以来，长三角成为我国区域发展一体化建设启动最早、发展最为成熟的区域。2010 年 5 月，国务院正式批准实施的《长江三角洲地区区域规划》，将长三角的范围确定为苏浙沪三省市。2014 年出台的《国务院关于依托黄金水道推动长江经济带发展的指导意见》首次明确了安徽作为长三角城市群的一部分，参与长三角一体化发展。2016 年 6 月，为发展长三角城市群，构建经济充满活力、高端人才汇聚、创新能力跃升、空间利用集约高效的世界级城市群，国家发展和改革委员会、住房城乡建设部联合发布《长江三角洲城市群发展规划》。2018 年 11 月，习近平主席在首届中国国际进口博览会开幕式主旨演讲中宣布，支持长三角区域一体化发展并上升为国家战略。2019 年 12 月，《长江三角洲区域一体化发展规划纲要》发布，随后，三省一市分别发布了各地的实施方案，成为各省市落实《长江三角洲区域一体化发展规划纲要》的重要举措。实施长三角一体化发展战略，是引领全国高质量发展、完善我国改革开放空间布局、打造我国发展强劲活跃增长极的重大战略举措。

2.2.1.1 城市群基本情况

长三角城市群位于长江入海之前的冲积平原，包括上海市、江苏省、浙江省、安徽省全域，面积达到 35.8 万平方千米，并以上海、南京、杭州、合肥等 27 个城市为中心区，面积达到 22.5 万平方千米，辐射带动长三角地区高质量发展。长三角地区全域占我国陆域总面积的 3.7%左右，是我国人口集聚最多的三大区域之一。截至 2020 年，长三角地区常住人口约 2.35 亿人，占我国总人口的 16%左右，2020 年长三角地区生产总值共计 24.4 万亿元，约

占全国经济总量的24.2%，较上一年增长3%，长三角地区生产总值占长江经济带和全国比重分别为51.9%和24.1%。社会消费品零售总额为97 982.3亿元，占全国比重达30%；进出口总额为118 543.37亿元，占全国比重为36.9%。分地区来看，在长三角各省市中，地区生产总值从高到低依次为，江苏省102 719亿元，浙江省64 613.4亿元，上海市38 700.6亿元，安徽省38 680.6亿元；社会消费品零售总额从高到低依次为，江苏省37 086.1亿元，浙江省26 630亿元，安徽省18 333.7亿元，上海市15 932.5亿元；进出口总额从高到低依次为，江苏省44 500.5亿元，上海市34 828.5亿元，浙江省33 808亿元，安徽省5 406.4亿元（如图2.6所示）。江苏省经济总量在长三角地区保持绝对领先优势，安徽省在经济总量上开始逼近上海市。上海市作为长三角对外开放的“桥头堡”，其作用依旧显著，在“双循环”战略中，处于打造国内大循环的中心节点和国内国际双循环的战略链接的战略地位。随着长三角三省一市一体化的深入发展，三省一市之间充分发挥各自优势，在实现合理分工的同时，凝聚出了更强大的合力。

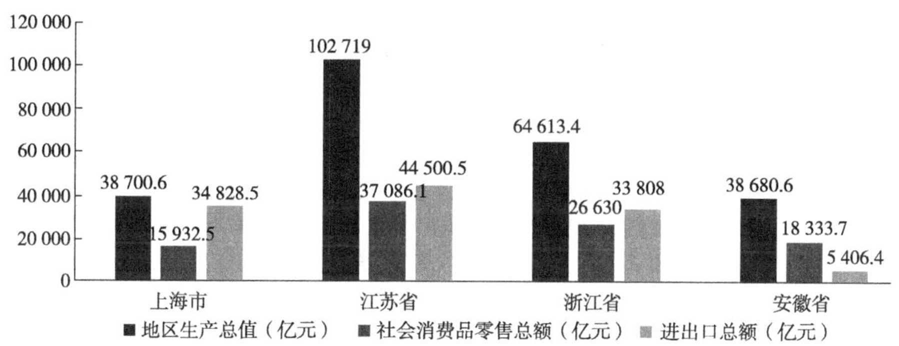

图2.6 2020年长三角三省一市主要经济指标

2.2.1.2 城市群功能定位及发展目标

根据国家的战略部署，长三角形成以上海为核心、联系紧密的“一核五圈四带”空间布局，成为国家“两横三纵”城市化格局的优化开发和重点开发区域之一。2018年1月，《上海市城市总体规划（2017—2035年）》正式对外发布，明确了上海至2035年并远景展望至2050年的总体目标、发展模式、空间格局、发展任务和主要举措。2019年12月发布的《长江三角洲区域一体化发展规划纲要》指出，长三角区域规划范围包括上海市、江苏省、浙江省、安徽省全域。以上海市，江苏省南京、无锡、常州、苏州、南通、扬州、镇江、盐城、泰州，浙江省杭州、宁波、温州、湖州、

嘉兴、绍兴、金华、舟山、台州，安徽省合肥、芜湖、马鞍山、铜陵、安庆、滁州、池州、宣城27个城市为中心区，辐射带动长三角地区高质量发展。以上海青浦、江苏吴江、浙江嘉善为长三角生态绿色一体化发展示范区，示范引领长三角地区更高质量的一体化发展。以上海临港等地区为中国（上海）自由贸易试验区新片区，打造与国际通行规则相衔接、更具国际市场影响力和竞争力的特殊经济功能区。《长江三角洲区域一体化发展规划纲要》把该区域定位为全国发展强劲活跃增长极、全国高质量发展样板区、率先基本实现现代化引领区、区域一体化发展示范区、新时代改革开放新高地。规划纲要明确，该区域到2025年，长三角一体化发展取得实质性进展；到2035年，长三角一体化发展达到较高水平，整体达到全国领先水平，成为最具影响力和带动力的强劲活跃增长极。长三角城市群子级城市发展定位如表2.1所示。

表2.1　长三角城市群子级城市发展定位

城　市	发展定位
上海	上海的全球门户型城市定位与“头雁功能”的发挥。按照“上海2035规划”，主动融入长三角区域协同发展，构建上海大都市圈，打造具有全球影响力的世界级城市群；构建由“主城区—新城—新市镇—乡村”组成的城乡体系和“一主、两轴、四翼，多廊、多核、多圈”的空间结构；完善由城市主中心（中央活动区）、城市副中心、地区中心和社区中心四个层次组成的公共活动中心体系；形成城际线、市区线、局域线“三个1 000千米”的轨道交通网络，基本实现10万人以上新市镇轨道交通站点全覆盖；打造15分钟社区生活圈，社区公共服务设施15分钟步行可达覆盖率达到99%左右。至2035年，全市森林覆盖率达到23%左右，人均公园绿地面积达到13平方米以上；PM2.5年均浓度控制在25微克/立方米左右。要充分发挥上海带动作用。提升上海大都市综合经济实力、金融资源配置功能、贸易枢纽功能、航运高端服务功能和科技创新策源能力，有序疏解一般制造等非大都市核心功能。加快中国（上海）自由贸易试验区新片区建设。以投资自由、贸易自由、资金自由、运输自由、人员从业自由等为重点，推进投资贸易自由化、便利化，打造与国际通行规则相衔接、更具国际市场影响力和竞争力的特殊经济功能区
南京、苏州、杭州、无锡、宁波等城市	发挥江苏制造业发达、科教资源丰富、开放程度高等优势，推进沿沪宁产业创新带发展，加快苏南自主创新示范区、南京江北新区建设，打造具有全球影响力的科技产业创新中心和具有国际竞争力的先进制造业基地。同时发挥浙江数字经济领先、生态环境优美、民营经济发达等特色优势，大力推进大湾区大花园、大通道、大都市区建设，整合提升一批集聚发展平台，打造全国数字经济创新高地、对外开放重要枢纽和绿色发展新标杆

续表

城　市	发展定位
合肥、常州、扬州、南通、泰州等城市	发挥安徽创新活跃强劲、制造特色鲜明、生态资源良好、内陆腹地广阔等优势，依托上海、南京、苏州、杭州、无锡、宁波六大发达城市经济体和国际化区位优势，推动建设一批瞄准全球市场竞争的“国际化蹬羚型城市”。推进皖江城市带联动发展，加快合芜蚌自主创新示范区建设，打造具有重要影响力的科技创新策源地、新兴产业聚集地和绿色发展样板区

资料来源：《上海市城市总体规划（2017—2035年）》和《长江三角洲区域一体化发展规划纲要》。

2.2.1.3　城市群空间结构

空间结构是集聚区域最基本的属性，也是区域一体化发展的重要支撑。从城市规模分布特征来看，长三角地区的城市较为密集，各个规模等级的城市都有分布且城市数量较多，呈现多中心的集聚特征。随着时间的推移，大城市的人口比重不断提升，规模分布的集聚特征具有日益增强的趋势。从空间形态分布特征来看，长三角在空间上形成了一定的多层复合“中心—外围”式的分布特征。核心大城市主要集中在由“合肥—南京—上海—杭州—宁波”所构成的“之”字形沿线，即上海及与其相近的江苏南部和浙江北部地区构成了城市群整体的中心。随着时间的推进，这种趋势变得越发明显，“中心”地区的人口增加得更快，而“外围”地区的人口增加较慢甚至出现了城市收缩的现象。从联系网络分布特征来看，上海、南京、杭州、合肥、苏州、宁波、无锡、常州、温州等作为长三角的主要核心城市和次级区域中心城市，在地区的联系网络中起着重要的节点作用，具有较强的资源配置能力。分地区来看，上海在长三角联系网络中的核心作用较为明显；江苏和浙江作为长三角的核心区，各个城市间形成了较好的合作基础，联系也较为密切；相对而言，安徽与其他城市的联系还不够紧密。

2.2.1.4　城市群科技创新环境

改革开放后，长三角区域作为中国经济最活跃和拉动国民经济增长的地区，推动长三角地区一体化发展，并逐步向国际化大都市群靠近。长三角城市群是我国经济最活跃、开放程度最高、创新能力最强的区域之一。上海社会科学院长三角与长江经济带研究中心发布的《长三角城市群科技创新驱动力指数报告（2020）》评价了长三角城市群27座城市的科技创新驱动力，其中上海是“领军城市”，在科技创新投入、产出等方面表现出强大的实力；南京、杭州、苏州、合肥4座城市是“核心城市”，特别是南京以科技创新引领全面创新的制度体系不断完善，科创企业的力量雄厚，城市创新集聚度、活跃度、开放度大幅提升，创新名城建设取得阶段性成效；芜湖、无锡、宁波、常州、南通、扬州、镇江7座城市是“重点城市”，创新发展的势头强劲。三省一市各有特色，各扬所长。上海综合优势强，尤其“国家队”多，生物医药、材料、基础研究科学等领域是强项；江苏高等院校和科研院所集聚，且高等职业技术教育有声有色，能提供大量复合型应用人才，企业围绕产业的应用技术开发活跃；浙江民营科技、中小企业势头迅猛，科技优势集中于民营经济主体，意味着市场敏锐度高，成果转化快；安徽正从“制造业大省”迈向“制造业强省”，配套相对齐全的工业体系处于升级换代阶段，对新技术、新成果有旺盛的吸纳、消化和再创新能力。长三角城市间在集成电路、人工智能、生物医药等重点产业领域合作越发紧密。以上海张江综合性国家科学中心和安徽合肥综合性国家科学中心为依托，长三角共同打造重大科技基础设施集群，不断提升科技创新策源能力。

2.2.1.5　城市群产业发展状况

长三角地区间的产业发展具有较明显的梯度差异性和时序衔接性，有利于区域产业一体化发展。2020年，上海市第三产业占比73.1%，第二产业占比26.6%，第三产业所占比例比第二产业高出40多个百分点，是典型的以服务经济为主导的产业结构，且批发零售和金融业在经济结构中的比重均超过10%。浙江、江苏两省的第三产业比重分别为55.7%、52.5%，略高于第二产业的40.9%、43.1%，呈现服务业和工业基本并重的产业结构。安徽省的第二产业、第三产业比重分别为40.5%、51.3%，工业仍是拉动经济增长的主力，且第一产业比例达到8.2%，远高于其他省份（如图2.7所示）。从长远发展来看，实施传统产业转型和高端产业壮大的“双轮驱动”战略是实现长三角区域产业高质量协调发展的必由之路。

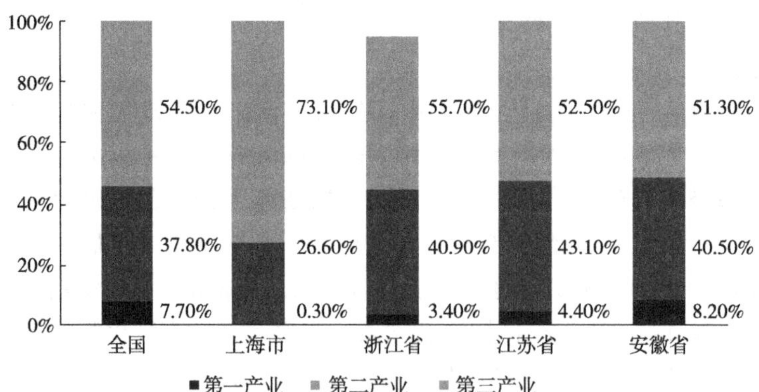

图2.7　2020年全国及长三角三省一市产业结构情况

作为长三角区域的核心城市，上海具有强大的集聚吸附能力和辐射带动能力。在协调产业一体化发展进程中，上海发挥龙头作用，集中发展产业链中的高附加值环节，瞄准国际高端复杂精细化制造业、金融中心和高级服务业的发展趋势。江苏、浙江两省则以产业数字化、参与高端制造业的分工为主要方式夯实制造业基础，扩大有效制造业产能。安徽在承接苏浙沪成熟产业时带动自身制造业高质量发展（如表 2.2 所示）。总的来说，在世界产业集群建设当中，江苏应按照国家规划纲要的部署要求，与沪浙皖攥成拳头，打造世界级产业集群。

表 2.2　沪苏浙皖产业发展方向

地　区	产业发展	科技创新
上海引领	深化各方合作，着力推动金融开放，不断增强全球高端资源要素的集聚和配置能力，全力打造特殊经济功能区和现代化新型城市，发挥好对外开放新高地的引领作用	增强创新策源能力，组织联合攻关一批关键核心技术，比如加强上海张江科学城与安徽合肥创新中心之间的联动
安徽优势	立足空间优势，打造承接产业转移的优选地。承接合作转移的空间巨大。要整体融入长三角，围绕补链、延链、强链高水平地打造皖北承接产业转移聚集区和皖江产业转移示范区，培育建设一批省际产业合作园区，一手筑牢新的“铜墙铁壁”，一手构建“芯屏器合”现代产业体系	立足创新优势，打造科技创新策源地，携手沪苏浙联合开展关键核心技术攻坚，塑造更多依靠创新驱动的引领型发展模式
浙江高地	推进数字产业化发展引领区、产业数字化转型示范区、数字经济体制机制创新先导区的建设	发挥浙江省数字经济领先的优势，打造全国数字经济创新高地。应与沪苏皖一道，共同谋划建设长三角数据中心等一批战略性数字基础设施，共同培育云计算、人工智能、数字安防等一批世界级数字产业集群，联手打造全球数字经济创新高地
江苏制造	在江苏现有制造业当中，选择较有竞争力的 13 个先进制造业集群，包括物联网、集成电路、高端装备等，作为长三角世界级产业集群的“种子”选手，参与全球的合作与竞争	江苏制造业虽然总量大，但从全球来看，产业链还处在中低端。江苏应充分利用一体化机遇，实现创新和产业融合发展，补齐这个短板，使产业链从中低端向中高端方向迈进，提升国际竞争力

资料来源：《长江三角洲区域一体化发展规划纲要》。

2.2.1.6　城市群交通与物流业基础设施

交通设施建设是城市间配置资源、提高协作质量和效率的重要基础。在物流线路设施投入方面，2020 年上海市公路里程数为 12 900 千米，江苏省公路里程数为 15.81 万千米，浙江省公路里程数为 12.31 万千米，安徽省公路里程数为 23.65 万千米。长三角作为我国铁路网布局中较为稠密地区，区域内铁路网纵横交错，主要以上海、南京、杭州三座城市为中心向四周辐射。其中，京沪、沪昆、沪汉蓉、沿海等多条铁路干线均经过长三角区域，沪宁、沪杭、宁杭等多条城际高铁更是四通八达。目前上海港、宁波-舟山港和台州港这 3 个沿海港口是长三角经济圈主要的规模以上沿海港口，而区域内规模以上的内河港口还有 7 个。长三角区域的交通一体化发展成效显著，基本形成枢纽型机场、枢纽型港口、高铁网络和高速公路网络等区域快速交通骨干格局。

2.2.2　粤港澳大湾区

改革开放以来，特别是香港、澳门回归祖国后，粤港澳合作不断深化实化，粤港澳大湾区经济实力、区域竞争力显著增强，已具备建成国际一流湾区和世界级城市群的基础条件。2015 年，大湾区首次被写入国家文件，国家发布的《推动共建丝绸之路经济带和 21 世纪海上丝绸之路的愿景与行动》中提到，在“一带一路”建设中打造“粤港澳大湾区”。2017 年中央政府工作报告提出，要推动内地与港澳深化合作，研究制定粤港澳大湾区城市群发展规划，发挥港澳独特优势，提升其在国家经济发展和对外开放中的地位与功能。2018 年中央政府工作报告首次将“粤港澳大湾区”纳入“区域协调发展战略”，提出要扎实推进区域协调发展战略，出台实施粤港澳大湾区发展规划纲要，全面推进内地同香港、澳门的互利合作。2019 年中共中央、国务院印发的《粤港澳大湾区发展规划纲要》，成为指导粤港澳大湾区当前和今后一个时期合作发展的纲领性文件。粤港澳大湾区在推动南方经济发展中发挥着“发动机”的功能，是我国新一轮改革开放的“新支点”，对推动我国区域经济乃至全国经济发展都具有重大战略意义。

2.2.2.1　城市群基本情况

粤港澳大湾区包括香港特别行政区、澳门特别行政区和广东省广州市、深圳市、珠海市、佛山市、惠州市、东莞市、中山市、江门市、肇庆市（简称“珠三角九市”），总面积 5.6 万平方千米，2020 年年末总人口约 7 801 万人。从区位条件来看，粤港澳大湾区的经济发展潜力巨大，既可对接内地其他城市群经济体，又可辐射“海上丝绸之路”的沿岸国家，并且在外向程度

与内部联系程度等方面均具备良好条件。粤港澳大湾区作为中国改革开放的前沿阵地，是中国经济的重要增长点。从经济发展角度来看，2020 年地区生产总值约 11. 59 万亿元，人均生产总值约 15. 95 万元，粤港澳大湾区以 5%的全国人口和 0. 58%的国土面积，创造超过 12%的国内生产总值。新一轮科技革命和产业革命正在重塑全球经济版图，科技创新步伐不断加快，新产业、新业态层出不穷。从科技创新角度来看，2020 年仅深圳和广州两个城市在研发方面就投入了约 2 285. 65 亿元，可见大湾区在科技创新、创业孵化和金融服务等方面具有较强优势，近年来呈现迅猛的发展势头。中共中央、国务院印发的《粤港澳大湾区发展规划纲要》指出，湾区科技研发、转化能力突出，拥有一批在全国乃至全球具有重要影响力的高校、科研院所、高新技术企业和国家大科学工程，创新要素吸引力强，具备建设国际科技创新中心的良好基础。从产业集聚角度来看，粤港澳大湾区经济发展水平全国领先，产业体系完备，集群优势明显。在粤港澳大湾区，既有现代智能化制造产业、高科技产业、绿色产业，又广泛涉及金融服务产业、航运贸易产业、高端专业服务产业等若干重点产业领域。但粤港澳大湾区内部城市产业发展差异巨大。例如，发展迅速的深圳、广州、香港等城市，已经具备创新经济和服务经济特征，整体处于后工业化阶段；而东莞、佛山、江门等城市整体由中低端制造业向中高端制造业、高端服务业转型升级，处于快速工业化阶段，转型期特有的低端产业转移和高端制造、服务经济培育混合发展特征明显，表现出各种不确定和复杂的发展格局。产业的结构性差异和地区不平等加剧了粤港澳大湾区政策制定与实施环境的复杂性，对政策、制度的精准性、战略性与可操作性均提出了巨大挑战。

2. 2. 2. 2 城市群战略定位

现阶段粤港澳大湾区子级城市之间的分工协作越来越紧密，实体交通网络和虚拟网络的不断完善促使城市空间结构由组团结构进一步演化为网络化结构。具体而言，粤港澳大湾区城市群以香港、广州、深圳为核心，以佛山、东莞、珠海为次核心，这些核心城市周围分布众多中心城市和小城镇，形成了“超大城市、大城市、中等城市、小城市和城镇”以及各种现代化交通系统组成的网络化城市群空间组织结构。在地区生产总值方面，2020 年以香港、广州、深圳为代表的核心城市的地区生产总值占粤港澳大湾区总体生产总值的 65. 83%，不论是在经济刺激政策还是经济总量等方面，均具备明显的先发性优势。从子级城市的产业结构来看，2020 年广州第二产业生产总值占比约为 26. 34%，深圳第二产业生产总值占比为 37. 78%，东莞、惠州、珠海等城市生产总值占比约为 50%，深圳和广州在大湾区的几个内地城市产业升级中领跑。目前，粤港澳大湾区世界级消费品制造业产业集群已现雏形，世界级资本品制造业产业集群正在起步。依托世界级先进制造业产业集群，粤港澳大湾区将引领形成增长极群落。粤港澳大湾区城市群子级城市发展定位如表2.3所示。

表2.3　粤港澳大湾区城市群子级城市发展定位

城市	发展定位
香港	巩固和提升国际金融、航运、贸易中心和国际航空枢纽地位，强化全球离岸人民币业务枢纽地位、国际资产管理中心及风险管理中心功能，推动金融、商贸、物流、专业服务等向高端高增值方向发展，大力发展创新及科技事业，培育新兴产业，建设亚太区国际法律及争议解决服务中心，打造更具竞争力的国际大都会
澳门	建设世界旅游休闲中心、中国与葡语国家商贸合作服务平台，促进经济适度多元发展，打造以中华文化为主流、多元文化共存的交流合作基地
广州	充分发挥国家中心城市和综合性门户城市引领作用，全面增强国际商贸中心、综合交通枢纽功能，培育、提升科技教育文化中心功能，着力建设国际大都市
深圳	发挥作为经济特区、全国性经济中心城市和国家创新型城市的引领作用，加快建成现代化、国际化城市，努力成为具有世界影响力的创新创意之都
珠海、佛山、惠州、东莞、中山、江门、肇庆	充分发挥自身优势，深化改革创新，增强城市综合实力，形成特色鲜明、功能互补、具有竞争力的重要节点城市。增强发展的协调性，强化与中心城市的互动合作，带动周边特色城镇发展，共同提升城市群发展质量

资料来源：《粤港澳大湾区发展规划纲要》。

2.2.2.3　城市群空间结构

粤港澳大湾区是近40年来全球工业化和城镇化最迅猛的城市群地区，也是全球首个横跨两种社会制度的世界级湾区。粤港澳大湾区位于中国华南地区，在珠三角城市集群的基础上增加了香港特别行政区与澳门特别行政区。港澳地区与珠三角地理相邻，香港特别行政区靠海，与深圳市隔河相对；澳门特别行政区占地面积小，靠近珠海市；广州市与佛山市相接，广佛同城蓬勃发展。改革开放以来，特别是港澳回归以来，三地之间交流与合作愈加密切，区域协作机制与基础设施建设不断加强，国家促进三地协同发展的顶层设计和制度安排逐步深化，这些都大大推动了大湾区空间一体化进程。随着国家对外开放与合作的广域化和深层次化，2015年国家首次提出大湾区概念，国务院发布的《粤港澳大湾区发展规划纲要》对大湾区协调合作和空间发展

提出了新要求，坚持极点带动、轴带支撑、辐射周边，推动大中小城市合理分工、功能互补，进一步提高区域发展协调性，促进城乡融合发展，构建结构科学、集约高效的大湾区发展格局。目前，粤港澳大湾区人口与经济均呈现爆发性增长态势，但地区之间增量、增速上的差异表现明显。粤港澳大湾区城市空间整体上呈现高度集聚特征，多中心城市空间结构特征明显，城市空间等级化和网络化特征显著，城市功能空间连片化特征明显。粤港澳大湾区城市群在经济体制与资源禀赋等方面有着独特的互补性。

2.2.2.4 城市群科技创新环境

近年来，全球各大湾区都在加速抢占新一轮科技创新变革的高地。建设粤港澳大湾区，既是新时代推动形成全面开放新格局的新尝试，也是推动“一国两制”事业发展的新实践。作为湾区经济的新军，粤港澳大湾区以均衡发展型数字经济为牵引，背靠教育科研资源优势和完整的产业链基础，在国际各大湾区中获得了独特科创位势。既有华为、腾讯等优秀大企业及它们打造出的良好科创生态，又在教育科研领域拥有突出的资源禀赋优势，再加上完整的产业链基础，各方合力成就了粤港澳大湾区在国际湾区中的独特科创位势。

从产业方面来看，一方面，粤港澳大湾区不仅拥有世界一流的制造业、服务业、物流和终端产品，还有腾讯、科大讯飞等人工智能开放创新平台加持；另一方面，粤港澳大湾区还具有完善的产业发展模式，拥有多所全球顶尖大学和科研实验室、珠三角高水平的制造业基础以及内地巨大的市场需求。作为中国经济发展和科技创新的“领头羊”，粤港澳大湾区在新一代信息技术、生物医药、无人机、机器人等新兴领域取得了显著成绩。从企业方面来看，粤港澳大湾区的领先科技企业聚集效应明显，2021 年《财富》公布的世界 500 强榜单显示，粤港澳大湾区共有 25 家企业上榜，包括信息科技巨头华为、腾讯、联想等，制造业公司美的、格力、比亚迪、广汽等，以及备受关注的独角兽公司如大疆创新、云天励飞、奥比中光、云从科技、华大制造等，此外还有智慧金融、地产建筑、物流和其他服务型企业。从教育方面来看，目前粤港澳大湾区有高校约 160 所，其中香港的高校实力雄厚，澳门高校特色明显，但港澳高校办学空间小、科研成果转化困难、科研经费政府补助不足、优质生源存在缺口；而珠三角九市土地资源相对充足，产业基础雄厚，科研成果易于落地，科研经费渠道多元，优质生源渠道畅通。地区间进一步加强产学研协同发展，可以有效提升粤港澳地区创新策源能力。

2.2.2.5 城市群产业发展状况

粤港澳大湾区产业结构以先进制造业和现代服务业为主。港澳地区现代

服务业占主导，金融、医疗、旅游、贸易、物流、法律、会计、商业管理、餐饮、博彩等行业发达。珠三角九市产业体系比较完备，制造业基础雄厚，是“世界工厂”，且正在向先进制造业升级，产品科技含量不断提升，金融、信息、物流、商务、科技等高端服务业发展较快，已形成先进制造业和现代服务业双轮驱动的产业体系。粤港澳大湾区具有较为丰富的知识人口储备；产业链覆盖面广；制造业企业总部众多，且具有较强的快速反应能力。目前，广州已赶超新加坡，深圳已赶超香港，珠海与意大利的佛罗伦萨相当，佛山直追欧洲名城阿姆斯特丹，东莞已超越美国拉斯维加斯，中山已超过韩国日内瓦，惠州已经超过德国第二大港口城市不来梅，江门与英国著名的文化古城爱丁堡并驾齐驱，肇庆与英国的利物浦不相上下。

2.2.2.6 城市群交通及物流业基础设施

粤港澳大湾区地处我国沿海开放前沿，以泛珠三角区域为广阔发展腹地，在“一带一路”建设中具有重要地位。交通条件便利，拥有香港国际航运中心和吞吐量位居世界前列的广州、深圳等重要港口，以及香港、广州、深圳等具有国际影响力的航空枢纽，便捷高效的现代综合交通运输体系正在加速形成。

在水路运输方面，广州、深圳、珠海、东莞 4 个位于珠江两岸的港口已迈入亿吨大港行列。其中，广州港、深圳港 2020 年货物吞吐量超过 87 745 万吨，集装箱吞吐量超 4 972 万 TEU①。在港航基建方面，2020 年广东新增万吨级泊位 47 个，沿海万吨级及以上港口泊位预计达到 338 个，国际航线覆盖世界各个主要港口。在航空运输方面，粤港澳大湾区拥有香港国际机场、澳门国际机场、深圳宝安国际机场、广州白云国际机场、珠海金湾机场五大机场。数据显示，2020 年粤港澳大湾区五大机场共完成旅客吞吐量 10 148.87 万人次，货邮吞吐量达 771.17 万吨，是我国航空运输最繁忙的区域。在公路运输方面，港珠澳大桥、虎门大桥、南沙大桥和深中通道，是连接“珠中江”与“深莞惠”两大区域的重要交通纽带。粤港澳大湾区核心区高速公路密度达 8.9 千米/百平方千米，高速公路通车里程超 5 000 千米，广东省高速公路出省通道有 28 条，与陆路相邻省区各开通 5 条以上高速公路通道。广东省已初步形成以广州为中心、连通粤港澳大湾区和粤东粤西粤北、辐射华东中南西南地区的放射型路网格局。在铁路运输方面，除厦深高铁、京九铁路外，其

① TEU，Twenty-feet Equivalent Unit，是以长度为 20 英尺的集装箱为国际计量单位，也称国际标准箱单位。

他铁路均以广州市为核心向外放射，广州市在铁路网中独特的区位优势奠定了其华南地区最大枢纽的地位。粤港澳大湾区城际交通尚处于起步阶段，共有广深、广佛肇、广珠、穗莞深和莞惠城际 5 条城际线路。广佛两市共一条城市轨道、23 条道路联系，通车总里程超过 2 251 千米，高铁里程超过1 200 千米，大湾区城市间“一小时生活圈”正在形成。

此外，粤港澳大湾区港口区位优势明显，香港处于亚太经济区的核心区域，香港、澳门、广东形成了围绕珠海的三角区域。地理优势使得港澳的海上运输、陆上交通运输及空运都能够很好地配合珠三角地区物流行业的发展，珠三角地区亦可为港澳等地区提供充足的货物来源，这不仅为物流基础设施建设和物流运输提供了极大的便利，还能够降低物流运输成本，实现物流供应链的高效运转。随着湾区建设的逐渐成熟，在运输、贮藏、转移、包装、流通加工、配送以及信息处理等物流的各个环节，粤港澳大湾区逐渐建立了协同发展、优势互补、良性互动的关系。

2.2.3 波士华城市群

波士顿—纽约—华盛顿城市群，简称波士华城市群。该城市群以纽约为核心城市，是世界上首个被认可，也是目前实力最强的世界级城市群。历史上，波士华城市群经历了三次重大调整。1921 年纽约市发布了《纽约及其周边地区的区域规划》，提出加强中央商务区（CBD）建设，推进城市“再中心化”，着力解决城市无序发展问题，但是带来的却是城市规划铺张、土地资源利用率低下等问题。此后，纽约市不断出台新的政策来优化城市发展结构。1968 年，美国国会通过《新城市开发法》，随后又推行“示范城市”实验计划，重点措施是建立多个城市中心，这些措施有效地将“郊区化”和“逆城市化”趋势整合到城市化的发展进程中。1996 年美国东北部大西洋沿岸城市带的规划，确立了波士华城市群的全新理念。这一理念的核心是在经济全球化进程中扩大地区竞争力的视野，强化纽约的中心地位，明确纽约、新泽西州和康涅狄格州共同繁荣的重要性，以及确定再链接、再中心化的思路。2002 年的《纽约市战略规划》明确，加强纽约与其他世界级区域之间的联系，将纽约建设成一个充满机遇的世界城市和可持续发展的城市。2007 年的《纽约市城市总体规划》提出，致力于改善交通拥堵，提高空气质量和节能减排，建设一个更绿色、更繁荣的纽约。这些规划的制定和实施，为推进城市群一体化指明了发展方向，有效发挥了引领和调控作用。

2.2.3.1 城市群基本情况介绍

波士顿—纽约—华盛顿城市群北起缅因州，南至弗吉尼亚州，由波士顿、

纽约、费城、巴尔的摩、华盛顿5大都市和40多个中小城市组成，这个城市群的层级结构以金字塔型存在。该城市群几乎囊括美国东北部所有的大城市以及部分南部城市，长600多千米，宽100多千米，空间范围跨越了12个州和1个特区，总面积约13.8万平方千米。该区面积虽只占美国国土面积不到2%，但却集中了20%左右的美国人口，城市化水平在90%以上，在全美乃至全球都居于首位，是美国人口密度最高的地区。2015年，波士华城市群总人口达到5 345万人，占美国总人口的17%，预计2025年人口将达到5 840万人，2050年人口达到7 080万人，这将比2010年增加35.2%。另外，这也是美国乃至世界经济的核心区域，是美国最大的商业贸易中心和国际金融中心以及美国最大的生产基地，其中华盛顿是美国的政治中心，纽约是全美的经济中心和世界金融中心。

2.2.3.2 城市群空间结构

波士顿—纽约—华盛顿城市群的空间扩张，经历了点轴扩张和联网辐射两个阶段。起初，少数经济中心集中在沿海的重要港口城市，呈斑点状分布。随着极化和扩散作用不断增强，中心港口城市的规模急剧扩大，周边地区中小城市数量也显著增加。波士华城市群中的中心城市形成了各自的都市圈。沿海主要交通干线将中心城市连接起来，都市圈沿着海岸方向扩展融合，并且在干线两侧集聚人口和各种经济要素，形成新的聚落中心。在此基础上，整个区域建立起具有密切联系的功能性网络，形成了区域发展的空间一体化。

2.2.3.3 城市群科技创新环境

美国具有全球最多的科技创新中心，拥有的创新城市100强、支配型创新城市数量分别占20%以上。经济合作与发展组织（OECD）发布的数据显示，2020年美国R&D投入7 092亿美元，占美国国内生产总值的比例为3.388%。波士华城市群具备波士顿和纽约两个全球著名的科技创新中心，在世界知识产权组织2021年发布的全球创新城市指数中分别排名第2位和第3位，相较于2019年，波士顿排名上升6位，纽约下降2位，华盛顿、费城、巴尔的摩分别排名第18、35、55位，波士华城市群中主要城市的创新指数平均排名22.6，整体处于较优水平。波士顿是美国马萨诸塞州首府，积聚了哈佛大学、麻省理工学院（MIT）等世界著名大学，在128号公路沿线分布着计算机、软件、通信、微波、导航、人工智能及生物技术等高技术产业，是美国高技术创造的源泉和最富有活力的地区之一。波士顿地区的创新发展是学术界、政府、工业界合作的典范，政府和军方的研究合同、军事采购，激发了科学研究与技术开发、人才培养、新思想的创造以及高技术的商品化，带动了大企业的扩张，小企业的创立，风险资本的形成。法律事务所、咨询公

司等高技术服务行业的出现和云集，形成了特殊的高技术社区。反过来，该区域精湛的技术、广阔的机遇、宽松的环境，又吸引了美国乃至全世界的各类优秀人才，形成了高技术产业社区独特的经济文化现象。

2.2.3.4 城市群产业发展状况

波士顿—纽约—华盛顿城市群拥有完善的产业层级结构，以产业轮替为核心的产业协同模式在各层级城市间形成了完善的产业分工格局，几大中心城市的功能定位也各具特点，实现了错位而不同质的发展（如表 2.4 所示）。纽约作为美国人口密度最高的大城市，是一座具有世界影响力的城市，在商业、文化、娱乐、科技、教育、研究等领域也具有举足轻重的地位。纽约作为老牌工业中心，在产业结构调整的过程中，传统制造业纷纷外迁，金融和服务业总部纷至沓来，使纽约形成了全美最为发达的商业和服务业，是联合国等重要国际组织所在地，也由此聚集了各类专业管理机构和服务部门，形成了全球服务、管理的控制中心。纽约作为城市群中最核心的城市，处于产业层级结构的顶层，它同时位于城市群地理位置的核心，能够充分发挥辐射和带动作用。

表 2.4 波士顿—纽约—华盛顿城市群主要城市定位与优势产业

城　市	定　位	优势产业
纽约	金融中心	金融、服务业、文化
华盛顿	政治中心	金融、旅游
波士顿	高科技、教育中心	教育、高科技、医疗、金融、运输服务业
费城	重工业中心	国防、航空、电子信息产业、金融服务、旅游、医疗
巴尔的摩	重工业中心	航运业、国防工业、卫生服务

在纽约金融中心的辐射作用下，其他核心城市接纳了从纽约流出的制造业以及配套企业，根据自身的特点走出了与纽约错位发展的道路，区域内产业分布呈现多元和互补的格局，形成了布局更为合理的新制造业中心区。华盛顿作为全美政治中心，聚集了众多的美国联邦政府机构及国际组织，在国际经济中有着重要影响。全球性金融机构如世界银行、国际货币基金组织和美洲发展银行的总部均位于华盛顿。由于其在美国独立过程中的重要地位，华盛顿保存了大量历史遗迹，旅游业非常繁荣。波士顿是美国历史最悠久的城市之一，在全球城市宜居性排名上名列前茅，它集中了金融业、商业服务业、高科技、医疗服务、生物科技产业等，其中，高科技产业和教育是波士

顿最具特色和优势的产业。波士顿形成了与“硅谷”齐名的高科技聚集地，是美国重要的高科技中心，是全球创新的引领者，同时由于哈佛大学、麻省理工学院等众多顶尖高等学院聚集于此，它也是重要的世界高等教育中心。费城地理位置优越，金融服务业、医疗健康产业、生物科技产业、信息技术产业和旅游业十分发达，是美国东海岸重要的钢铁、造船基地以及炼油中心，是美国承担近海航运的主要港口。巴尔的摩位于华盛顿东北方向约 64 千米处，与华盛顿紧密联系，是中大西洋地区的第二大港口，航运业非常发达。巴尔的摩曾经是一个以钢铁加工和汽车制造为主的工业城市，但其与华盛顿特区的接近使得它分享了很多联邦开支和政府采购合同，大力发展了国防工业，在经历了产业转型之后，其发达的航运业也使城市发展趋于多元化，科技产业迅速发展。从单独城市来看，华盛顿、波士顿、费城、巴尔的摩等纽约周边城市都有各自的主导产业，形成了唯一的优势产业群落。通过区域内的产业调整和协作，城市群在区域内形成了更高层面的部门多元化产业群落。

五个中心城市周围的众多中小城市构成了美国东北部大西洋沿岸城市群产业层级结构的第三层。新泽西州的城市主要发展生物科技、新材料、微电子。康涅狄格州则重点发展军工科技、能源、制药等产业。这些城市是中心城市的腹地，是城市群的黏合剂，为几大中心城市的生产生活提供服务与便利。处于不同产业层级的城市都能充分利用自身特点并发挥优势，与其他城市形成合作和互补的发展模式，最终形成一个在产业发展方面多样协同的城市群，这也保证了城市群的均衡发展。

2.2.3.5 城市群交通与物流业基础设施

在波士顿—纽约—华盛顿城市群中，高速公路、铁路、机场、港口等多种交通基础设施共同组成了城市群多层次的网络化交通系统，形成了城市群的骨架。波士华城市群高速公路密布，城市群内几乎所有的城市都能通过高速公路到达。城市群内的铁路网为东北至西南方向，主干道起于波士顿，途经纽约到达华盛顿，主要负责城市群内各中心城市的连接。轻轨主要负责中心城市与远郊地区、周边城镇等的短途客运，它扩大了中心城市的辐射范围，带动了城市周边的发展。公路、轻轨、地铁等交通方式构成了便捷交通网，主要服务于日常的短距离客流。五个中心城市的轨道交通（地铁和轻轨）客流量占全美的 80%。在距离纽约最主要的城际火车站 40 千米的范围内，有超过 700 万人居住在距地铁站 800~1 600 米的半径范围内，有超过 300 万人工作在距地铁站 800~1 600 米的半径范围内。费城、波士顿、华盛顿都有 25%~30%的人口以及 20%~35%的工作场所靠近当地的轨道交通系统。航空交通方面，波士顿的洛根国际机场，是世界上 20 个最繁忙的机场之一，有超过 27

万人次的吞吐量；纽约大都市区拥有美国最繁忙的机场系统，包括肯尼迪国际机场、纽瓦克自由国际机场和拉瓜迪亚机场；华盛顿拥有华盛顿杜勒斯国际机场、巴尔的摩华盛顿国际机场、里根国家机场，这三个机场运输规模都在千万级以上。这些机场都分布在5个中心城市内，各中小城市之间也形成了发达的航空交通网络体系，国际航空运输异常发达，中心城市机场数量皆在两个以上，通往世界各国的航线也在不断增加。港口交通方面，除华盛顿外，纽约、费城、波士顿、巴尔的摩等中心城市均拥有重要港口，并通过合理的分工形成独具特色的港口群。纽约港为中心枢纽，重点发展集装箱运输；费城港主要从事近海货运；巴尔的摩港是矿石、煤和谷物的转运港；波士顿港则兼有商港和渔港的功能。发达的交通网络为城市群的协同发展创造了便利的沟通渠道，最大限度地加强了城市之间的联系，不仅改变了城市的外部形态，而且使其空间扩展更具指向性。此外，以交通条件为基础、产业发展为需求，波士华城市群的现代物流业拥有着得天独厚的发展环境。

2.2.4 德国莱茵—鲁尔城市群

德国莱茵—鲁尔地区经历了200多年的工业发展，在德国乃至整个欧洲都产生了深远的影响，但是20世纪五六十年代，该地区却经历了前所未有的煤炭、钢铁行业危机。20世纪60年代后期以来，莱茵—鲁尔城市群先后采取各种措施，颁布各种产业政策，最终实现了经济结构调整，使该地区实现了产业转型和可持续发展。莱茵—鲁尔城市群已成为继伦敦、巴黎城市群之后的欧洲第三大城市群。

2.2.4.1 城市群基本情况介绍

莱茵—鲁尔城市群，是德国最大的城市群，曾经因生产煤和钢铁而被称为“鲁尔工业区”，是世界最重要的工业区之一，在德国经济中具有举足轻重的地位。莱茵—鲁尔城市群位于北莱茵—威斯特法伦州的西部，介于莱茵河及其支流鲁尔河、利伯河之间，以莱茵河—鲁尔为中心，南起波恩，北到哈姆市。根据欧盟统计局提出的官方划分方式，莱茵—鲁尔都市区分为鲁尔大城市区、杜塞尔多夫大城市区、门兴格拉德巴赫大城市区、伍珀塔尔大城市区、科隆大城市区和波恩大城市区。既包括科隆和杜塞尔多夫，也包括老鲁尔地区的一些早期工业化城市，如多特蒙德、埃森和杜伊斯堡；既有以服务业为主的城市，如杜塞尔多夫、科隆和波恩，也有一些新兴的轻工业城市，如门兴格拉德巴赫市、伍珀塔尔。莱茵—鲁尔城市群面积约8 894平方千米，有1 000万左右人口，最大的城市科隆人口超过107万人，埃森、多特蒙德、杜塞尔多夫人口接近60万人，该城市群是一个多中心的城市、人口集聚区，已成为世界主要城市群之一。

2.2.4.2　城市群空间结构

莱茵—鲁尔城市群在城市空间布局上是一个很明显的多组团、多中心结构的带状城市群，整个都市区的几个核心城市沿着莱茵河和鲁尔河蔓延和扩散，共包含科隆、杜塞尔多夫、埃森、杜伊斯堡、多特蒙德、波恩、伍珀塔尔、门兴格拉德巴赫、波鸿、盖尔森基兴、哈姆等20个核心城市，每个核心城市的人口都超过了10万人。这些核心城市加上周围人口相对密集的小城市构成了一个由东部哈姆到西南部波恩的核心区。

2.2.4.3　城市群科技创新环境

世界知识产权组织发布的2021年全球创新指数报告显示，德国的全球创新指数排名第10，得分达到57.3分，其中，在创新领域的优势集中体现在申请专利的数量、科学论文发表情况上。在以数字化为代表的第四次工业革命背景下，创新能力的定义得到了新的诠释，创新的商业实现能力得到了更多的重视，莱茵—鲁尔城市群的创新发展潜力得到了新的评估。此外，新的科学技术集群正在出现，德国是除美国和中国外集群数量最多的国家之一，拥有9个集群。经济合作与发展组织（OECD）发布的数据显示，2019年德国R&D投入132 511百万美元，占全国GDP比例达到3.19%。德国莱茵河流域地区是全国产业、人口和城市分布比较集中的条带状区域。莱茵—鲁尔城市群因地处莱茵河流域，其能源、化工、机械、电子和汽车等产业比较发达。莱茵—鲁尔城市群中的波恩、科隆、法兰克福和杜伊斯堡等城市都分布在河流两岸，为城市群的创新发展提供了环境保障。

2.2.4.4　城市群产业发展状况

随着经济的发展，莱茵—鲁尔城市群已经从原来生产结构单一的老工业区发展成为现在强大的传统工业和新兴产业兼备的新型综合工业区。它的每个城市都有其特定的职能以及产业分布。杜塞尔多夫作为州首府，其主导产业涵盖了广告、服装、会展及物流等多个产业，是都市区第二大城市，德国第六大城市。多特蒙德、埃森和杜伊斯堡都是老牌工业区。其中，多特蒙德以保险和物流产业为主，是都市区第三大城市，德国第七大城市；埃森以管理咨询、法律和会计产业为主，是都市区第四大城市；杜伊斯堡以物流和铁路枢纽为主，是德国钢铁工业中心。科隆和波恩作为服务型城市，也有其相应的主导产业。科隆以保险、设计和传媒业为主，是都市区最大的城市，也是德国第四大城市；波恩以行政产业为主，是德国第二大政治中心。除此之外，伍珀塔尔和门兴格拉德巴赫是以轻工业为主的城市。其中，伍珀塔尔以汽车和纺织为主导产业；门兴格拉德巴赫以纺织和服装产业为主导产业，同

时也是德国的纺织中心。

2.2.4.5 城市群交通与物流业基础设施

莱茵—鲁尔城市群处于欧洲交通要塞“Blue Banana”发展带上，被称为“德国工业的心脏”，由于历史上传统工业主导的原因，该区域经济关联高度紧密，人们跨城居住、学习、工作、购物的现象十分普遍，早就形成了相互联系非常紧密的居住区和交通走廊，尤其是以轨道交通为骨干绵延整个城市群区域的高度融合的公共交通运输体系。莱茵—鲁尔城市群的公共交通由VRR和VRS两家公共交通运输联盟组织监管。其中，VRR公交联盟是欧洲最大的公交组织，负责鲁尔城市群大部分区域的公共交通，服务范围覆盖5 000平方千米，可服务超过700万居民。

莱茵—鲁尔城市群的轨道交通体系在空间上呈现出典型的多中心特征，在功能上具有多模式和高度一体化特征。该区的轨道交通网络骨架分为区域和地方两个层面：在区域层面，以区域轨道交通为纽带，将科隆、波恩、杜塞尔多夫、埃森、杜伊斯堡、多特蒙德等都市区的中心联系在一起；在地方层面，各中心城市以伞状的城市地铁交通网络通过电车、轻轨、地铁、市郊铁路等多种形式的交通方式将城市中心和外围联系在一起，逐步形成了清晰的轨道交通网络层次。外围为区域性铁路，联系城市群外的城市；近郊为市郊铁路，联系中心城市和周边的城镇；中间层次为轻轨和地铁，联系不同的中心城市；内部为地铁、电车和公交系统，服务于城市内部的出行。莱茵—鲁尔城市群的交通网络格局也为城市群的物流发展提供了便利，如鲁尔区呈现出交通中心的地位，具有较强的物流处理能力，欧洲境内的交通物流，包括由东向西、由西向东以及由北向南的物流在此汇集，由此带来了东西欧之间物流的双向巨大流动。鲁尔区是全欧洲最具吸引力的物流投资区域之一，不仅是因为该地区的中心位置，还因为这里的物流业产值在该地区生产总值中占比之较多，远超过欧洲的平均水平。其中，多特蒙德、汉姆和乌纳是现代工业、科研和服务业的集散地，也是莱茵—鲁尔经济圈、欧洲甚至是世界上其他国家的物流中心。

2.2.5 日本东海道城市群

东海道城市群位于日本列岛核心部位的东海沿岸地区，依托东京湾、伊势湾和大阪湾等天然港湾，具有优越的地理位置和口岸优势。东京—大阪东海道带状城市群的开发历程是日本经济与社会现代化的缩影。它展现了日本从传统社会迈入工业社会，进而向信息社会转变的宏伟景象，同时又处处显示出日本民族特有的文化传统。东海道城市群在战后经济起飞，赶上欧美发达国家的过程中起到了发展极的吸引与辐射作用，至今仍在日本国民经济中占有极其重要的地位。它的形成是一个自然的历史过程，反映了人口城市化、社会工业化、城市现代化的某些规律性。

2.2.5.1 城市群基本情况介绍

日本是亚洲城市群发展程度最高的国家，日本大都市带又称为日本东海道城市群，以东京都市圈（关东大都市圈）、名古屋都市圈（近畿大都市圈）、大阪都市圈（中京大都市圈）三个大都市圈为核心，覆盖从东京到北九州的太平洋沿岸带状地域。日本大都市带从千叶县西部、琦玉县南部开始，经东京、横滨、静冈、名古屋、岐阜，到京都、大阪及神户的城市化程度很高的连续地域，共 14 个都府县。该城市群的国土面积约为 10 万平方千米，占全国总面积的 31.7%，人口近 7 000 万人，集中了日本 60%以上的人口。

2.2.5.2 城市群空间结构

日本国土狭窄、地形复杂、资源紧张，促使日本人口和经济不得不高度集聚。日本城市化是典型的集中型城市化道路，其过程可以看作是人口向东海道城市群集中的过程。日本的城市群地域结构以经济联系为纽带，采取了圈域经济的发展模式，各都市圈内部的产业空间分布呈现圈层化特征。东京中心城市作为核心增长极，有较强的辐射发散作用，带动了东海道城市群的快速成长。以东京都市圈为例，核心主要是第三产业，中间环状地带主要是第二产业，外圈层主要是第一产业。都市圈外围的枥木县、茨城县、山梨县等地区农业比重较高，主要面向东京市场。三大都市圈各自形成了“中心城市+卫星城”的发展模式，主要由中枢管理城、生产城、居住城、生产和生活兼用城、学园城、游览城构成。中心城市对整个都市圈实行统一的组织管理，在文化娱乐方面增强对卫星城市的吸引力。卫星城市则主要发展与中心城市中枢管理相一致的生产和生活活动。这形成了一种中枢管理活动点高度集中、生产生活活动面水平分散的空间分离与内在联系相结合的模式。

2.2.5.3 城市群科技创新环境

日本在亚洲众多国家中走在创新发展的前列，OECD 发布的数据显示，2019 年日本 R&D 投入 171 854 百万美元，占日本国内生产总值的比例为 3.20%。根据世界知识产权组织（WIPO）发布的 2021 年全球创新城市指数排名可知，日本东京在 2021 年全球创新城市指数中排名第 1 位，超越了美国纽约、英国伦敦等城市，表明东京已成为全球最重要的科技创新中心之一。此外，日本大阪排名第 30 位，名古屋排名第 76 位，日本东海道城市群中主要城市的创新指数平均排名 35.7，整体处于较优水平。经过多年转型和升级，东京逐渐从战后的传统工业城市转变为现代化的创新型城市，并且形成了独

具一格的“工业（集群）+研发（基地）+政府（立法）”的创新模式，使得东京成为集制造业基地、金融中心、信息中心、航运中心、科研和文化教育中心及人才高地于一体的科技创新中心。东京聚集了一系列大大小小的科技创新公司，如佳能、尼康、松下等企业，引领着日本的科技进步与创新。

2.2.5.4 城市群产业发展状况

东海道城市群内各城市根据自身的基础和特色，承担不同的职能分工，从而使城市群具有区域综合职能和产业协作优势。各城市间形成了一种产业分工连锁关系，避免了产业结构的趋同化。日本城市群的发展注重中心城市的辐射作用，将东京培养成了集多种功能于一身的世界城市。以东京为中心的东京都市圈，不仅是全国的大市场和重要的综合性大工业带，也是世界经济、金融、贸易中心。神奈川、千叶（海港、空港）是工业和物流产业集聚地。多摩地区则承担高科技产业、研究开发和科研职能。在大阪都市圈中，大阪、神户和京都等地都是以消费品生产为主的大工业地带。在名古屋都市圈中，主要以生产纤维、陶瓷等传统工业为主。东京都市圈内各区都发展了自己的专业化部门，在各自专业领域构建了关联配套产业，实现了区域内的高价值循环，并通过专业化分工协作形成了市场反应灵敏、创意不断涌现的知识密集产业集群，给东京及其大都市圈赋予了新的活力和竞争力。

2.2.5.5 城市群交通与物流业基础设施

东海道城市群区域内拥有日本最大的港口群体和航空网络，再加上信息网络变革了城市群的时空结构，为城市群的区域分工和城市群参与国际分工创造了条件，使城市群成为国内市场和国际市场接轨的人员、货物、资金和信息的集聚与扩散中心。东京作为交通中心，区域内拥有日本最大的港口群体和航空网络，时速达200千米的新干线和地铁几乎能到达所有重要地区。铁路、公路、航空和海运组成了一个四通八达的交通网，通向日本全国及世界各地。东京都市圈已形成位于4个不同圈层，由JR铁路（原日本国铁）、私铁、地铁和其他铁路组成，总规模约为3 500千米的轨道交通运输体系。东京都市圈轨道系统按照站间距离和运行速度，分为5个功能层次。其中，新干线主要承担东京和南北主要城市间的中长距离高速城际运输；城际列车和快速列车主要承担都市圈范围内的核心城市和次级城市之间的快速运输；普通列车主要承担各大车站与就业区和居住区之间的运输；地铁列车主要运营于中心城区；有轨电车主要服务于局部区域。整个东海道城市群内东京、名古屋及阪神地区的高速公路与日本南部相贯通的五条大干线相接，形成了全国高速公路网体系。在各个都市圈内部，核心城市和周边地区通过高速公路和电车网紧密地联系在一起，形成了具有球心空间的城市群交通网络构架，为东海道城市群的物流业发展奠定了基础。

2.3 京津冀与其他城市群对比分析

从国内三大城市群的发展定位来看，京津冀、长江三角洲及粤港澳三大城市群的建设与发展均具备长久的历史因素以及显著的政策导向，尤其是在创新驱动战略提出后，三者均以创新为根本驱动力，并积极调整产业结构，推动产业升级。但是由于城市群发展定位的不同，三者在政治制度、经济活力及产业结构等方面出现了较大差异。从三大城市群的发展定位可发现，三者在科创、生态两方面定位相似，在其他方面三者各有侧重。长三角侧重于经济性，京津冀侧重于政治性，而粤港澳由于泛珠三角的背景与“一国两制”国策的实施，则需要经济政治并重。虽然京津冀城市群政治性更为凸显，但在创新驱动经济与区域协同发展方面，京津冀更具理论深度与实践空间。相较于长三角乃至美国波士华等成熟的世界级城市群，京津冀城市群仍处于发展的初步阶段。现阶段京津冀应紧紧围绕协同发展规划目标的关键，做好理论与实践的结合，充分发挥“区域整体协同发展改革指导区”的功能作用。

从国内城市群的空间结构特征来看，京津冀与长三角、粤港澳三大城市群在空间结构的设计上，均遵循极点辐射—要素流通—产业联动—协同发展的设计思路。长三角城市群以上海为中心逐步形成多层复合“中心—外围”式的空间结构特征，形成发挥头雁作用的“中心城市圈”与发挥群狼效应的“外围城市圈”。粤港澳大湾区城市群以香港、广州及深圳为中心构建双核多级“辐射网络”式的空间结构特征，由超大城市（主核心）、大城市（次核心）以及核心周围分布的众多城市及城镇，共同形成了网络化城市群空间组织结构。京津冀城市群以北京为中心逐步落实“一核、双城、三轴、四区、多节点”的空间结构格局。虽然三者空间结构设计思路存在相似性，但是从实际结构中我们可以发现，京津冀城市群核心建设倾向于打造单核结构，利用北京辐射带动其他区域发展，而其余二者更倾向于打造核心城市圈，实现多点辐射。这一现象主要受三个城市群子级区域的构成以及子级区域的发展水平等方面差异的影响，同时也导致京津冀各地间的实力差距进一步拉大，耦合基础相对薄弱。从国外的城市群空间结构来看，美国波士华城市群与日本东海道城市群经过漫长的发展，形成了多个都市圈分散的空间结构，因此两者都呈现沿海带状分布。而京津冀城市群则由相互毗邻的北京与天津作为中心城市，呈现出聚集式的空间分布。在城市群内部发展上，美国波士华城市群与日本东海道城市群，以及我国的长三角城市群与粤港澳大湾区城市群

都逐步构建了内部的核心城市圈（三个中心城市及以上），而京津冀城市群现阶段仅形成北京—天津的双城联动模式，并且北京、天津的经济主导地位十分显著，与其他各城市的经济发展差距较大，对其他城市的辐射带动作用仍有待加强。同时，京津冀地区人口分布不均衡，北京和天津人口多、密度大、吸引力强，河北各城市人口规模较小、增速慢、吸引力缺乏，人口向京津流动的压力仍然很大。现阶段人口主要集中在北京、天津、保定以及石家庄这四个相对规模较大的城市。2020 年，这四个城市常住人口规模占京津冀地区人口的比例超过 50%。无论是人口规模还是人口密度，北京、天津都是京津冀地区人口分布的高点，而河北各地人口规模较小，分布较为稀疏。聚集式的空间分布更符合京津冀区域的发展特征。

从国内城市群的科技创新环境来看，京津冀与长三角、粤港澳三大城市群的创新发展均表现出极大的潜力。长三角城市群以上海为核心，通过辐射带动和空间溢出效应，大量外资流入，浙江省和江苏省迅速发展，该地区的资本积累由内部优化整合转向外部吸引重组，区域总体发展水平迅速提升，城市集聚规模效应显著。珠三角城市群是对外开放最早的地区，是我国三大城市群中经济最有活力、城市化率最高的地区，外向型经济是其发展特色。京津冀地区包括两个直辖市，其政治功能定位明显，利用政策导向优势，国有大型工业企业发展迅速。京津冀城市群作为三大国家级城市群之一，创新能力和动力充足，是全国主要的高新技术产业基地。从国外城市群的科技创新环境来看，美国波士华城市群与日本东海道城市群的创新发展程度较高。美国具有全球最多的科技创新中心，具备成熟的科技创新环境。日本在亚洲众多国家中走在创新发展的前列，东京已成为全球最重要的科技创新中心之一。京津冀城市群因其原始资源禀赋、历史发展脉络和城市功能定位等原因，科技创新环境仍有较大的提升空间。

从国内城市群的产业发展条件来看，京津冀与长三角、粤港澳三大城市群均呈现“三、二、一”的结构。京津冀城市群的产业结构发生了两次变化，且第二、三产业增加值占比差距逐渐拉大。珠三角城市群和长三角城市群的产业结构调整的步伐较快，第三产业得到快速发展，产业调整初见成效。其中，长三角城市群存在多个经济实力较强、与中心城市上海市有一定产业结构差异的城市，城市群产业结构差异较为合理，在长三角城市群中心城市和周边城市、周边城市之间能够以较低的成本实现产业转移和承接，进而促进经济增长。从国外城市群的产业发展条件来看，波士华城市群、莱茵—鲁尔城市群和东海道城市群的内部产业结构差异化明显，各个城市和都市圈各有侧重，各司其职，形成了较为完整的产业结构。如波士华城市群中，波士顿是文化中心，纽约是经济中心，费城、巴尔的摩是工业中心，华盛顿是政治中心。莱茵—鲁尔城市群中杜塞尔多夫产业涵盖了广告、服装、会展及物流等，杜伊斯堡以物流和铁路枢纽为主。在京津冀城市群中，各个区域产业结构相差较大，城市间经济规模差距较大，因此很难以较低的成本实现城市间产业转移和承接工作，也难以较好地促进经济增长。

从国内外城市群的基础流通条件来看，城市群内发达、完善的交通网络是推动城市群一体化的重要基础。五大城市群均具有良好的自然条件和地理位置，适宜人类居住和交通联络。对比国内外大型城市群发展，美国波士华、德国莱茵—鲁尔、日本东海道城市群作为发达且成熟的城市群，均拥有一套完善的交通运输体系。波士华城市群以铁路与运河的建设为主，成为美国客运量最大、发车频率最高的交通走廊。日本东海道城市群建设以新干线、高速公路网、港口以及航空网络为主的交通体系，使日本东海道城市群成为内部联系紧密的交通统一体。德国莱茵—鲁尔城市群具有全世界最大的内河港口、繁忙的内河航道和欧洲最密集的铁路网，高速公路四通八达，现已形成完善的以轨道交通为骨干的区域公共交通运输体系。我国长三角和粤港澳的水运依托优越的地理位置得以迅速发展，京津冀则以其密集的铁路网逐步将货运由公路转向铁路，运输方式趋于合理。京津冀和粤港澳城市群内的高铁建设相对较完善，但各城市间实际的高铁出行联系不及长三角地区，一定程度上说明京津冀高速铁路交通基础设施资源的利用率较低。公路运输仍是三大城市群最主要的运输方式，但随着城市群的快速发展和国家法规与政策的支持，京津冀的铁路和航空运输逐步赶上公路成为重要的客运和货运方式，长三角从以公路为主、铁路为辅逐渐演变成公路、铁路、航空共同发展，粤港澳则是从以公路为主逐渐演变为以公路和航空为主。在航空方面，京津冀城市群主要航空枢纽国际航线数量为国内三大城市群之首，但 120 条国际航线与公认的美国大西洋沿岸世界级城市群 673 条国际航线相比仍有很大差距。

2.4 本章小结

本章首先通过梳理和分析京津冀城市群近年来的发展规划及政策，对京津冀城市群协同发展的顶层设计进行分析，发现京津冀协同发展相关政策覆盖多个领域并形成网络结构，2018 年前后京津冀协同发展规划政策体系的顶层设计已基本完成，各项政策进入推进落实阶段。进而从城市群的基本情况、功能定位、空间结构、创新环境、产业发展、交通设施、物流业发展等方面，对国内长三角城市群、粤港澳大湾区城市群，以及美国波士华城市群、德国

莱茵—鲁尔城市群、日本东海道城市群展开案例研究。最后通过京津冀城市群与其他国内外城市群的对比分析，在功能定位方面，京津冀城市群政治性凸显，在创新驱动经济与区域协同发展两方面更具理论深度与实践空间；在空间结构方面，聚集式的空间分布更符合京津冀区域的发展特征；在创新环境方面，京津冀城市群科技创新发展的政策环境良好，创新资源丰富，但是创新能力有待进一步提升；在产业发展方面，产业结构尚未真正形成错位发展、功能互补、多中心协同的空间分工格局；在流通条件等方面，京津冀区域已基本形成融公路、铁路、民航、水运等多种运输方式为一体，海陆空综合协调发展的立体交通网络。

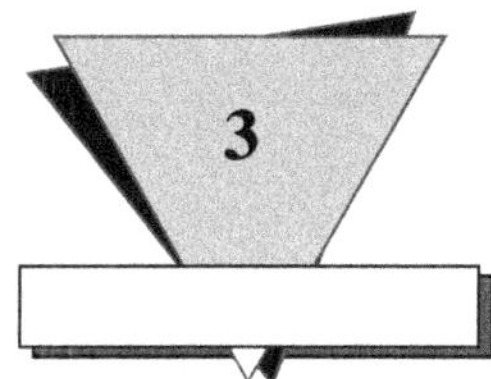

京津冀物流业及创新概况

随着新经济地理学与区域经济理论的不断发展，以及交通运输技术及其布局理论的日益成熟，城市群内部的“空间流”瓶颈问题日益得到关注。在历史、经济、制度等多种因素影响下，我国城市群普遍存在子级城市间协同性较弱、通道经济性与引导性不强、要素流动不畅、等级功能不明确、产业间关联度不足等问题。物流产业作为区域发展的经济增长点与发展支撑点，其重要性已得到广泛认同。物流本身具备承载要素跨空间流动的属性，这与城市群的“空间流”建设相匹配；同时，发展符合城市定位的功能性物流业也是解决目前城市群“空间流”瓶颈问题的合理手段。不同城市群在产业结构与发展要素等方面存在差异，加上城市功能定位的差异，导致同一城市群内部子级城市间的产业结构与侧重点存在差异。因此，城市群物流业的研究不仅要考虑城市群的整体发展规划，还要考虑子级城市间的差异化功能定位，从协同化与差异化双重视角具体探讨城市群物流业的发展问题。如何科学且系统地利用物流业这一先导性产业的空间流特性服务于其他产业，从根本上提升区域物流业的服务创新能力，对于促进京津冀城市群的协同发展，加强三地产业的结构关联度与要素流动性具有重要意义。

本章首先梳理了京津冀物流通道和物流园区的建设与发展情况，分析京津冀城市群近年来的发展规划及协同发展政策，深入了解京津冀物流业的发展现状；其次从物流企业基本现状、创新投入和产出现状等方面介绍京津冀物流业创新现状，并对京津冀物流业服务创新活动加以提炼；最后提出京津冀物流业创新发展面临的机遇和挑战。

3.1 协同发展背景下京津冀物流业现状

作为生产性服务业，物流业与其他产业存在密切联系。一方面，物流业需要其他产业为其提供供给，对其他产业形成需求；另一方面，物流业也为其他产业提供供给，满足其他产业对物流的需求。实现京津冀区域物流一体化协同发展，不仅是京津冀物流业发展的客观需要，也是京津冀产业结构转变、实现区域协同发展的重要支撑。

从物流服务创新能力的定义出发，物流企业所采取的一切与物流服务相关或针对物流服务的创新行为与活动，都是为了提升物流服务的能力。物流业属于生产性服务业，物流业的发展是以物流业服务能力为基础的，这种服务能力基于第三产业的本质属性，进而影响第一产业和第二产业，最终推动产业关联，促进物流业协同发展。

随着京津冀协同发展战略的实施，京津冀地区物流业协同发展取得了明显进展。根据2014年至2020年京津冀三地区物流业增加值及各地区物流业增加值占全国比重的数据（如表3.1所示），京津冀地区物流业增加值由2014年的3 743.30亿元增加至2020年的4 542.70亿元，7年来物流业增加值增长了21.36%。其中，2020年北京市物流业增加值为836.50亿元，相较2014年增长了15.41%，占全国物流业增加值比重为2.06%；天津市物流业增加值为815.60亿元，相较2014年增长了19.07%，占全国物流业增加值比重为2.01%；河北省物流业增加值为2 890.60亿元，相较2014年增长了23.88%，占全国物流业增加值比重为7.12%。由以上数据可以看出，京津冀地区物流业近年来发展态势良好，三地物流总额平稳增长，其中，河北省物流业增加值增长最为迅速。

表3.1　2014—2020年京津冀三地交通运输、仓储和邮政业增加值及占全国比重数据

年份	物流业增加值（亿元）				占全国物流业增加值比重（%）		
	北京	天津	河北	京津冀	北京	天津	河北
2014	724.80	685.00	2 333.50	3 743.30	2.54	2.40	8.18
2015	739.80	669.50	2 399.30	3 808.60	2.42	2.19	7.86
2016	790.80	689.20	2 410.30	3 890.30	2.39	2.09	7.30
2017	901.00	729.80	2 541.90	4 172.70	2.43	1.97	6.85
2018	1 015.90	748.80	2 606.50	4 371.20	2.52	1.86	6.46
2019	1 010.80	787.70	2 886.00	4 684.50	2.38	1.85	6.80
2020	836.50	815.60	2 890.60	4 542.70	2.06	2.01	7.12

资料来源：国家统计局。

纵观京津冀地区物流业增加值折线图（如图3.1所示），2014—2018年京津冀地区物流业增加值呈现稳步增长趋势，2018—2019年增长速度加快，在2019年达到峰值。受新冠肺炎疫情影响，2020年，京津冀物流业增加值略有下降。其中，北京市和河北省的物流业增加值在2020年有所下降，天津市的物流业增加值一直呈现平稳增长的趋势。随着京津冀协同发展战略的不断推进及京津冀物流一体化建设的不断加强，其物流业整体呈现稳步增长态势，逐步实现结构转化及高质量发展。

3.1.1　京津冀物流通道建设与发展现状

京津冀物流一体化发展离不开物流通道建设。物流通道建设是京津冀一

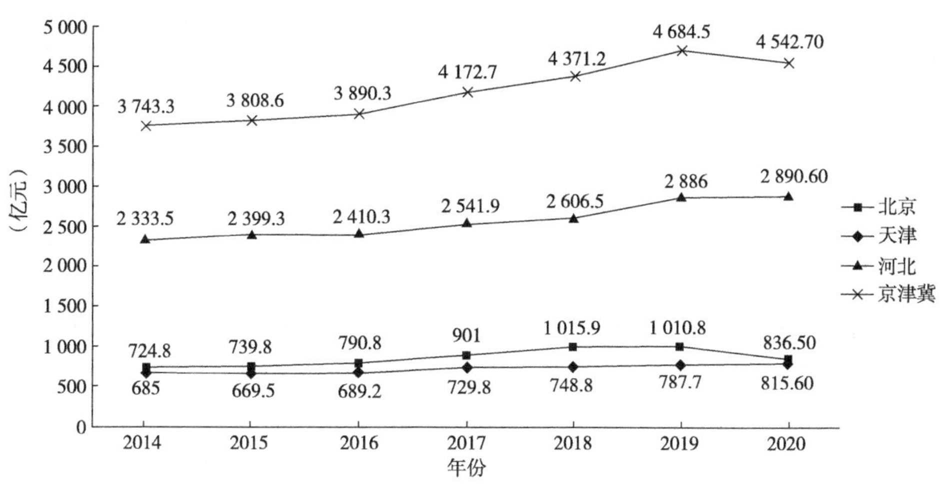

图 3.1 2014—2020 年京津冀三地物流业增加值分布情况

资料来源：国家统计局。

体化的基础，是实现京津冀一体化的重要条件。京津冀协同发展战略提出后，国家和地方政府都着力共同推进京津冀交通运输体系和物流通道建设一体化运作，构建京津冀综合交通运输体系。

3.1.1.1 京津冀公路运输建设情况

2014—2020 年京津冀地区公路营业里程情况如表 3.2 所示。截至 2020 年，京津冀公路营业里程由 2014 年的 21.71 万千米上升到 2020 年的 24.37 万千米，增长了 12.25%。其中，北京市 2.23 万千米，相较 2014 年增长了 2.3%；天津市 1.64 万千米，相较 2014 年增长了 4.9%；河北省 20.50 万千米，相较 2014 年增长了 14.4%。京津冀地区公路营业里程逐年增长，其中河北省增长较为明显。

表 3.2 2014—2020 年京津冀地区公路营业里程情况

单位：万千米

年份	北京	天津	河北	京津冀
2014	2.18	1.61	17.92	21.71
2015	2.19	1.66	18.46	22.31
2016	2.20	1.68	18.84	22.72
2017	2.22	1.65	19.17	23.04

续表

年份	北京	天津	河北	京津冀
2018	2. 23	1. 63	19. 33	23. 19
2019	2. 24	1. 61	19. 70	23. 55
2020	2. 23	1. 64	20. 50	24. 37

资料来源：《中国统计年鉴 2021》。

2014—2020 年京津冀地区公路货运量、货物周转量情况如表 3. 3 所示。截至 2020 年，京津冀公路货运量由 2014 年的 241 832 万吨上升至 2020 年的 265 992 万吨，增长了 10%，其中，北京市 21 789 万吨，相较 2014 年下降了 14%；天津市 32 261 万吨，相较 2014 年增长 3. 6%；河北省 211 942 万吨，相较 2014 年增长了 14. 39%。从数据可以看出，京津冀公路货运量三地存在一定差距，北京市与天津市公路货运量每年较为稳定，而河北省公路货运量要远高于北京、天津两市，并整体呈现上升趋势，其中 2018 年增加尤为突出。此外，2020 年京津冀公路货物周转量达9 009. 05亿吨千米，相较 2014 年增长了 19. 58%，其中北京市 265. 68 亿吨千米，天津市 640. 12 亿吨千米，河北省 8 103. 25 亿吨千米。

表 3. 3　2014—2020 年京津冀地区公路货运量、货物周转量情况

年份	公路货运量（万吨）				公路货物周转量（亿吨千米）			
	北京	天津	河北	京津冀	北京	天津	河北	京津冀
2014	25 416	31 130	185 286	241 832	165. 19	349. 02	7 019. 56	7 533. 77
2015	19 044	30 551	175 637	225 232	156. 36	345. 20	6 821. 48	7 323. 04
2016	19 972	32 841	189 822	242 635	161. 32	372. 49	7 294. 59	7 828. 4
2017	19 374	34 720	207 340	261 434	159. 24	398. 02	7 899. 32	8 456. 58
2018	20 278	34 711	226 334	281 323	167. 41	404. 10	8 550. 15	9 121. 66
2019	22 325	31 250	211 461	265 036	275. 68	599. 36	8 027. 16	8 902. 2
2020	21 789	32 261	211 942	265 992	265. 68	640. 12	8 103. 25	9 009. 05

资料来源：《中国统计年鉴 2021》。

3. 1. 1. 2　京津冀铁路运输建设情况

2014—2020 年京津冀地区铁路营业里程情况如表 3. 4 所示。截至 2020

年，京津冀铁路营业里程由 2014 年的 0.86 万千米上升到 2020 年的 1.05 万千米，增长了 22.09%，其中北京市 0.14 万千米，天津市 0.12 万千米，河北省 0.79 万千米。京津冀地区铁路营业里程逐年增长，河北省增长较为明显，特别是 2018—2019 年增速较快。

表 3.4　2014—2020 年京津冀地区铁路营业里程情况

单位：万千米

年份	北京	天津	河北	京津冀
2014	0.13	0.10	0.63	0.86
2015	0.13	0.10	0.70	0.93
2016	0.13	0.11	0.70	0.94
2017	0.13	0.11	0.72	0.96
2018	0.13	0.12	0.74	0.99
2019	0.14	0.12	0.78	1.04
2020	0.14	0.12	0.79	1.05

资料来源：《中国统计年鉴 2021》。

2014—2020 年京津冀地区铁路货运量、货物周转量情况如表 3.5 所示。截至 2020 年，京津冀铁路货运量由 2014 年的 30 628 万吨上升至 2020 年的 42 344万吨，增长了 38.25%。其中，北京市 414 万吨，相较 2014 年下降了 63.52%；天津市 11 124 万吨，相较 2014 年增长了 25.35%；河北省 30 806 万吨，相较 2014 年增长了 49.41%。从数据可以看出，北京市铁路货运量相对较低，且呈现下降趋势，而河北省铁路货运量要远高于北京、天津两市，并整体呈现上升趋势。此外，2020 年京津冀铁路货物周转量达 6 257.38 亿吨千米，相较 2014 年增长了 12.26%，其中，北京市 767.10 亿吨千米，天津市 518.23 亿吨千米，河北省 4 972.05 亿吨千米。

表 3.5　2014—2020 年京津冀地区铁路货运量、货物周转量情况

年份	铁路货运量（万吨）				铁路货物周转量（亿吨千米）			
	北京	天津	河北	京津冀	北京	天津	河北	京津冀
2014	1 135	8 874	20 619	30 628	871.52	519.35	4 183.14	5 574.01
2015	1 034	8 378	17 843	27 255	745.06	444.81	3 633.01	4 822.88

续表

年份	铁路货运量（万吨）				铁路货物周转量（亿吨千米）			
	北京	天津	河北	京津冀	北京	天津	河北	京津冀
2016	762	8 150	16 313	25 225	664. 12	399. 78	3 704. 47	4 768. 37
2017	736	8 736	17 100	26 572	799. 17	480. 46	4 278. 36	5 557. 99
2018	596	9 249	19 637	29 482	866. 82	509. 82	4 832. 00	6 208. 64
2019	484	9 888	26 823	37 195	813. 72	517. 07	4 937. 18	6 267. 97
2020	414	11 124	30 806	42 344	767. 10	518. 23	4 972. 05	6 257. 38

资料来源：《中国统计年鉴 2021》。

3. 1. 1. 3 京津冀港口及水路运输建设情况

京津冀港口指天津以及河北海岸线建有的港口，包括天津港、秦皇岛港、唐山港、黄骅港四大港。

2014—2020 年京津冀港口及水路运输情况如表 3. 6 所示。截至 2020 年，天津市货物吞吐量 50 290 万吨、水运货物周转量 1 442. 01 亿吨千米，水运货运量 9 134 万吨，民用机动运输船数达到 292 艘；河北省货物吞吐量 20 061 万吨、货物周转量约 655 亿吨千米，水运货运量 4 575 万吨，民用机动运输船数达到 941 艘。河北省建有秦皇岛港、唐山港、黄骅港三大港口，其中唐山港包括京唐港、曹妃甸港和丰南港区三大港区。河北省港口在区域发展中有着举足轻重的地位和作用。

结合 2020 年河北各港口生产用地及吞吐量（见表 3. 7）可以看出，唐山港码头长度 34 014 米，泊位数 127 个，设计吞吐能力达到 62 941 万吨，货物吞吐量达到 65 674 万吨，位居第一。除此之外，曹妃甸港和京唐港的货物吞吐量也达到了 3 亿吨。从表 3. 6、表 3. 7 可以看出，京津冀的港口货运量主要是以天津港和唐山港为主要货运港口，天津港与河北沿海港口的水运货物周转量均呈现下降趋势，水运货运量则较稳定。

表 3. 6 2014—2020 年京津冀水路运输货运量情况

年份	水运货物周转量（亿吨千米）		水运货运量（万吨）		民用机动运输船数（艘）	
	天津	河北	天津	河北	天津	河北
2014	2 734. 01	1 481. 77	9 749. 00	4 041. 00	418. 00	1 547. 00
2015	1 729. 21	1 552. 79	9 850. 00	4 544. 00	405. 00	1 596. 00

续表

年份	水运货物周转量（亿吨千米）		水运货运量（万吨）		民用机动运输船数（艘）	
	天津	河北	天津	河北	天津	河北
2016	1 530.05	1 333.62	9 515.00	4 451.00	353.00	1 594.00
2017	1 291.07	1 203.91	8 345.00	4 413.00	251.00	1 589.00
2018	1 326.60	490.88	8 261.00	3 352.00	283.00	1 641.00
2019	1 546.01	599.04	8 955.00	4 160.00	244.00	1 899.00
2020	1 442.01	654.65	9 134.00	4 575.00	292.00	941.00

资料来源：《中国统计年鉴 2021》。

表 3.7 2020 年河北各港口生产用地及吞吐量

港口名称	生产用地与预留用地总和			吞吐量（万吨）	
	码头长度（m）	泊位个数（个）	万吨级	设计吞吐能力	货物吞吐量
秦皇岛港	17 161	92	44	23 549	21 880
黄骅港	10 365	48	35	25 450	28 761
唐山港	34 014	127	122	62 941	65 674
京唐港	11 754	45	40	17 252	30 117
曹妃甸港	22 260	82	82	45 689	35 557

资料来源：《河北省经济年鉴 2021》。

3.1.1.4 京津冀航空运输建设情况

京津冀地区的民航机场有 9 个，分别是位于北京顺义的北京首都国际机场、位于北京南部的大兴国际机场、位于天津东丽区的天津滨海国际机场、位于河北的张家口宁远机场、唐山三女河机场、石家庄正定国际机场、邯郸机场、秦皇岛北戴河机场、承德普宁机场。对比各数据可以看出，北京大兴国际机场的航站面积、客运航线、跑道数等都远超其他 8 个机场。

2014—2020 年京津冀地区三地航空邮路里程情况如表 3.8 所示。其中 2020 年北京市 1 404 699 千米，天津市 56 557 千米，河北省 857 千米。从数据可以看出，随着时间的推移，北京市的航空邮路里程数不断增加，天津市和河北省的航空邮路里程数出现递减的情况。京津冀地区的主要航空枢纽由天津转移到北京。其中，北京的药品、鲜活物品、大型医疗设备等大型物资的数量都要比河北、天津多，京津冀地区航空枢纽逐渐以北京双枢纽为核心。

表 3.8　2014—2020 年京津冀三地航空邮路里程情况　　单位：千米

年份	北京	天津	河北
2014	68 326	102 769	73 520
2015	138 849	82 894	73 520
2016	510 002	116 410	41 384
2017	480 220	90 700	76 753
2018	480 220	97 700	77 021
2019	480 220	95 612	33 182
2020	1 404 699	56 557	857

资料来源：《中国统计年鉴 2021》。

区域经济一体化，是一种区域经济的联合体，地区间由于商品流向、经济内在联系、自然地域、社会发展需要等紧密联系在一起。京津冀城市群保持着良好的发展势头，经济实力雄厚，对物流的需求也与日俱增。物流通道是货物流动和区域经济发展的重要支撑。在当前构建国内大循环为主体、国际国内双循环相互促进新发展格局的背景下，物流通道建设有利于推动京津冀协同发展进程。在北京非首都功能有序疏解和京津冀三地协同发展过程中，被定位为全国现代商贸物流重要基地的河北省正在着力建设物流通道，打通断头路，扩宽瓶颈路段，全面对接京津两地物流设施，提升现代物流体系综合能力，加快承接京津产业转移步伐。

2014 年至 2020 年京津冀地区物流通道建设不断完善。在公路运输建设方面，京津冀地区公路总里程数稳步增长，尤其以河北省的公路营业里程数增长最为明显。在公路货运量和周转量方面，河北省也遥遥领先，这与《京津冀协同发展规划纲要》提出的将河北省作为全国现代商贸物流重要基地一致。在铁路运输建设方面，北京市和天津市的铁路建设基本稳定，河北省的铁路营业里程略有增加。随着时间的推移，北京市的铁路货运量和货运周转量都有所下降，天津市和河北省均有所提高。这主要是因为北京市的经济形式以服务业为主，而与此配套的商业配送物流、居民生活保障物流、电商快递物流等皆属于城市末端物流服务范围。在港口及水路运输建设方面，天津港与河北沿海港口的水运货物周转量均呈现下降趋势，水运货运量则较稳定。这可能和天津港近些年的战略定位改革以及天津港保税区打造高端服务产业园有关。在航空运输建设方面，北京市的航空邮路里程数逐年增加，天津市和河北省逐年降低。这是因为京津冀地区主要航空枢纽在北京，北京首都国际

机场和北京大兴机场对京津冀地区的航空发展尤其重要。纵观京津冀地区公路、铁路、港口和航空建设情况及货运变化情况可以发现，京津冀协同发展有助于缩小各主要物流通道之间的发展差异，进而有利于推动区域一体化进程。

3.1.2 京津冀物流园区的建设与发展

《全国物流园区发展规划（2013—2020 年）》明确了全国物流园区的发展目标和总体布局，其中北京、天津、唐山等 29 个城市被确定为一级物流园区布局城市，石家庄、邯郸、秦皇岛、沧州等 70 个城市被确定为二级物流园区布局城市，以上物流园区布局城市覆盖了京津冀城市群 13 个城市中的 7 个城市。该规划还明确指出：到 2020 年，我国将基本形成布局合理、规模适度、功能齐全、绿色高效的全国物流园区网络体系。

中国物流与采购联合会、中国物流学会自 2006 年开始，先后组织了五次全国物流园区（基地）调查工作。2018 年最新调查结果显示，全国符合 2018 年调查基本条件的各类物流园区共计 1 638 家，比 2015 年第四次调查数据 1 210家增长 35. 37%，3 年内全国物流园区个数年均增长 10. 7%。在列入 2018 年调查报告的 1 638 家园区中，处于运营状态的有 1 113 家，占比 67. 9%；处于在建状态的有 325 家，占比 19. 8%；处于规划状态的有 200 家，占比 12. 2%。2006—2018 年京津冀物流园区运营情况如表 3. 9 所示。

表 3. 9 2006—2018 年京津冀物流园区运营情况

年份	运营物流园区数	在建物流园区数	规划物流园区数
2006	5	5	9
2008	15	13	13
2012	61	23	4
2015	134	21	4
2018	146	42	26

目前，北京现有的物流基地共 4 个，分别是顺义空港物流基地+天竺综合保税区、通州马驹桥物流基地、大兴京南物流基地、平谷马坊物流基地，已经形成了四大环绕北京的物流配送基地，并充分利用每个物流基地的特色区位条件，形成了差异化的物流企业集聚。天津市现有的天津港集装箱物流中心，是天津港跻身国际大港的标志性工程，是全球物流供应链的重点节点，

目标是发展成为中国北方规模大、影响力强、一流的现代物流基地。天津陆路港枢纽园区是天津31家市级示范工业园区中距离天津市区最近的园区，陆路港内规划建有商检通关机构，具备内陆无水港功能，已被正式列入天津市“一区三港”现代物流基地发展战略，成为继天津“空港”“海港”之后又一重要货运集散中心。河北省现有的迁安市北方钢铁物流产业聚集区位于迁安市的西南部，是河北省首批省级物流产业聚集区，其地理区位优越。聚集区处于环渤海经济圈核心地带，也处于国家重点打造的华北物流区和东北物流区的交汇点，物流走廊的区位优势明显，是河北省“东出西联”物流发展的枢纽工程。同时，对外交通便捷，聚集区拥有铁路、公路、近邻港口三重优势，形成了“四纵四横”的路网格局。邢台好望角物流园区具有功能集成、设施共享、用地节约等优势，成为第二批全国示范物流园区。

根据以上数据分析可以看出，近年来，不论是物流线路设施建设，还是物流节点设施建设，河北省的建设速度不断加快。在京津冀协同发展进程中，需要通过疏解非首都功能实现三地产业协同发展，提升京津冀区域整体发展水平。河北省承接大量京津产业转移，有助于加快物流要素聚集，促进物流高质量发展，并为其他产业的聚集提供了重要的保障，逐渐形成了全国现代商贸物流重要基地。

3.2 京津冀物流业服务创新及趋势分析

3.2.1 京津冀物流业创新基本情况

京津冀物流企业作为推进物流一体化的主力军，需要根据城市功能的定位，优化配置物流资源，创新物流服务产品和物流服务系统，不断提升物流能力，增强核心竞争力，促进转型升级，实现可持续发展。从物流企业的数量、创新投入与产出、信息化状况方面对京津冀物流企业现状进行调查，系统客观地了解京津冀物流企业发展现状，既是京津冀物流企业自身发展的迫切需要，也是提高京津冀物流业服务能力的需要。

3.2.1.1 物流企业基本现状

2014—2020年京津冀地区物流企业总数如表3.10所示。截至2020年，京津冀物流企业总数由2014年的80 986个增加到2020年的91 921个，增长了13.5%。其中，2020年北京市物流企业38 865个，天津市21 134个，河北省31 922个。从数据可以得出，2020年京津冀三地物流企业数量同比增长，河北和北京两地物流企业密度较高。但北京市和天津市波动幅度较大，河北

省则相对稳定。

表 3.10 2014—2020 年京津冀地区物流企业数量 单位：个

年份	北京	天津	河北	京津冀
2014	34 669	18 049	28 268	80 986
2015	31 346	18 189	28 822	78 357
2016	31 523	18 640	29 468	79 631
2017	31 778	17 003	30 453	79 234
2018	31 534	16 725	29 231	77 490
2019	38 309	19 519	28 751	86 579
2020	38 865	21 134	31 922	91 921

资料来源：《中国统计年鉴 2021》。

截至 2020 年 9 月，中国物流与采购联合会一年两次共计开展了三十批 A 级物流企业综合评估工作。据统计，京津冀地区现存 260 家 A 级物流企业，包括 5A 级物流企业 54 家、4A 级物流企业 113 家、3A 级物流企业 84 家、2A 级物流企业 9 家。其中，2014—2020 年京津冀地区 5A 级物流企业总数如表 3.11 所示，可以看出京津冀地区 5A 级物流企业数量稳步增加，由 2014 年的 33 个增加到 2020 年的 54 个，增长了 63.64%。北京市 5A 级物流企业数量最多，共 34 家；河北省 14 家；天津市 6 家。此外，被认定为 5A 级的物流企业不仅在企业经营状况、物流标准化程度、信息化水平和创新能力等方面的软硬件综合条件达到了国内物流企业最高的评估标准，而且得到了政府、企业、市场的广泛认同，其价值稳步提升。

表 3.11 2014—2020 年京津冀地区综合评估达到 5A 级的物流企业数量

单位：个

年份	北京	天津	河北	京津冀
2014	22	3	8	33
2015	27	4	9	40
2016	29	4	10	43
2017	31	4	11	46
2018	32	4	10	46

续表

年份	北京	天津	河北	京津冀
2019	34	5	13	52
2020	34	6	14	54

资料来源：根据中国物流与采购联合会（http：//www. chinawuliu. com. cn/）公布的数据整理而成。

3.2.1.2 物流企业创新投入与产出现状

物流企业提升创新投入，既可以使其正视自己的发展情况，也可以反映企业服务创新投入对未来的财务绩效影响。京津冀地区规模以上工业企业R&D 经费如表 3.12 所示，京津冀物流企业创新投入经费由 2014 年的 8 169 778 万元增长至 2020 年的 10 116 418 万元，增长 23.83%。其中，河北省增长了86.23%，是创新经费投入占比最多的省份。

表 3.12 2014—2020 年京津冀地区规模以上工业企业 R&D 经费

单位：万元

年份	北京	天津	河北	京津冀
2014	2 335 010	3 228 057	2 606 711	8 169 778
2015	2 440 875	3 526 665	2 858 051	8 825 591
2016	2 548 433	3 499 551	3 086 608	9 134 592
2017	2 690 851	2 411 418	3 509 684	8 611 953
2018	2 740 103	2 528 761	3 819 916	9 088 780
2019	2 851 859	2 134 320	4 385 826	9 372 005
2020	2 974 157	2 287 717	4 854 544	10 116 418

资料来源：《中国统计年鉴 2021》。

企业创新经费的持续投入也带来了丰硕的创新成果。根据万象云专利检索平台数据（见表 3.13），京津冀地区物流专利授权数由 2014 年的4 314个增加至 2020 年的14 885个，同比增加 245.04%。截至 2020 年，北京市物流专利授权数4 285个，比 2014 年增长了 136.22%；天津市物流专利授权数5 319个，比 2014 年增长了 256.26%；河北省物流专利授权数5 281个，比 2014 年增长了 424.43%。物流企业的创新投入带来了大量物流专利的产出，提高了物流企业的服务型创新能力。

表 3.13 2014—2020 年京津冀地区物流专利授权数量 单位：个

年份	北京	天津	河北	京津冀
2014	1 814	1 493	1 007	4 314
2015	2 037	2013	1 266	5 316
2016	2 525	2 476	1 416	6 417
2017	2 498	2 644	1 439	6 581
2018	3 306	3 800	2 557	9 663
2019	3 171	4 047	2 961	10 179
2020	4 285	5 319	5 281	14 885

资料来源：根据万象云专利检索官网（http：//www. wanxiangyun. net）数据整理而成。

物流企业创新经费的投入促进了物流科技的应用。如表 3. 14 所示，京津冀地区物流科学技术奖获奖项目数从 2014 年的 38 个增长至 2020 年的 71 个，增长了 86. 84%。其中，北京市 2020 年物流科学技术奖获奖项目数 60 个，天津市物流科学技术奖获奖项目数 4 个，河北省物流科学技术奖获奖项目数 7 个。北京市作为科技文化中心，拥有更为先进的物流设备、成熟的理论基础和大量的科研人才，为物流技术的提升提供了理论和实践基础，这不仅使物流科学技术得到迅速提升，也使得物流科学技术奖获奖项目大多集中在北京市。相比之下，天津市和河北省的物流科学技术奖获奖项目数很少且变化不大。

表 3. 14 2014—2020 年京津冀地区物流科学技术奖获奖项目数

单位：个

年份	北京	天津	河北	京津冀
2014	29	7	2	38
2015	34	5	4	43
2016	43	6	3	52
2017	33	3	2	38
2018	44	6	3	53
2019	54	7	4	65
2020	60	4	7	71

资料来源：根据中国物流与采购联合会（http：//www. chinawuliu. com. cn/）数据整理而成。

3.2.1.3 物流信息化

现代物流的发展离不开物流的信息化，物资实体的流通和信息的流通共同构成了现代物流。网络技术、计算机技术、通信技术等技术手段的使用，加快了物流信息的传递和处理速度，提高了物流活动的快速反应能力，保障了当代物流的高效率运作。要想保证商品的流动满足消费者的需求，就必须要保证信息的流动性以及相关信息的准确反馈。因此，物流企业信息化对于现代物流发展至关重要。由表3.15和表3.16可知，2014—2020年京津冀物流企业拥有的网站数量和物流信息系统应用水平维持基本稳定，虽然物流企业中现代信息技术装备已经得到一定的发展，但信息化应用并没有显著提高，企业信息化水平有待进一步提升。

表3.15 2014—2020年京津冀地区物流企业拥有网站数 单位：个

年份	北京	天津	河北	京津冀
2014	20 632	9 708	15 709	46 049
2015	19 725	9 888	16 319	45 932
2016	20 305	9 848	16 748	46 901
2017	20 812	8 765	17 377	46 954
2018	20 286	7 848	16 362	44 496
2019	22 124	8 474	15 856	46 454
2020	22 366	8 429	16 370	47 165

资料来源：《中国统计年鉴2021》。

表3.16 2014—2020年京津冀地区物流信息系统应用水平

年份	物流信息系统应用水平
2014	0.223 5
2015	0.263 2
2016	0.183 1
2017	0.166 7
2018	0.197 7
2019	0.219 5
2020	0.228 6

资料来源：根据中国物流与采购联合会（http://www.chinawuliu.com.cn/）数据整理而成。

京津冀城市群的发展定位是以首都为核心的世界级城市群，随着京津冀物流业一体化发展步伐的加快和基础设施的不断完善，智慧物流已是大势所趋。推进京津冀区域智慧物流的发展，必须加紧推动新一代信息通信技术与城市群发展深度融合，加快现代信息技术在整个物流产业中的应用，同时提升物流企业的信息化和智能化水平，提升跨平台之间的连接，整合协同更多利益相关方，搭建互相赋能、融合共生的协同网络，形成多层跨界立体的平台互联网结构。

3.2.2 京津冀物流业服务创新活动

物流业是通过物流资源的产业化从而形成的一种聚合性或者复合性产业，相比于高技术产业或制造业，物流业涉及的创新活动更为复杂，也更为宽泛。产业创新既需要技术创新，也需要管理或市场的创新。创新活动往往是一个系统变化过程，涉及多种类型的主体或创新参与者（生产企业、供应商、创新企业外部的科技研发人员等）之间的合作，涉及科技知识的形成与传递、新产品的定位、生产线的设计、市场开发等。2016 年，申静等人提出物流业服务创新是指物流企业投入资金和人员等开发新产品、新技术和新服务，以增加服务内容、提高服务质量和服务效率、创造价值的创新行为和活动。近年来，以北京为核心的京津冀城市群以保障民生需求和城市运转为根本出发点，着眼于提高城乡居民消费品质和提升产业竞争力，推动业态创新，加快专业化体系建设，促进三地物流网络联动布局，提高示范引领能力。

当前，我国物流业正在加快传统业务升级，减少物流环节，并向客户提供具有高附加值的物流管理服务。随着社会各方对物流要求的提升和物流市场本身竞争的加剧，增值服务、业务重组等创新型物流产品开始进入各行各业，物流业产品创新在京津冀地区得到了充分发展。同时，基于物联网的大数据智慧物流，以区块链和云计算为核心的技术在物流环节中不断应用，其从根本上对现有分散的、不规则的物流资源进行了有效整合，降低了物流成本，提高了物流效率，是物流业高质量发展的必然方向。

在物流业产品创新方面，为解除传统单仓、分仓模式封闭性强、灵活性差的弊端，实现信息共享、高效调拨配送及精细化管理，云仓在近几年内由概念落地孵化进入实质性阶段。云仓应用统一的中央云系统以及智能化的分拣设备，具有高效快速的订单处理能力及配送效率。同时，云仓体系还为客户提供物流金融服务、产业链优化、物流解决方案等多种服务。云仓兼容了外包的成本低优点及自建仓储的服务优势，在避免自建仓储带来的高成本问题的同时，又可以解决外包仓储服务质量差的问题。目前国内各大快递公司、电商平台企业纷纷在京津冀地区布局云仓，这一创新型的电商物流服务产品为京津冀地区电子商务与物流业协同发展做出重要贡献。随着京津冀协同发展步入全面深化阶段，电子商务作为网络化的新型经济活动形式，将发挥信息技术的高渗透性、高带动性的优势，促进京津冀产业分工协作、推动产业结构转型、促进区域包容性增长，而物流体系的建立是京津冀区域经济体系的基础，因此二者的协同发展将为京津冀协同发展提供重要助力。

随着城乡居民消费能力的提高和消费方式的逐步转变，全社会物流服务能力和效率持续提升，物流网络布局日趋完善。在京津冀协同发展的背景下，不论是城市群内部物流相关的企业、行业协会，还是政府职能部门，均通过创新物流业服务的概念、模式、体系等组织创新活动持续推动京津冀物流业专业化、高端化的建设进程。从京津冀城市群建设角度来看，随着非首都功能疏解规划的提出，原属北京的大批物流基地或产业集群逐步向河北转移。这种大规模的物流产业转移升级不仅是京冀两地点对点的战略对接，更是从产业升级与产业集聚层面，分点规划京津冀城市群不同功能定位，进而打造不同产业布局的创新城市共同体。

此外，现代物流活动包括的环节众多，如运输、仓储、配送、装卸、搬运、包装、流通加工、信息处理等，而每一个环节都应有相应的法律法规进行规范，物流领域的规范化创新还需持续推进。我国目前并未出台专门的《物流法》，只是制定和颁布了一些与物流活动相关的法律法规以及其他规范性文件。2016 年后，物流行业内部相关规范类文件发布频次大幅上升。近年来，在《物流标准目录手册》逐年更新的基础上，物流技术规范、设备规范等工作的实施逐步推进。2018 年京津冀三地共同发布了八项京津冀冷链物流区域协同地方标准，有效推动了京津冀区域冷链物流政策协同发展，提高了区域物流运作效率。

3.2.3　京津冀物流业创新面临的机遇与挑战

3.2.3.1　京津冀物流业创新面临的机遇

京津冀物流业服务创新是指物流业通过与物流服务相关或针对物流服务所进行的创新行为与活动，为京津冀其他产业及区域居民生活提供更高水平的物流服务，促进物流业与其他产业联动发展。与高新技术型产业相比，物流业的创新研究与开发强度相对较低，但创新仍然是物流业发展的重要驱动力。物流业进行服务创新既可以推动其自身产业发展，还可以更好地服务于区域其他产业，具备特有的“服务”属性。

首先，技术创新为物流业高质量发展提供技术保障。技术创新是产业高

质量发展的内生动力。熊彼特（1990）、阿罗（1962）等学者均认为，新工具的发明和新技术的使用必然会带来生产效率的提高，进而提升产业发展质量。对于京津冀物流业而言，技术创新可以为物流业创造更为智能的物流技术装备，从而实现物流业对自动化、柔性化、智能化的更高要求。例如，近年来物流机器人在智能导航技术领域取得重大进展，新型导航技术得到应用，机器人种类越来越多，包括新型分拣机器人、重载型搬运机器人、自动抓取机器人、仓库盘点机器人等，极大地提高了物流作业效率。此外，装卸搬运、物流运输、物流仓储、流通加工等物流业各个作业环节的智能物流技术装备也不断涌现（如表 3. 17 所示）。技术创新将为物流业实现高质量发展奠定坚实基础，更好地驱动京津冀物流业发展方式由粗放式向集约化转变，由人工式向智能化转变。

表 3. 17　物流技术创新类型与技术

类　型	典型技术
装卸搬运	自动识别技术
物流运输	车辆匹配、无人驾驶、送货机器人、无人机配送等技术
物流仓储	无人仓系统、射频识别、自动导向车搬运等技术
流通加工	自动包装、分拣机器人等技术
分拣包装配送系统	自动分拣系统、集成系统等技术
物流信息技术	条码识别技术、云计算服务、供应链服务等技术

其次，数字化及信息化推动物流业管理创新。传统的物流管理模式无法实现快捷有效的信息传递，导致物流管理人员缺乏可靠的判断依据，无法进行合理的采购或生产安排，客户信息数据也不能被及时准确地反映出来。随着新一轮科技革命的深入发展，区块链、物联网、大数据、云计算、人工智能等新技术在物流行业应用广泛，物流数字化及信息化发展水平的快速提升，推动了物流业商业模式和经营业态的不断创新，为物流业创新发展带来了新的机遇。一方面，加快推进京津冀物流信息基础设施建设，可以实现物流园区、配送中心、仓储基地、机场、车站等物流节点设施及船舶、车辆、集装箱、托盘等运输工具的数字化，同时提高二维码、传感器、自动识别、物联网等先进技术应用的普及度，实现物流网络全面信息化。另一方面，加快推进京津冀物流活动信息化，即电子化经营活动，如使用电子单据、电子合同、电子调度、物流交易电子化，可以实现物流运营平台化以及平台间的协同等。

将数字化、信息化与物流业先进的管理理念深度结合，实现高效的信息传递，打造创新的物流管理模式，对于降低物流业运营成本、提高物流业运行效率具有重要意义。

最后，物流业逐渐向知识密集型产业转变。知识密集型服务业是指在提供服务时融入大量科学、工程、技术等专业性知识的服务型产业。在科技信息时代，知识经济效应凸显，知识密集型服务业在国民经济中的前瞻性、领导性和驱动性作用与日俱增，对国民经济增长的贡献度达到了前所未有的高度。目前，伴随物流业的创新发展，以及互联网与物流业的深度融合，京津冀物流业逐渐从劳动密集型产业转向知识密集型产业。知识密集型服务业是服务业中创新活跃、劳动生产率较高的部门，也是服务业转型升级的重要方向。京津冀物流业在向知识密集型服务业转型的过程中，需要不断加大创新投入，创造物流业的专业服务知识，形成物流业的核心竞争力。

3.2.3.2 京津冀物流业创新面临的挑战

物流业是由运输、仓储、包装、装卸、配送、流通加工等功能实现集成化的复合型生产性服务业，是实现经济结构从“工业主导型”向“服务主导型”转换的加速器。作为服务性行业，京津冀物流业不能完成独立发展，必须依托于其他具体的产业形态才能实现其自身价值，具有突出的“服务”属性。因此，物流业的发展与其他行业的发展是密不可分的。物流业对于其他三大产业都有较强的联动影响作用，尤其是与第二产业中的制造业、第三产业中的批发零售业等存在着很强的双向互动关系。熊彼特（1990）在其代表作《经济发展理论》中，不仅提出了技术创新的概念，还提出了技术创新扩散的思想，他把技术创新的大面积或大规模的“模仿”视为技术创新扩散。早期的创新扩散研究主要集中于企业内部或产业内部，然而，创新成果往往是具有多种学科、多种技术的复合体，创新扩散也可以发生在不同产业间使用相同资源或相同技术的企业中。因此，物流服务创新在不断推动京津冀物流业发展的同时，也将改进其他三大产业的物流技术、运营流程并提升服务水平，使得物流业的创新效应溢出到其他产业中，从而联动影响其他产业，最终促进京津冀产业转型升级。

服务创新是一个复杂的过程，物流业作为集运输、仓储、货运、信息等行业于一身的综合性服务业，其产业特性使得服务创新更为复杂。因此，物流业服务创新能力会受到多种因素的影响，这些因素在不同的地域环境中呈现出不同的特点，对物流业服务创新能力的发展产生不同的作用。作为我国北方最密集的物流产业基地，京津冀物流业创新发展一直受到国家决策层的高度重视。然而，高速的发展也为京津冀物流行业和物流企业提出了更严格

的要求和更严峻的挑战。

一是区域产业结构需进一步优化。

京津冀城市群作为中国北方最大的经济体，其产业结构呈现“三、二、一”结构。由表3.18可知，京津冀地区产业比重以第三产业为主、第二产业次之、第一产业最低。同时，京津冀地区第三产业发展以北京最优、天津市次之，河北省最低。河北省包括11个地级市，截至2020年，河北省第三产业增加值仅是北京的0.6倍，天津的2倍，可见河北省发展远落后于北京和天津，从而造成三个地区产业发展不平衡、产业结构不合理的现象。

表3.18 2014—2020年京津冀地区三次产业增加值 单位：亿元

年份	北京三次产业增加值			天津三次产业增加值			河北三次产业增加值		
	第一产业	第二产业	第三产业	第一产业	第二产业	第三产业	第一产业	第二产业	第三产业
2014	159	4 433	18 334	159	4 616	5 866	3 165	11 477	10 567
2015	140	4 420	20 219	162	4 490	6 228	3 101	11 520	11 778
2016	130	4 666	22 246	169	4 368	6 941	3 083	12 332	13 059
2017	122	5 049	24 712	169	4 564	7 718	3 130	12 778	14 733
2018	121	5 477	27 508	175	4 835	8 352	3 339	12 904	16 252
2019	114	5 667	29 663	185	4 947	8 923	3 518	13 394	18 067
2020	108	5 716	30 279	210	4 804	9 069	3 880	13 597	18 730

资料来源：国家统计局。

作为京津冀第三产业中的骨干产业和国民经济的新增长点，物流业不仅是京津冀地区打造具有国际竞争力产业集群的重要支撑，也是京津冀协同发展的根基。京津冀地区的物流产业通过对接，在以一种聚集态势快速高度化演进的同时，长期依赖高耗能、高投资的传统经济增长方式积累了诸多不利因素，产业结构升级缓慢、产业结构高度化不足和区域产业结构发展差异明显等问题依然存在。《中华人民共和国国民经济和社会发展第十四个五年规划和2035年远景目标纲要》中提到，“要加强基于产业链和创新链的融合”，最重要的就是城市群的核心城市和外围城市要具有创新结构和产业结构的匹配性，形成基于产业链和创新链的上下游联系。产业结构创新升级是提高京津冀经济综合竞争力的关键举措，在当前中国由高速增长阶段转向高质量发展阶段的形势下，坚持质量第一、效益优先发展目标，势必要将重点放在进一步推动京津冀地区产业结构创新发展上。

二是制造业与服务业互动融合不足。

区域合作的根本动力在于各地区存在功能扩散以及分工协作的内在诉求。随着京津冀物流业经济规模扩张和产业结构创新优化，这种内生驱动力日趋强烈，这为新时期推动京津冀产业互动合作创造了良好的经济条件。从地理位置来看，京津冀地域相连，三地间的交易成本和生产要素结合成本低廉，可以大大提高生产要素的利用效率，降低三地产业互动和调整成本，这就使得京津冀具备了产业互动创新发展的优势地理条件。此外，京津两市技术水平、产业结构水平都高于河北，并且都面临着产业结构的创新升级等问题，河北省可以借助京津两市服务功能的外溢和拓展，创新发展物流业，促进其他地区产业结构升级，加快京津冀一体化创新协同发展。

考虑到当前京津冀地区产业结构升级缓慢、产业结构同质性较高、缺乏深层次的协作和产业分工、地区的核心物流产业带动作用效果有限、物流资源消耗现象突出、生态效率亟待提升等现实情况，京津冀物流业创新发展主要面临两个方面的挑战：其一，如何创新发展物流业来带动三个地区产业互补互动，促进物流产业的各种相关配套产业的发展；其二，如何不断优化区域产业结构及产业布局，大力推动京津冀物流产业升级，加快向创新发展转型，重点提高各物流企业创新服务能力，提升物流业在京津冀协同发展中的作用。

三是创新人才投入有待加强。

随着我国物流市场规模的不断扩大，增加物流业创新人才的投入将对物流企业经营管理和生产方式创新产生显著作用。如图 3.2 所示，从 2014 年至今，京津冀物流从业人员数量波动较小。截至 2020 年，北京物流从业人员数量是其他两地的 2~3 倍，北京、天津、河北的物流从业人员数量存在较大差距。在人才引进方面，虽然京津冀整体的人才“虹吸效应”突出，科技创新人才流动以外部流入为显著特征，但从内部来看，由于京津冀三地间现代物流企业的人才引进难度存在明显差异，高水平人才更倾向于在北京和天津两地就业，河北往往只能消化低层次劳动力。河北地区如何改进创新人才引进策略，鼓励相关人才向河北流动，推动京津冀人才均衡流动是京津冀物流业创新发展面临的一大挑战。此外，京津冀物流业在兼顾人才引进和原有人才培养的同时，通过内部创新和外部竞争引领物流业科学发展方面，对京津冀地区物流业人才投入也提出了要求。

四是创新投入发生新转向。

物流业创新投入是指物流主体投入资金和人员等开发新产品、新技术和

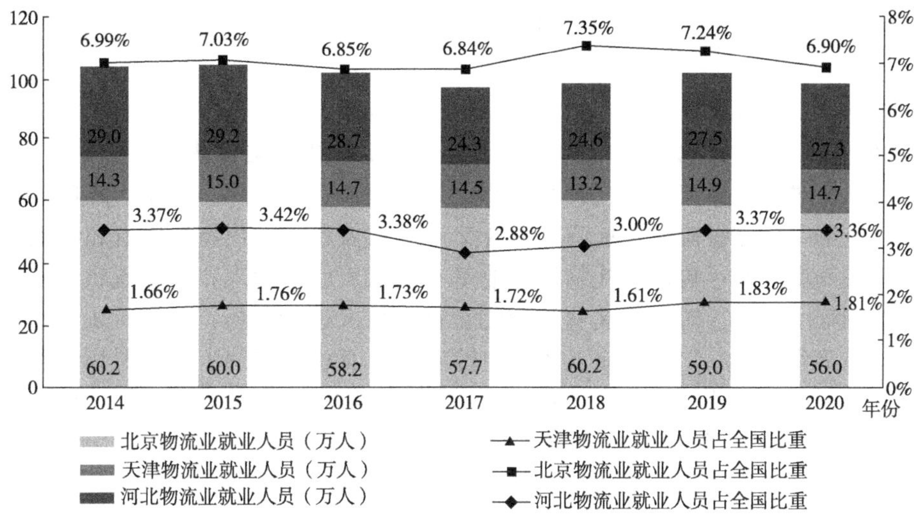

图 3.2 2014—2020 年京津冀三地物流业就业人员分布情况

资料来源：国家统计局。

新服务，以增加服务内容、提高服务质量和服务效率、创造价值的创新行为和活动。现代创新领域离不开科学技术，物流业的服务创新能力依托于有形和无形的创新投入。相比于高技术产业或制造业，物流业涉及的创新活动更为复杂，也更为宽泛，创新投入方向既需要技术方面的加强，也需要加大管理和市场上的服务创新力度。因此，建设京津冀物流业不仅要加快物流设备研制、更新物流信息技术，还要制定合理高效的服务创新机制和创新激励政策。京津冀物流业的创新投入也在向质量效率集约式增长转变并提出更高要求。除此之外，在政策层面的引导与市场发展趋势的影响下，“十四五”时期对实现先进制造业和现代服务业融合发展提出要求，在与制造业的融合深度和创新力度方面，京津冀物流业的创新投入面临以下严峻挑战：其一，要有更具有协同制造和敏捷制造能力的物流技术，推动物流与生产深度融合；其二，要有更强的信息处理能力，使物流主体具备信息搜集、处理、反馈能力，与供应链体系实现顺畅对接，及时对供应链决策做出调整；其三，要有更强的共享能力，高效、精准地实现供需匹配，减少资源闲置，物流主体要能够实现车辆、库存、物流信息全链条的实时共享。

3.3 本章小结

本章主要对京津冀物流业及其创新概况进行了分析。首先，通过对协同发展背景下京津冀物流业现状的概述，分析了京津冀地区物流业协同进展；其次，针对京津冀交通运输体系和物流通道建设，从公路、铁路、港口及水路、航空四个方面梳理了京津冀综合交通运输体系，以及物流通道和物流园区建设发展情况；再次，从物流企业基本现状、创新投入和产出现状、物流信息化程度方面，对京津冀物流业创新基本情况进行分析；最后，从技术创新、数字化和信息化以及知识密集型转型等方面总结归纳出京津冀物流业创新面临的机遇，总结目前京津冀物流业在产业结构、产业联动、创新投入以及人才投入等方面存在的问题及不足并提出京津冀物流业创新面临的挑战。

京津冀城市群具有其独特的城市群发展基础与特征，并为物流业创新发展提供了特有的孕育环境，也为物流业发展提出了更高的创新发展要求。在京津冀城市群协同发展既取得成就也暴露出一些问题的发展现状下，区域内物流业创新发展充满机遇与挑战。京津冀城市群物流业如何根据城市群产业结构合理调整自身的产业布局、开展创新的问题亟待解决。

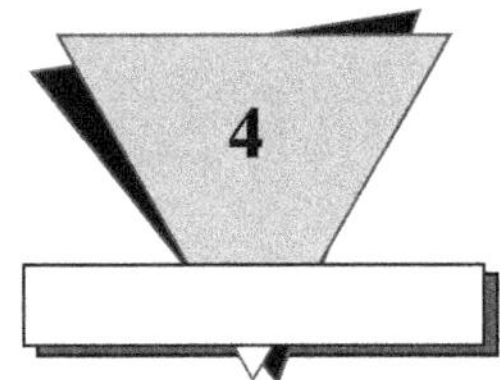

京津冀物流业服务创新能力影响因素

本书通过对京津冀城市群发展规划、发展现状、发展趋势及其创新活动等多个维度的梳理与分析，发现京津冀城市群的发展潜力主要体现在其政治地位凸显、发展要素集聚、创新资源丰富等方面，而京津冀城市群的发展问题则主要体现在北京、天津、河北既要在不同功能定位下进行差异化发展，又要在同一规划目标下实现协同化发展。因此，京津冀城市群物流业服务创新能力提升的关键不在于单纯的技术创新或管理创新，而在于物流业如何科学、系统地利用京津冀的差异特征及优势条件，充分展现物流业的服务属性，支撑京津冀城市群及其内部其他产业向协同发展深入推进。上述内容也是本章京津冀物流业服务创新能力影响因素研究的重点方向。结合已有服务创新能力影响因素的相关研究来看，国内外学者们对于服务创新能力的研究逐渐增多且为定性分析，然而涉及物流业具体产业的内容相对较少。此外，少有学者重点以城市群环境作为研究背景，探讨城市群环境特点对于其物流业服务创新能力的影响。本书将克服上述困难，对京津冀物流业服务创新能力影响因素展开探讨。从整体研究路线来看，本章是后续开展核心研究的关键基础，影响因素群的提出不仅是构建京津冀物流业服务创新能力评价体系的前提条件，还是建立京津冀物流业服务创新能力优化模型的重要依据。

本章主要内容包括京津冀物流业服务创新能力影响因素群的筛选以及京津冀物流业服务创新能力影响因素群的提出和解释。首先，本章梳理国内外关于服务创新能力的文献，采用文献计量法对相关研究的发展进行分析，从而筛选出服务创新能力相关重要文献并确定近年来研究的主要方向；其次，本章根据筛选出的文献将影响因素的分析归为创新投入、创新产出、创新主体、创新环境等维度，并选取出现频率较高的相关影响因素，对京津冀物流业服务创新能力影响因素群进行初步筛选；最后，构建出符合京津冀物流业服务创新特点的影响因素群整体框架，对框架内部各组成部分间的关联关系进行阐述，确定符合京津冀物流业服务创新能力的二级和三级影响因素，并对三级影响因素加以解释。

4.1 服务创新能力影响因素群的筛选

影响因素的探讨是多维度认识物流服务创新能力本质、多角度理解物流服务创新能力内涵的重要途径。目前，我国学者选取影响因素的主要方法可概括为“直接法”和“间接法”。“直接法”就是直接从物流服务创新能力出发，对概念进行深入剖析后得出各影响因素。“间接法”就是在借鉴前人成果的基础上，对影响因素进行集成创新。专家文献法即为一种间接选取影响因素的方法，可以更低的成本在更广的范围集合专家意见，形成较为全面的影响因素群。为进一步保证全面性，本书主要通过期刊文献来确定物流业服务创新能力的影响因素群。期刊文献汇集了理论界各阶段研究成果，最新文献具有时效性，经典文献具有稳定性。

4.1.1 影响因素群文献计量分析

专家文献法是一种不见面的间接专家评估法，是在调查一定时期、特定范围专家研究成果的基础上，根据研究需要对文献资料进行搜集归纳、整理分析，形成研究依据。基本思路为：检索物流业服务创新能力影响因素研究的相关文献，在此基础上分析文献中涉及的影响因素及其背后逻辑，从而提出新的影响因素群。

为保证权威性，本书期刊文献检索选择国内外规模最大的“中国知网”数据库和“Web of Science”数据库。同时，为确保文献检索的全面性和准确性，按照“初次检索求全，精度检索求准”的二步检索策略，在最大范围检索有关文献的基础上，排除重复并选取被引用次数较高的文献作为重要参考文献。

4.1.1.1 文献初次检索

第一步，选择关键词。为防止概念泛化导致的检索结果分散和检索领域过窄而造成的检索结果缺失，结合研究需要，本书选择“创新能力”“服务创新能力”“区域创新能力”“产业创新能力”“物流业创新能力”“物流业服务创新能力”等六个关键词，结合“影响因素”和“评价体系”两个关键词依次检索。

第二步，选择检索项。为全面准确进行检索，本书运用“Web of Science”核心合集中的“Title”和“Topic”两个检索项依次进行检索；运用“中国知网期刊全文数据库”中的“篇名”“主题”“全文”三个检索项依次进行检索。

在确定关键词和检索项后，根据“创新能力”相关研究的开始年份，本书将检索时间确定为2000年至2021年，检索结果如表4.1和表4.2所示。

通过对检索文献的进一步查看可知，外文期刊以“innovation ability and factors”和“innovation ability and evaluation”为关键词，以“Topic”为检索项所得到的检索结果最为全面；中文期刊以“创新能力影响因素”和“创新能力评价体系”为关键词，以“全文”为检索项所得到的检索结果最为全面。最终，初次检索所确定的外文期刊总数有7 137篇，中文期刊文献总数为

8 256篇。

表 4.1 外文期刊文献检索结果

Items	innovation ability	service innovation ability	regional innovation ability	industry innovation ability	logistics industry innovation ability	logistics industry service innovation ability
factors						
Title	115	3	8	13	0	0
Topic	2 997	536	203	659	20	3
evaluation						
Title	185	2	29	24	0	0
Topic	1 929	327	139	311	9	4

表 4.2 中文期刊文献检索结果

项目	创新能力	服务创新能力	区域创新能力	产业创新能力	物流业创新能力	物流业服务创新能力
影响因素						
篇名	124	11	47	29	2	0
主题	1 404	111	479	138	8	1
全文	3 208	343	679	507	8	2
评价体系						
篇名	562	8	39	14	1	1
主题	1 147	125	511	91	3	2
全文	5 048	81	865	158	7	4

4.1.1.2 文献精度检索

在初次检索的基础上，再进行精度检索，确定重要文献。

第一步，去除重复文献。初步检索出的文献中将出现一定的重复文献，为简化后续文献选取工作，对初步检索的文献予以去重处理，并排除明显不符合要求的文献，得到期刊文献1 919篇。

第二步，选取经典文献和最新研究。一方面，经典文献代表了该研究领域的权威和主流观点，是相关研究的基础；另一方面，最新研究代表了该研究领域的具有前瞻性的发展方向。上述两类期刊文献都极具参考意义。根据文献的被引次数等，最终确定重要期刊文献 200 篇。部分重要期刊文献如表 4. 3所示。

表 4. 3　重要文献展示

篇　名	作　者	发表时间	期刊来源
The determinants of national innovative capacity	Jeffrey L. Furman et al.	2002 年	Research Policy
Entrepreneurship research and practice—A call to action for psychology	Hisrich Robert et al.	2007 年	American Psychologist
Supply chain collaboration: capabilities for continuous innovation	Claudine A. Soosay et al.	2008 年	Supply Chain Management
What's in it for me? Creating and appropriating value in innovation-related coopetition	Paavo Ritala et al.	2009 年	Technovation
Where do firms' recombinant capabilities come from? Intraorganizational networks, knowledge, and firms' ability to innovate through technological recombination	Gianluca Carnabuci et al.	2013 年	Strategic Management Journal
Green innovation and environmental performance: The role of green transformational leadership and green human resource management	Sanjay Kumar Singh et al.	2020 年	Technological Forecasting and Social Change
Green human resource management and environmental cooperation: An ability - motivation - opportunity and contingency perspective	Wantao Yu et al.	2020 年	International Journal of Production Economics
Analyzing influencing factors of green transformation in China's manufacturing industry under environmental regulation: A structural equation model	Xueqi Zhai et al.	2020 年	Journal of Cleaner Production

续表

篇　　名	作　者	发表时间	期刊来源
区域创新能力评价指标体系研究	甄峰等	2000 年	科学管理研究
企业技术创新绩效评价指标体系研究	陈劲等	2006 年	科学学与科学技术管理
区域创新能力的影响因素——兼评我国创新能力的地区差距	魏守华等	2010 年	中国软科学
区域创新能力影响因素的空间面板数据分析	王锐淇等	2010 年	科研管理
我国区域创新差异时空格局演化及其影响因素分析	蒋天颖	2013 年	经济地理
创新型国家评价指标体系的构建与实证	刘洪等	2020 年	统计与决策
中国高端装备制造业技术创新能力评价研究	唐孝文	2021 年	科研管理
长江经济带城市群创新能力空间差异研究	张翀弛	2021 年	学习与实践

4.1.1.3　文献分析

运用 VOSviewer 对检索到的期刊进行分析。关键词体现一篇论文的核心和精髓，所以关键词共现分析可以得出相应科学领域的研究热点。其中，圆节点越大，表示关键词出现的次数越多，即在该科学领域的研究越多；节点连线代表关联强度，连线越粗表示两个关键词出现在同一篇文章中的次数越多，即关系越密切。

根据图 4.1 中圆节点的大小和节点连线的粗细可知，创新能力相关研究中，“management”“knowledge”“technology”“dynamic capabilities”“industry”等高频关键词构成了该领域的代表性术语。同时，结合图 4.1 右下角的研究时间轴，国外早期关于创新能力等的研究主要与知识、技术等基本理论相关，多涉及“research and development”“patents”等具体内容，与特定领域相关的创新能力研究较少，只有“regional innovation”的部分研究。之后，产业创新能力的研究逐渐增多，并与相应的“policy”联系起来，考虑“environment”的影响。随着动态能力理论的发展以及客户需求的个性化，产业和行业强调学习、整合和重塑相应能力以适应外部环境的改变，这与创新所要求的不断改进是一致的。在此基础上，近年来“service innovation”的研究成为热点，更为重视相应产业的服务属性，探究通过新的“information technology”等改

进服务方式或者获得新的产品。

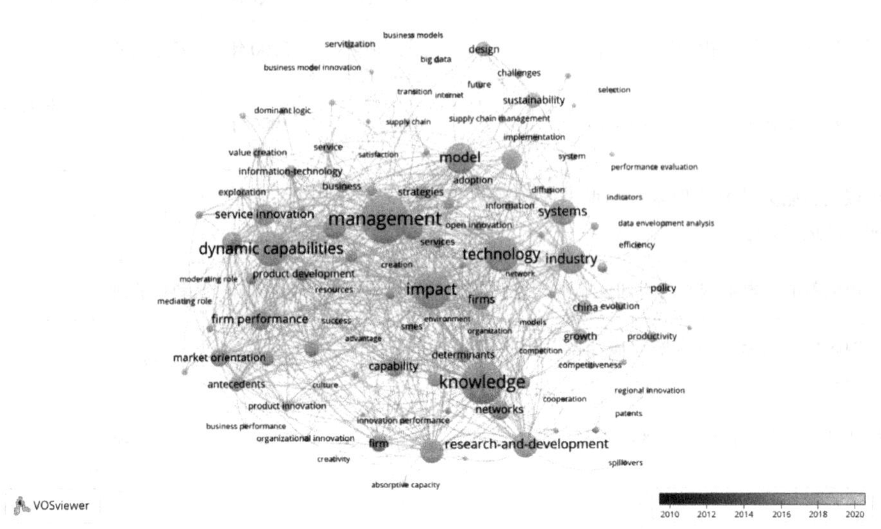

图 4.1　VOSviewer 外文期刊关键词共现网络视图

如图 4.2 所示，在中文数据库中，除检索词外，“技术创新”“自主创新”“科技创新”“区域创新”等高频关键词节点突出，表明上述关键词构成了创新能力影响因素相关的主要研究内容。结合研究时间轴来看，早期，我国学者主要围绕“技术创新”“自主创新”“知识的吸收及创新”等关键词进行研究，多为创新领域中基础性和重要性的概念。发展到 2014 年至 2016 年，我国学者开始重视“区域创新能力和创新效率”影响因素的探讨，涉及的高频关键词包括“企业创新”“创新环境”“创新投入”“创新产出”。而在 2018 年前后，我国学者将“创新能力”与“京津冀”“区域差异”“时空格局”“产业升级”“高质量发展”等关键词相结合，一方面表明我国学者意识到城市群的内部差异将对创新能力产生影响，另一方面也显示出我国学者对于创新推动产业发展极为重视。上述关键词的分析为本研究的创新性提供了进一步佐证，并为后续物流服务创新能力影响因素的选取指明了方向。

4.1.2　影响因素群的初步筛选

通过对国内外文献进行梳理，本书发现国外学者关于创新能力的研究多以定性为主，且相关研究与知识管理、动态能力密切关联。具体到创新能力影响因素，国外学者主要讨论组织创新体系和区域创新体系的内容。达曼胡

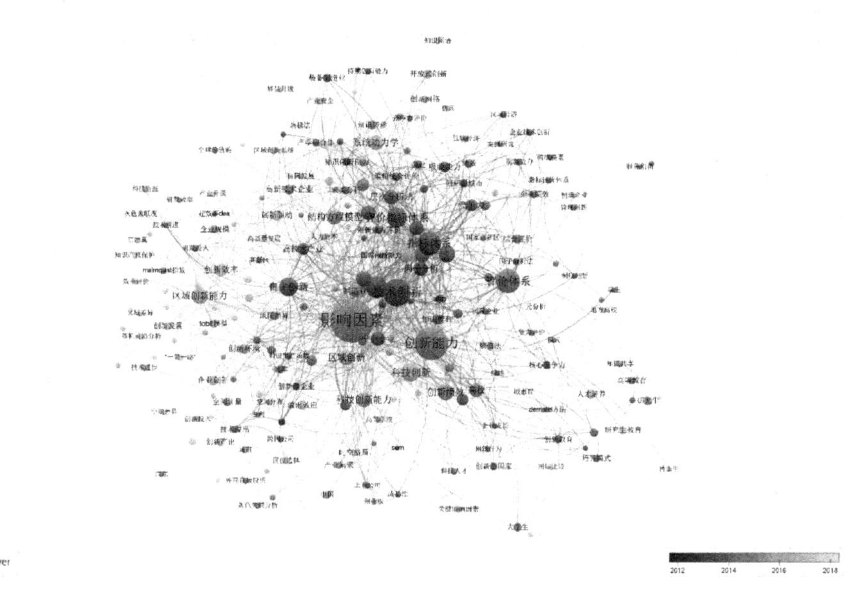

图 4.2 VOSviewer 中文期刊关键词共现网络视图

尔（Damanpour，1991）探究组织创新中的专业化、技术知识资源等与创新能力的关系，发现这些因素与创新能力之间保持稳定的关系。库克（1997）等对区域创新体系的概念和结构进行梳理，认为区域预算和基础设施投资等融资活动以及学习和创新的能力是构建区域创新体系的关键要素。Tödtling 等（2005）对中央区域、地方区域和工业区域对应的支持创新活动开展的创新政策进行差异性分析，发现除了以往研究中的创新投入和扶持外，也需注重区域的创新环境以及企业的吸收能力等。综合分析，国外创新能力的影响因素包含创新投入、创新环境和企业创新。在此基础上，学者近年来更为关注创新能力中的服务属性，对服务能力和服务创新的研究逐渐增多。瓦戈等（Vargo et al，2008）提出以服务为主导的逻辑，认为所有的经济都是服务经济且服务的重要性更为显著。赫特格（Hertog，2010）等、Kindström 等（2013）讨论企业如何运用动态能力管理服务创新能力，并提出相应的理论框架。

在对国内学者文献检索进行整理与分析后发现，申静等（2016）、赵晟等（2015）、张建升等（2012）学者对于物流业或其他产业创新能力影响因素的思考主要围绕创新投入、创新产出、创新环境三个方面，该种思路是研究不同层面、不同领域创新能力影响因素的重要方向。李春艳等（2014）、张治栋等（2014）、丁美霞等（2008）学者在上述三个维度的基础上强调了创新转化

和创新配置等影响因素的重要作用，试图描述创新投入到产出过程中所涉及的相关因素，进一步丰富了创新能力影响因素的讨论范围。还有李健等（2019）、张冀新等（2018）学者，虽然与上述研究中对于创新能力影响因素的分类不尽相同，但同样提到了创新转化过程中的相关因素，其中“企业孵化”“企业载体”等因素对于本书探讨物流业服务创新能力影响因素具有较强的启示意义。企业作为产业创新的主体，其经营和发展的整体情况在很大程度上反映了产业创新的活力与能力，也决定了产业创新在投入转化为产出的过程中是否具备有力支撑。因此，将企业这个创新主体作为物流业服务创新能力影响因素的重要维度是十分合理的。

此外，本书还将创新服务作为物流业服务创新能力影响因素的第五个重要维度。物流业作为生产性服务业，通过服务创新可以促进自身产业发展，但最终目的则是服务于区域的生产及生活。学者董千里（2021）认为，物流业的服务业性质表明基于两业联动布局才是物流业高质量发展的基本和典型形式，也是产业联动布局的代表形式。学者张彤（2016）也意识到，物流业作为生产性服务业的重要组成部分，与制造业存在着天然的、内在的产业关联性和互动性，物流业如何更好地与制造业联动发展是值得关注的重要问题。学者梁红艳（2015）指出，物流业具有产业关联的高耦合性，对三次产业，特别是制造业的发展具有重要影响。上述学者的主张进一步印证了本书的观点，即物流业的创新价值需要通过服务于其他产业才能得以实现。因此，对物流业服务创新能力影响因素进行探究时，应结合物流业的产业特点，基于产业联动视角，考虑创新服务维度，进一步丰富物流业服务创新能力影响因素的研究。

以下将对创新能力影响因素研究中涉及的创新投入、创新产出、创新环境、创新主体四个维度的相关文献进行简要综述。

4.1.2.1 创新投入维度

创新投入作为创新活动开展的基础，是影响创新能力建设的重要因素。在学术界，学者对于创新能力评价或影响因素等的探讨，也多是将创新投入作为一个维度纳入研究内容中，并侧重于经费投入与人员投入。

经费投入主要是指相关主体对创新或者科研等项目所投入的资金，表现为 R&D 经费支出、企业 R&D 经费支出、人均 R&D 经费支出、创新经费投入、高新技术产品开发经费额、固定资产投资额、技术引进经费支出、技术改造经费支出、消化吸收经费支出、购买国内技术经费支出和人均固定资产等具体的指标或者因素。其中，R&D 经费支出是相对基础的指标或者因素，如魏守华等（2008）、高孟立等（2013）、李丹等（2016）和郑树旺等

（2016）在对创新能力的分析中均涉及该指标，利（Lee，2020）分析了研发投资对创新能力的重要作用。部分学者根据具体的研究对指标进行了调整，如张家峰（2009）等按照主体分为科研机构、企业和高校 R&D 经费支出，李春艳（2014）和张治栋等（2014）讨论了 R&D 经费投入强度。与科技相关的经费投入更多地与具体的生产活动相关联，主要用于先进技术和先进设备的引进，如梁永康等（2016）和申静等（2016）分别将研发平台投入和信息与通信技术（ICT）投入占比纳入指标体系中，郑树旺（2016）等对涉及具体技术的引进、购买和改造进行讨论。此外，固定资产投资额表示固定资产投资规模、速度、比例关系和使用方向的综合内容，是经费投入的外在实体表现。

人员投入主要是指相关主体对创新或者科研等项目所投入的人力资源，体现为研究与试验发展人员全时当量（R&D 人员全时当量）、R&D 人员投入强度、本科以上员工占比、具有物流师资格认证的人员数量、从业人员平均工资等具体指标或者因素。具体来看，R&D 人员全时当量指 R&D 全时人员（全年从事 R&D 活动累计工作时间占全部工作时间的 90%及以上人员）工作量与非全时人员按实际工作时间折算的工作量之和，是国际通用的指标。莫尔登（Molden，2021）等认为研发、专利、许可、软件、员工培训和设计能力等创新投入对创新能力的发展至关重要。在此基础上，李春艳等（2014）和张治栋等（2014）还使用了 R&D 人员投入强度和 R&D 人员比重等指标来反映研究人员的比例。另外，申静等（2016）从人员结构和人员薪资等角度加入本科以上员工占比、创新员工占比、具有物流师资格认证的人员数量、具有中高技术职称的人员比重和员工人均薪酬、从业人员平均工资等指标，丰富了人力资源投入的指标内容。综上所述，从经费投入与人员投入两个方面表示企业创新投入是目前此领域的研究重点，也是研究创新投入强度和效率的影响因素中最为活跃的方向。

4.1.2.2　创新产出维度

在众多研究创新能力影响因素的文献中，学者们将创新产出作为一种重要因素。创新产出能力被用来衡量研究主体从事创新活动取得的最终表现成果，创新产出能力越强，越有利于实现转型升级。创新产出既可以包含有形的成果，也可以包括无形的成果，如知识成果和经济效益。

知识成果主要是相关创新主体拥有的知识成果产权数量，具体可包括专利申请量、发明专利申请量、专利授权量、发明专利授权量等。专利数是相对统一的指标，郑树旺等（2016）在对创新能力的研究中均涉及该指标，部分学者如李春燕等（2014）将专利数进一步细化为专利申请数、专利拥有数和发明专利拥有数。此外，魏守华（2010）、丁美霞等（2008）将被国外主要检索工具收录的科技论文数和年平均每篇论文被引用次数也列入创新产出的影响因素中。

一些学者把经济效益作为创新产出的指标之一。“效”是指主体进行创新活动所带来的作业效率的提高，如客户增长、销售量增加等；“益”即收益，是进行的一系列创新活动最终为主体带来的经济收益，如利润增长、产值增加等。经济效益是创新技术带来的资源整合行为对创新主体协同创新成效的提升。帕里利（Parrilli，2020）等讨论创新产出，如产品、流程、营销和组织创新和经济绩效，与创新销售的关系。耿瑞利（2015）、谷明等（2016）将增值服务收入占比、人均净利润、净利润增长率、客户增长率、新产品销售收入等作为评价经济效益的指标，也有学者将新产品产值、新产品数量等作为研究范畴。综上所述，知识成果主要体现在有形的专利数和论文数等方面，而经济效益侧重于无形的管理、组织、运营等方面。

4.1.2.3　创新主体维度

无论在区域还是产业创新的体系中，企业作为创新主体都发挥着举足轻重的作用。从已有文献也可以看出，众多学者从企业主体角度开展创新能力的研究。格雷西亚等（Glessia et al，2021）探究促使企业所有者开展企业创新的因素。吴永林和赵佳菲（2011）选取北京高技术企业为研究样本，构建了以技术创新投入能力、研究开发能力、消化吸收能力与技术创新产出能力为构成要素的创新能力评价指标体系，用创新研发出的新产品收入占总收入比重来衡量企业创新带来的效益。穆荣平（2009）在研究中更加注重投入和产出的关系，将单位R&D自有专利产出、R&D自有新产品利润产出、科技人力投入自有专利产出和科技人力投入自有新产品利润产出作为自主创新转化能力的体现。此外，郑霞（2014）在研究中除考虑R&D投入、企业制造水平等资源投入因素外，还将企业高层决策管理能力、企业组织能力以及企业营销能力纳入影响因素体系，从企业人员的主观角度进行研究。总的来看，在企业层面研究创新的文章大都从微观角度来阐释企业发展对于企业创新能力提升的影响。

围绕京津冀城市群物流业服务创新能力提升的研究，既要考虑企业微观层面作用，也要考虑区域和产业作用。高孟立和崔立等（2013）学者在研究中提到了产业群聚创新，相互依赖的厂商形成网络关系后相互制约、相互促进，并带动整个生产链各环节共同参与创新。张旻等（2019）将高技术人才增长率、有研发机构的企业数和新注册高技术企业数等纳入评价指标，从一定程度上反映了企业对区域、行业创新能力的影响。

4.1.2.4 创新环境维度

创新环境是创新主体所处空间范围内各种要素结合形成的关系总和，包括有利的政策体系、健全的体制机制、浓厚的文化氛围等。创新环境对于聚集创新要素、挖掘创新潜能至关重要。在各种创新能力影响因素的研究中，创新环境因素大多被作为重要指标进行考虑。基于研究主题和研究内容，对于创新环境影响因素的研究有不同侧重点，主要可以分为政策环境影响因素、经济环境影响因素、社会环境影响因素和科技环境影响因素。

政策环境影响主要是政府发布的政策规划等对于区域或产业创新的影响，如申静（2016）、王斌（2013）等都在研究中指出，政府规制、补助优惠、鼓励政策对于产业创新环境的改善有很大帮助。经济环境影响主要指投资和运营对区域和产业的影响。如丁美霞（2008）、张进乐（2014）在研究中指出，地区生产总值、地区居民人均收入等因素能够对创新环境产生正向影响。申静（2016）、王斌（2013）也曾指出经济环境的稳定和完善的基础建设对于创新环境的重要性。社会环境影响主要指社会创新氛围对于区域或产业创新的影响，具体表现为市场氛围、人文环境、市场环境、社会需求等因素。于菲菲等（2020）认为公平和支持的创新环境有助于创新能力的发展。王斌在研究中指出，好的市场氛围有利于构建和谐的创新环境。高孟立（2013）、张进乐（2014）在研究中指出，市场环境对创新能力有正向影响。也有学者认为人文环境的持续改进为区域创新提供了良好的创新氛围。科技环境影响因素主要指科技及技术发展对于区域或产业的影响，具体表现为人才数量、技术水平、创新程度、科技投入、技术产出等因素。丁美霞（2008）、王文寅（2016）在研究中指出，科技创新环境对科技与产业创新能力具有显著正向影响。张进乐（2014）在研究中指出，人才数量、技术水平、创新程度、科技投入、技术产出对于创新环境有重要影响。

4.2 服务创新能力影响因素群的提出与解释

根据学者们对创新能力影响因素等的大量研究，结合京津冀物流业的产业特点及京津冀城市群的环境特点，本书绘制了京津冀物流业服务创新能力影响因素群的整体框架（如图4.3所示）。京津冀物流业服务创新能力的影响因素群可划分为五个方面：创新投入、创新产出、创新主体、创新服务、创新环境。其中，创新投入、创新产出、创新主体是京津冀物流业服务创新能力的重要影响因素；创新环境会对物流业服务创新的孵化产生影响；创新服务则将考虑物流业与其他产业联动，从物流服务的供需分析京津冀物流业服务创新能力。本书提出的影响因素群是基于产业层面分析物流业的服务创新能力，对微观层面如企业员工创新意识、领导创新动机等影响因素不再考虑。

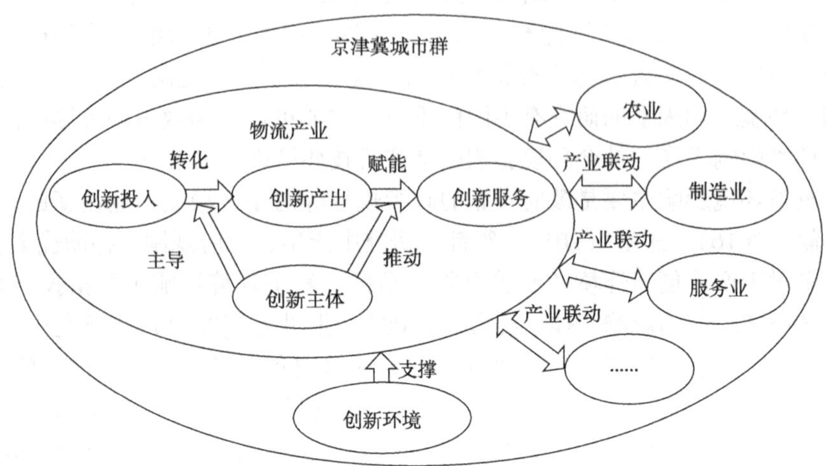

图 4.3　京津冀物流业服务创新能力影响因素群整体框架

4.2.1　影响因素的选取原则

根据京津冀物流业服务创新能力的研究内容及其特点，选取影响因素时应遵循以下原则：

（1）系统性原则。为了形成一个相对科学和完整的影响因素群，因素选取过程应当注意系统性原则，使得影响因素群形成一个层次分明的整体，不同维度的影响因素处于不同层级，形成一定的秩序。并且不同维度、相同维度、不同层级、相同层级的影响因素间要具有清晰的逻辑关系。

（2）科学性原则。选取的影响因素必须清晰明确，能够科学地反映出对京津冀物流业服务创新能力的影响，影响因素间应避免出现相互包含的现象。

（3）典型性原则。最终确认选取的影响因素要具有一定代表性。在选取影响因素时，要从京津冀物流业服务创新能力涉及的几个维度中筛选出能够包含最多信息的影响因素，避免关联性因素的重复选取。

（4）全面性原则。要尽可能全面地选择符合需求的影响因素，选取能够反映京津冀物流业服务创新能力的因素。

4.2.2　影响因素的提出与解释

京津冀物流业服务创新能力影响因素群的提出，综合了已有研究中涉及

的影响因素，并结合京津冀物流业的产业特点及京津冀城市群的环境特点，将物流业服务创新能力影响因素群划分为五个维度，分别为创新投入维度、创新产出维度、创新主体维度、创新服务维度、创新环境维度。创新投入维度中的二级因素包括经费投入、人员投入，创新产出维度中的二级因素包括物流技术装备、物流信息化，创新主体维度中的二级因素包括物流企业经营、物流产业发展，创新服务维度中的二级因素包括物流基础服务、产业联动服务，创新环境维度中的二级因素包括政策环境、经济环境、设施环境、城市群环境，如图 4.4 所示。

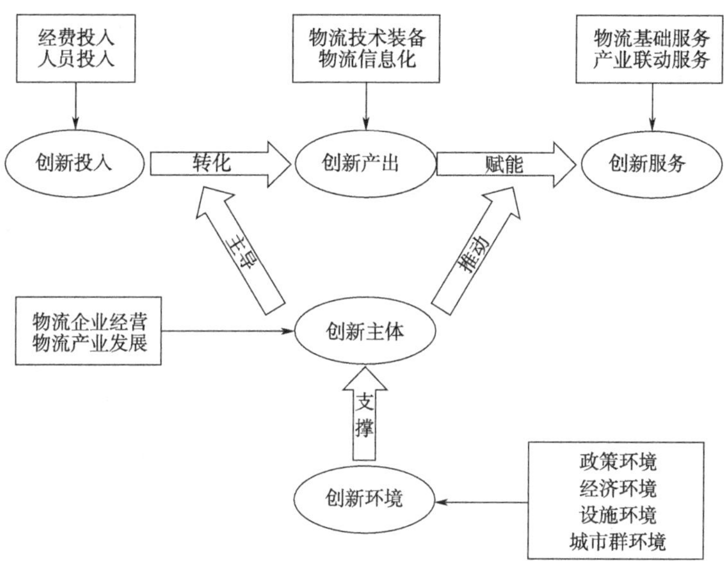

图 4.4 京津冀物流业服务创新能力影响因素群框架

物流业开展服务创新需要资金和人员等创新资源作为基础，创新投入是保障创新活动的前提，创新投入的多少可以体现出区域物流业进行服务创新的实力和潜力。创新投入的影响主要来自经费投入和人员投入。一般来讲，创新活动具有周期长、不确定性大、失败率高等特点，需要持续的经费投入，因此研发经费是物流业服务创新的必要条件。经费投入由研究与试验发展经费支出、物流业全社会固定资产投资额等因素共同影响。其中研究与试验发展经费支出属于物流业创新经费投入，物流业全社会固定资产投资额属于物流业发展经费投入。研发人员是从事创新活动的主体，在物流业服务创新过程中与经费投入的重要程度不相上下。人员投入主要由研究与试验发展人员

全时当量、物流业就业人员平均工资、物流业高技术人才培养数共同影响，这三种因素同样可以被划分为物流业的创新投入与发展投入，从业人员的素质决定着物流业的创新发展质量。综上所述，经费投入与人员投入越多，意味着物流业的创新投入水平越高。高水平的创新投入是产生丰富创新成果的前提条件，也是必要条件。创新投入将对物流业服务创新能力产生促进作用。

创新产出主要受物流技术创新与信息化影响。物流活动中的每个环节均需要相应的技术装备提升其作业效率，物流技术装备的创新对于现代物流的发展具有十分重要的影响。物流技术装备创新受物流专利授权数、物流科学技术奖获奖项目数等因素共同影响，物流专利授权数和物流科学技术奖获奖项目数越多，越有利于物流技术装备的创新创造。运用互联网信息技术，物流业可以通过对物流活动的控制和优化，促进其管理模式和运行机制革新，增强与其他产业的联动效率，在降低物流业运营成本的同时提高物流服务水平。物流信息化受物流信息系统应用水平、物流企业拥有网站数、有电子商务交易活动的物流企业数、电子商务销售额等因素共同影响。综上所述，物流技术装备创新和物流信息化对创新产出产生正向影响，物流技术装备创新能力越强、物流信息化水平越高，意味着物流业的创新产出成果越丰富。

创新主体是影响物流业服务创新能力的重要因素，不论在区域创新体系中还是产业创新体系中，企业作为创新活动的主体，其经营状况和发展前景在很大程度上决定了该企业是否有能力从事创新活动。创新主体包括物流企业经营与物流产业发展。创新是企业生存与发展的根本，物流企业是主导物流业开展创新活动进行服务创新的主体。物流企业经营质量可根据区域内 A 级物流企业数、物流企业业务收入总额等进行表征，综合评估 A 级物流企业数增多，50 强物流企业业务收入总额增高，意味着该区域内物流业拥有更多的高质量创新主体。同时，城市群中物流企业数量显示了区域物流产业的发展水平，并在一定程度上体现了城市群中物流企业的总体水平。物流产业发展水平受物流业企业数、物流业就业人员数、优秀物流园区数、物流业增加值等因素共同影响，对物流产业发展产生正向影响。综上所述，物流企业经营质量和物流产业发展水平影响创新主体，物流企业经营状况及物流产业发展状态越好，产业越有能力开展创新活动和促进成果转化。

物流业作为生产性服务业，在对其服务创新能力影响因素进行探讨时，应着重强调服务属性。创新服务包括物流基础服务与产业联动服务。物流基础服务指为城市群中的生产生活提供运输、仓储、装卸、配送等基本服务。物流基础服务受货运量、快递量等因素共同影响，货运量和快递量越多，城市群的物流基础服务效率越高。本书将产业联动服务纳入创新服务中，考虑

到物流业依赖其他产业的中间投入，并为其他产业提供更优质的物流服务，从而实现产业间的良性互动，认为物流业与其他产业的联动发展有助于实现城市群产业优势互补与协同发展。产业联动服务能力受物流服务影响力、物流服务感应度等因素共同影响。物流服务影响力系数较大时，对于城市群的经济发展具有牵引作用；物流服务感应度系数较大时，物流业对经济发展具有推动作用。即两种系数越大，表明产业联动服务发展越好，越会激发物流业的创新意愿。综上所述，物流基础服务和产业联动服务共同对创新服务能力产生影响，物流基础服务和产业联动服务催生更多的物流需求，在一定程度上促进物流业创新意愿。

创新环境受政策、经济、设施和城市群环境等因素影响。政府部门通过制定产业发展政策，对物流业的创新发展起到指导及支持的作用。政策环境由政府对物流业的关注程度、地方财政交通运输支出等因素组成，政府对物流业的关注程度越高，地方财政交通运输支出越多，越有利于为物流业创新发展提供更好的政策环境。物流业经济环境可通过地区生产总值、社会消费品零售总额等影响物流业。交通网络、信息网络等设施是物流业赖以生存和发展的基本条件，对于组织物流服务和提高物流效率具有积极作用。设施环境由运输线路长度、互联网宽带接入端口等因素共同影响，运输线路长，互联网宽带接入端口多，意味着物流业具备较好的基础设施环境。城市群环境是指三地在向城市群定位发展时所构成的整体环境，体现三地功能定位的不同、发展状况的不同以及行政体制等的差异。城市群中三地越符合相应的功能定位，三地的发展差距越促进相应的发展，产业结构越合理，城市群环境越有利于三地的发展。

根据以上分析，本书确定京津冀物流业服务创新能力三级影响因素，其具体解释如下。

4.2.2.1　创新投入维度涉及的三级影响因素

研究与试验发展经费支出：指京津冀地区用于内部开展 R&D 活动，包括基础研究、应用研究和试验发展的实际支出，用于 R&D 项目活动的直接支出，以及间接用于 R&D 活动的管理费、服务费、与 R&D 有关的基本建设支出和外协加工费等。

物流业全社会固定资产投资额：指以货币形式表现的，在一定时期内，京津冀地区用于建造和购置物流业固定资产，以及与此有关的费用的总称。该指标是反映固定资产投资规模、结构和发展速度的综合性指标，又是观察工程进度和考核投资效果的重要依据。

研究与试验发展人员全时当量：指京津冀地区 R&D 全时人员数加非全时

人员按工作量折算为全时人员数的总和。非全时人员按实际工作时间进行折算。

物流业就业人员平均工资：指京津冀地区物流企业就业人员，在一定时期内平均每人所得的货币工资额。它是反映就业人员工资水平的主要指标。

物流业高技术人才培养数：指在一定时期内，京津冀地区高等院校培养大学本科学历、研究生及以上学历的物流专业毕业生数量。

4.2.2.2 创新产出维度涉及的三级影响因素

物流专利授权数：指由专利行政部门对京津冀地区专利申请无异议，或经审查异议不成立的，做出授予专利权决定，同时下发专利证书，并将有关事项予以登记和公告的专利数量。

物流科学技术奖获奖项目数：指京津冀地区物流业相关技术装备创新成果，如叉车、货架、机器人及智能感知技术等参加中国物流与采购联合会科学技术奖评选，并获奖的项目数量。

物流信息系统应用水平：指京津冀地区能够支持或提供物流服务供需信息的交互网站建设及应用水平，参考《中国物流与采购信息化优秀案例集》。

物流企业拥有网站数：指京津冀地区物流企业的网站数量，即以物流企业备案或者申请的网站数量。

有电子商务交易活动的物流企业数：指京津冀地区全部企业中，凭借信息技术手段在互联网、企业内部网络等实现商品交换和提供服务等活动，产生电子商务交易额的企业数量。

电子商务销售额：指报告期内，京津冀地区企业或单位借助网络订单而销售的商品和服务总额。

4.2.2.3 创新主体维度涉及的三级影响因素

A级物流企业数：指通过评估的京津冀地区A级物流企业数量。

50强物流企业业务收入总额：指京津冀地区50强物流企业的业务收入总额。

物流业企业数：指京津冀地区至少从事运输或仓储一种经营业务，并能够按照客户物流需求对运输、储存、装卸、包装、流通加工、配送等基本功能进行组织和管理，具有与自身业务相适应的信息管理系统，实行独立核算、独立承担民事责任的经济组织的数量。

物流业就业人员数：指在京津冀地区各级国家机关、政党机关、社会团体及企业、事业单位中工作，取得工资或其他形式的劳动报酬的物流业相关人员。

优秀物流园区数：由中国物流与采购联合会、中国物流学会评选公布的

京津冀地区优秀物流园区的数量。

物流业增加值：指按市场价格计算的，京津冀地区所有常住单位在一定时期内从事交通运输、仓储和邮政业生产活动的最终成果。

4.2.2.4　创新服务维度涉及的三级影响因素

货运量：指在一定时期内，京津冀地区各种运输工具实际运送的货物重量。该指标是反映运输业为国民经济和人民生活服务的数量指标，也是制订和检查运输生产计划、研究运输发展规模和速度的重要指标。

快递量：指京津冀地区快递网点的业务量，包括一定时期内能接收和派送的快递数量。

物流服务感应度：指京津冀物流业受到城市群内其他产业影响的相对程度。感应度系数较大的产业是城市群中的基础或制约产业，对于整个经济具有重要的推动作用，当上述产业的发展水平滞后时，将会形成产业和经济发展的瓶颈，制约城市群中其他产业的发展。

物流服务影响力：指京津冀物流业对于城市群内其他产业影响的相对水平。影响力系数较大的产业是城市群中的龙头产业，对于城市群的经济发展具有重要的牵引作用，优先发展上述产业，可以起到带动城市群内其他产业发展的显著作用。

4.2.2.5　创新环境维度涉及的三级影响因素

政府对物流业的关注程度：指在一定时期内，京津冀三地政府发布的相关政策中物流业出现的频次，频次的高低可用来表示京津冀三地政府对于物流业的关注程度。

地方财政交通运输支出：指京津冀地区财政支出中交通运输方面的支出，包括公路运输支出、水路运输支出、铁路运输支出、民用航空运输支出等。

地区生产总值：指按市场价格计算的，京津冀地区所有常住单位在一定时期内生产活动的最终成果。地区生产总值有三种表现形态，即价值形态、收入形态和产品形态。

社会消费品零售总额：指京津冀地区企业通过交易直接售给个人及社会集团非生产、非经营用的实物商品金额，以及提供餐饮服务所取得的收入金额。

运输线路长度：指京津冀地区公路与铁路运输线路长度的总和。铁路营业里程指投入客货运输正式营业或临时营业的线路长度，按营业线路的正线两车站站中心间的实际长度计算。公路里程指报告期末公路的实际长度，统计范围包括城间、城乡间、乡间能行驶汽车的公共道路，公路通过城镇街道的里程，公路桥梁长度、隧道长度、渡口宽度。

互联网宽带接入端口：指京津冀地区用于接入互联网用户的各类实际安装运行的接入端口的数量，不包括窄带拨号接入端口。

城市群功能定位清晰化程度：指依据《京津冀协同发展规划纲要》中的京津冀三地主要功能定位，北京科技创新中心、天津先进制造研发基地及河北现代商贸物流重要基地的建设水平，三地主要功能定位下的建设水平代表三地功能清晰化程度。

城市群经济发展差距：指自然资源、人力资源、产业结构在京津冀三地存在的差异，导致京津冀三地的经济发展存在差距，从而形成一定的经济发展差异。

城市群产业结构合理化程度：指京津冀地区产业间的聚合质量，一方面是产业之间协调程度的反映，另一方面是资源有效利用程度的反映。也就是说，京津冀产业结构合理化程度是要素投入结构和产出结构耦合程度的一种衡量。

4.3 本章小结

本章的主要研究内容及结论是：第一，梳理相关研究并确定服务创新能力研究的重要文献和研究趋势，从创新投入、创新产出、创新主体、创新环境等维度出发，选取出现频率较高的相关影响因素，如研究与试验发展经费支出、专利授权数等，对京津冀物流业服务创新能力影响因素群进行初步筛选。第二，构建符合京津冀物流业服务创新特点的影响因素群整体框架，对框架内创新投入维度、创新产出维度、创新主体维度、创新服务维度以及创新环境维度间的关联关系及各维度涉及的影响因素进行阐述。第三，选取5个一级影响因素、12个二级影响因素、30个三级影响因素构成京津冀物流业服务创新能力影响因素群，并对30个影响因素加以解释。上述研究内容为后续京津冀物流业服务创新能力评价体系的构建和京津冀物流业服务创新能力优化模型的建立提供了坚实的基础，包括了后续研究所需的全部京津冀物流业服务创新能力影响因素。

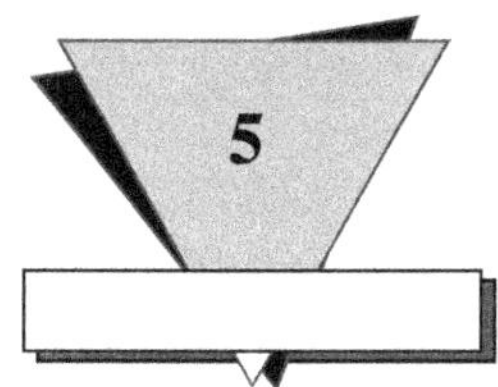

京津冀物流业服务创新能力评价体系

根据第 4 章构建的京津冀物流业服务创新能力影响因素群，本章重点进行物流业服务创新能力评价体系的构建，以及京津冀物流业服务创新能力的评价。综观现有研究，学者们虽然已经广泛探讨了产业创新能力影响因素及评价指标体系，但更多聚焦于第二产业，对于生产性服务业或物流业创新能力的相关研究相对不足。此外，现有对物流业服务创新能力的研究中较少关注到其生产服务属性，缺少对物流业创新与其他产业联动发展的关注，关于物流业创新能力的评价指标体系中也未涉及相关内容。

本书对物流业服务创新能力影响因素进行分析时考虑了其服务属性，特别是随着经济高质量发展要求的提出，物流业服务创新能力对一个区域生产生活的影响应被视为评价指标体系中的重点。因此，将物流业的服务创新属性纳入京津冀物流业创新能力评价体系中，既是本书的主要内容之一，也是创新点的体现。本章尝试提出一套考虑生产服务属性的物流业服务创新评价指标体系，进一步完善和丰富产业服务创新评价的相关研究，同时将该评价指标体系应用于京津冀物流业服务创新能力的评价，对于三地政府部门寻找其物流业服务创新能力的提升路径具有一定参考意义。

本章主要内容包括：首先，在第 4 章京津冀物流业服务创新能力影响因素群构建基础上，遵循评价指标体系设计的目标及原则，在强调物流业生产服务属性的同时，从能力构成视角出发，构建物流业服务创新能力评价指标体系；其次，选取适当的指标赋权方法，通过对现有数据的分析与计算，进行评价指标的权重赋值，得到完整的物流业服务创新能力评价体系；最后，应用评价指标体系对京津冀物流业服务创新能力展开评价，并结合京津冀协同发展政策及发展现状，对评价结果展开分析，尝试解释京津冀物流业服务创新能力评价结果的成因，提出促进京津冀物流业服务创新能力提升的相关建议。

5.1 评价指标体系的设计

5.1.1 设计目标及原则

现阶段学者们对服务业创新能力评价指标体系的研究存在不同的研究角度，总体上可分为科创视角、发展视角、运营视角。申静等学者从科创视角分析服务创新，运用服务创新系统的驱动力模型，将服务创新能力分为投入、产出、环境三个维度，与传统科技创新能力评价维度近似。陈林杰等学者从发展视角研究服务创新，将物流业服务创新与物流业发展紧密关联，从创新

过程、基础条件、经济绩效等维度讨论物流业服务创新的评价指标。李越洋等学者从运营视角研究服务创新，他们在研究服务业或其他产业的服务创新能力时，往往将较为微观的企业运营指标纳入，如顾客感知、领导能力、团队建设等。上述文献从不同角度探讨了产业服务创新能力评价指标体系的构成，并在多个维度上得到提高服务创新能力的相关结论。但是立足于物流业本身的生产性服务属性及其与城市群协同发展的背景下，现有的研究覆盖不足。

本书认为主要原因在于不同领域的学者对服务创新的理解不同，尤其是在物流业相关研究中，服务创新的概念有时被单纯理解为创造企业价值的物流产品，有时被理解为输出物流产品的物流活动，这也导致了学者在研究物流业服务创新时产生不同的视角与观点。与上述学者的观点不同的是，本书基于京津冀城市群差异化与协同化发展的视角，分析城市群内物流业的服务创新能力，既需要考虑提升服务创新能力对物流业发展的作用，也需要考虑物流业服务创新对其他产业的支撑作用。基于上述观点，本研究将物流业创新与其他产业的联动纳入指标体系设计中，尝试构建符合生产服务属性的物流业服务创新能力评价指标体系。

为准确地衡量和评价京津冀物流业服务创新能力，在选取评价指标时需要制定相应的选取原则，并遵循这些选取原则进行评价指标的筛选，以保证评价指标体系能够客观科学地反映京津冀物流业服务创新能力。根据第 4 章对京津冀物流业服务创新能力影响因素的研究，选取评价指标时应遵循以下原则：

（1）目的性原则。指标是目标的具体化描述，评价指标要能真实地体现和反映综合评价的目的，能准确地刻画和描述评价对象的特征，要涵盖为实现评价目的所需的基本内容。同时，评价指标也要为评价对象和评价主体实现评价目的或改善评价目标提供努力和改进的方向，即评价指标在体现评价目的的基础上也应具有一定的导向性。

（2）完备性原则。评价指标是对评价对象某一特征的描述和刻画，评价指标集应该能较全面地反映被评价对象系统的整体性能和特征，能从多个维度和层面综合地衡量对象系统的属性。当然，这种完备性并不是要求评价指标体系能完整地表达出对象系统的全部特征，通常情况下，只要求评价指标体系能表达出评价对象的主要特征和主要信息即可。

（3）可操作性原则。综合评价指标体系中的每一个评价指标，无论是定性指标还是定量指标，都要求能够被观测与可衡量，即评价指标的评价数据可被采集或可被赋值，否则该指标的设定就没有任何意义。同时，评价指标的设计要能够尽量规避或降低评价数据造假和失真的风险，评价指标数据应

尽可能地公开和客观获取。

(4) 独立性原则。这一原则要求，每个指标都要内涵清晰、尽可能地相互独立，同一层次的指标间应尽可能地不相互重叠、不相互交叉、不互为因果、不相互矛盾，保持较好的独立性。对于多层级的综合评价指标体系，应该根据指标的类别性与层次性，建立自上而下的层次结构，上下级指标保持自上而下的隶属关系，指标集与指标集之间、指标集内部各指标间应避免存在相互反馈与相互依赖，保持良好的独立性。

5.1.2 评价指标体系框架的构建

众多学者主要从服务创新投入产出视角、服务创新过程视角以及服务创新能力整合视角三个方面开展评价指标体系构建。投入产出视角是创新领域构建评价指标体系时最为常用的研究视角，可以较为直观地对服务创新能力进行评价；过程视角能够在一定程度上反映出服务创新能力的发展潜能或潜在的创新能力，适用于微观企业层面的创新服务能力评价；能力构成视角在创新领域构建评价指标体系的应用也非常广泛，该研究视角将服务创新能力视为由多种能力共同构成，有利于通过评价寻找服务创新能力的提升路径。上述三种研究视角对于构建创新能力评价指标体系各有其优势及适用范围，就本书而言，从服务创新能力构成视角进行物流业服务创新能力指标体系设计，并考虑投入产出，将物流业的投入产出能力视为物流业服务创新能力的重要构成部分，进行物流业服务创新能力评价指标体系的构建。

对于京津冀城市群物流业服务创新能力的构成，本书还参考了《中国区域创新能力评价报告 2019》《中国区域创新能力监测报告 2016—2017》等分析区域创新能力的权威报告。这些研究在对区域创新能力基本特征进行系统归纳的基础上，有的从知识创造、知识获取、企业创新、创新环境和创新绩效等方面构建评价指标体系，有的从创新环境、创新资源、企业创新、创新产出、创新绩效等方面对区域创新能力进行监测。以上研究整体都遵循在区域创新环境中，从创新投入到以企业为主导的创新转化，再到创新成果产出的基本逻辑。本书的评价对象为产业层面的区域物流业服务创新能力，根据物流产业特点，强调物流业的服务属性，考虑创新服务作用能力，遵循科学性、实用性、独立性等原则，构建如下评价指标体系，如图 5.1 所示。

创新投入是用来衡量区域物流业所具备从事创新活动的必要条件。创新资源投入能力的评价指标主要包括经费投入和人员投入。经费投入方面，研

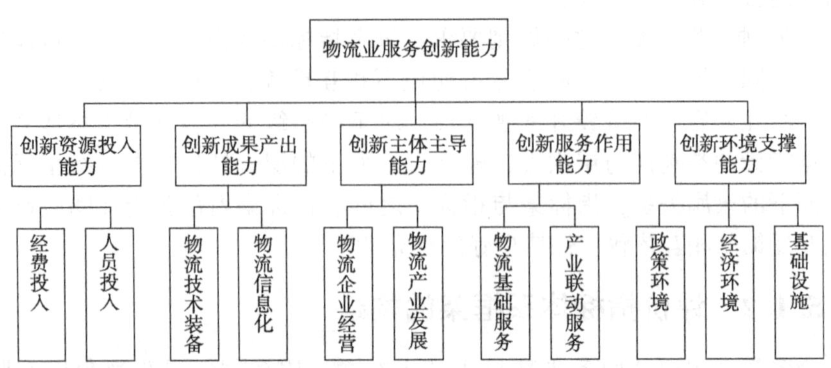

图 5.1　物流业服务创新能力评价指标体系框架图

究与试验发展经费支出体现了某区域对于其科技研发的资金支持力度，物流业全社会固定资产投资额体现了某区域对于其物流业发展的资金投入强度。研究与试验发展经费支出和物流业全社会固定资产投资额两项指标的资金投入，都可以在很大程度上促进该区域物流业服务创新能力的提升。人员投入方面，研究与试验发展人员全时当量反映了某区域科技研发人员的投入规模，投入规模越大越有利于该区域物流业进行服务创新。物流业就业人员平均工资反映了某区域物流从业人员的平均工资水平，对从业人员较高的工资投入可以激励其从事创新活动。物流业高技术人才培养数用来衡量某区域的高等院校在科技创新方面的人力投入，高等院校为物流业培养了大量的创新人才，对于物流业服务创新的提升具有不可替代的促进作用。

创新成果产出能力用来衡量区域物流业从事创新活动的最终表现结果。创新成果产出能力的评价指标主要包括物流技术装备和物流信息化两个部分。物流业的创新成果可分为两类。一类是有形的创新成果，如货物拣选机器人、穿梭车密集型货架、输送分拣装置等，有形的创新成果主要运用物流技术装备相关指标进行评价。物流专利授权数可用来衡量某区域物流业技术创新成果的产出，物流科学技术奖获奖项目数用来衡量某区域物流业创新应用和管理的水平。另一类为无形的创新成果，物流业无形的创新主要体现在管理、组织、运营等方面。实现上述创新活动都需要依托于物流业的信息化建设，因此，无形的创新成果主要运用物流信息化相关指标进行评价。物流信息系统应用水平体现了某区域物流业在企业、产业及信息平台等层面的信息化程度。物流企业拥有网站数体现了某区域物流业对于信息化的重视程度。企业拥有自己网站的意义在于网络化的业务开展和用户管理，有利于企业进行服

务创新。电子商务是以信息网络技术为手段，以商品交换为中心的商务活动，有电子商务交易活动的物流企业数体现了某区域信息化应用范围，电子商务销售额体现了某区域信息化规模。

创新主体主导能力用来衡量区域物流企业所具备从事创新活动的能力。创新主体主导能力的评价指标主要包括物流企业经营和物流产业发展两个方面。物流企业经营部分的指标中，A 级物流企业是根据其经营状况、资产、设备设施、管理及服务、人员素质和信息化水平六个方面进行综合评估的，A 级物流企业数体现了某区域物流企业整体的经营状况。50 强物流企业则指从事物流服务活动的企业中年物流业务收入大于 30 亿元，并且在全国排名前 50 的企业，50 强物流企业业务收入总额体现了某区域优秀物流企业的经营规模。物流产业发展部分的指标中，物流业企业数和物流业就业人员数可以体现出某区域物流产业发展的基本条件，基本条件越好，越有利于物流业的发展和创新。优秀物流园区是从物流园区的基础设施、服务能力、运营管理、社会贡献等方面综合评选得出的，优秀物流园区数可以体现出某区域物流产业发展的现实状况。物流业增加值可以体现出某区域物流产业生产活动的最终成果，物流业增加值的提升在一定程度上可以表示物流业服务创新能力的增强。

创新服务作用能力用来衡量区域物流业从事创新活动从而服务该区域生产生活的能力。物流业的服务可划分为三个部分，分别为服务商流（一般的商流都必须伴随相应的物流过程）、方便生活（通过物流可以实现网络购物）以及保障生产（生产的全流程之间都需要伴随相应的物流过程）。创新服务作用能力的评价指标主要包括物流基础服务和产业联动服务两个部分。其中，货运量用来表示某区域各种运输车辆实际运送的货物重量，可对该区域物流业服务于商流的部分进行评价，货运量越大表明物流业能够越好地通过创新为该区域的商流提供服务。快递量用来表示某区域的快递数量，可对该区域物流业服务于生活的部分进行评价，快递量越多表明物流业能够越好地通过创新为该区域居民生活提供服务。保障生产的部分基于产业关联视角选取物流服务感应度和物流服务影响力两个指标进行评价。物流服务感应度体现了产业的前向联系程度，是指其他产业的生产变化使物流业的生产也发生相应变化的指标。物流服务影响力体现了产业的后向联系程度，是指物流业的生产变化使其他产业的生产发生相应变化的指标。产业关联越紧密，表明物流业能够越好地通过创新为该区域其他产业的生产提供服务。

创新环境支撑能力用来衡量区域为物流业从事创新活动提供相应环境的

能力。创新环境支撑能力的评价指标主要包括政策环境、经济环境和基础设施三个部分。政策环境对于区域物流业的创新发展具有很强的导向和推动作用，政府对物流业的关注度可以反映某区域的政府部门对于该区域物流业发展的关注程度和相关扶植政策的发布频率。物流业的创新发展离不开政府的财政支出，地方财政交通运输支出可以反映某区域的政府部门对于该区域物流业的直接投入力度，较高的财政支出可以推动该区域物流业进行服务创新。物流业服务创新的开发与应用需要依托于区域的经济环境，地区生产总值是衡量某区域经济发展水平的代表性指标，可以对区域经济环境做出直观评价。社会消费品零售总额反映了某区域人民物质文化生活水平的提高情况、社会商品购买力的实现程度，以及零售市场的规模状况。此外，物流业的创新发展还需要区域提供一定的基础设施条件，基础设施越完善越有利于物流业进行服务创新，从而实现更好的发展。运输线路长度指供运输车辆行驶的通道长度，是物流运行的物质基础，主要包括公路运输及铁路运输的线路长度。互联网宽带接入端口指用于接入互联网用户的各类实际安装运行的接入端口的数量，用于反映某区域物流业进行信息化建设的基础条件，物流业的信息化程度越高，越有利于进行服务创新。

通过上述分析，得到京津冀物流业服务创新能力评价指标体系，如表 5.1 所示。

表 5.1　京津冀物流业服务创新能力评价指标及其对应符号

目标层	一级指标	二级指标	三级指标
物流业服务创新能力	创新资源投入（A）	经费投入（A1）	研究与试验发展经费支出（A11）
			物流业全社会固定资产投资额（A12）
		人员投入（A2）	研究与试验发展人员全时当量（A21）
			物流业就业人员平均工资（A22）
			物流业高技术人才培养数（A23）
	创新成果产出（B）	物流技术装备（B1）	物流专利授权数（B11）
			物流科学技术奖获奖项目数（B12）
		物流信息化（B2）	物流信息系统应用水平（B21）
			物流企业拥有网站数（B22）
			有电子商务交易活动的物流企业数（B23）
			电子商务销售额（B24）

续表

<table>
<tr><th>目标层</th><th>一级指标</th><th>二级指标</th><th>三级指标</th></tr>
<tr><td rowspan="16">物流业服务创新能力</td><td rowspan="6">创新主体主导（C）</td><td rowspan="2">物流企业经营（C1）</td><td>综合评估 A 级物流企业数（C11）</td></tr>
<tr><td>50 强物流企业业务收入总额（C12）</td></tr>
<tr><td rowspan="4">物流产业发展（C2）</td><td>物流业企业数（C21）</td></tr>
<tr><td>物流业就业人员数（C22）</td></tr>
<tr><td>优秀物流园区数（C23）</td></tr>
<tr><td>物流业增加值（C24）</td></tr>
<tr><td rowspan="4">创新服务作用（D）</td><td rowspan="2">物流基础服务（D1）</td><td>货运量（D11）</td></tr>
<tr><td>快递量（D12）</td></tr>
<tr><td rowspan="2">产业联动服务（D2）</td><td>物流服务感应度（D21）</td></tr>
<tr><td>物流服务影响力（D22）</td></tr>
<tr><td rowspan="6">创新环境支撑（E）</td><td rowspan="2">政策环境（E1）</td><td>政府对物流业的关注度（E11）</td></tr>
<tr><td>地方财政交通运输支出（E12）</td></tr>
<tr><td rowspan="2">经济环境（E2）</td><td>地区生产总值（E21）</td></tr>
<tr><td>社会消费品零售总额（E22）</td></tr>
<tr><td rowspan="2">基础设施（E3）</td><td>运输线路长度（E31）</td></tr>
<tr><td>互联网宽带接入端口（E32）</td></tr>
</table>

5.2 服务创新能力评价指标权重赋值

5.2.1 权重赋值方法的选择

赋权法是用于解决多指标综合评价问题中的各指标权重大小关系的方法。确定指标权重的方法主要分成两大类，一类是主观赋权法，这类方法主要从个人主观的看法和经验出发，通过专家判断求得权重，常见的德尔菲法、优序图法等均为主观赋权法。另一类是客观赋权法，即通过公式计算求得权重。目前的客观赋权法主要包括主成分分析法、因子分析法、熵权法、离散系数法、复相关系数法、CRITIC 法等，如表 5.2 所示。主观赋权法与客观赋权法有着本质的不同，前者考虑的是指标内容在整个体系中的重要程度，而后者考虑的是指标数值的分布状态、区分度。客观赋权法有多种计算方法，各种评价方法原理不同，对于同一评价对象其权重赋值不同，评价结果也有一定差异。

表 5.2　不同客观赋权法对比

方法名称	前提条件	赋权原理
主成分分析法	指标相关	主成分之间是互不相关的，这就消除了原始数据之间的相关影响。在选取评价指标时，消除了指标之间的相关影响，因此更容易选择指标。而且实践证明，同类指标数量越多，权重越大，指标之间的相关程度越高，主成分分析效果越好
因子分析法	指标相关、正态分布	因子分析中提取出若干个因子，若干个因子旋转后得到累积方差，接着运用因子权重表达式来确定权重
熵权法	无	利用数据携带的信息量大小计算权重，得到较为客观的指标权重。熵值是不确定性的一种度量，熵越小，数据携带的信息量越大，权重越大；相反，熵越大，信息量越小，权重越小
离散系数法	无	利用数据的变异系数进行权重赋值，若某因素取值差异大，则说明该因素难以实现，是反映所评价对象差距的关键因素，要赋予更高权重
复相关系数法	无	仅考虑指标相关性，由独特信息所决定，独特信息越大，权重越大
CRITIC 法	无	对比强度使用标准差进行表示，数据标准差越大，说明波动越大，权重会越高；冲突性使用相关系数进行表示，指标之间的相关系数值越大，说明冲突性越小，那么其权重也就越低

(1) 主成分分析法与因子分析法。主成分分析，是一种数据分析的技术，主要思想是将高维数据投影到较低维空间，提取多元事物的主要因素，揭示其本质特征。主成分分析的应用范围非常广泛，经常和分类、聚类，以及其他方法连用进行数据处理。它可以高效地找出数据中的主要部分，将原有的复杂数据降维，去除整个数据中的噪音和冗余。主成分分析法也是一种统计分析方法，它将原来具有一定相关性的多个指标，重新组合成一组新的互相无关的综合指标。它是一种最小均方意义上的最优变换，目的是去除输入随机向量之间的相关性，突出原始数据中的隐含特性。主成分分析的优势在于数据压缩以及对多维数据进行降维，它操作简单，且没有参数限制，可以方便地应用于各个场合。它经常被用于人脸识别和图像压缩、特征提取等领域，是在高维数据中寻找模式的一种技术。主成分分析法和因子分析法同样利用信息浓缩的原理，均可用作权重计算。但是两种方法存在差异，主成分分析并不能说明这些综合因子所代表的具体含义。为了进一步明确这些综合因子

的实际含义，需要对所提取的综合因子进行因子旋转。因子分析加带了旋转功能，可以让因子更具有解释意义。因子分析法一般分为三大步骤，首先是利用主成分分析从众多影响因子中筛选出特征值大于 1 的公因子；其次是计算因子载荷矩阵，赋予公因子具体的含义；最后是根据因子方差贡献率加总计算评价项目的综合得分，综合得分越高则代表发展水平越高。但是使用浓缩信息的原理进行权重计算时，只能得到各个因子的权重，无法得到具体每个分析项的权重，但可结合后续的权重方法（熵权法）得到具体各项的权重，最终构建出权重体系。主成分分析法和因子分析法的前提条件是评价指标之间高度相关，评价前需要进行 KMO 检验，如果不具备这个前提条件，则不能采用主成分分析法或因子分析法进行评价。

（2）熵权法。熵权法运用较多，基本思路是根据指标变异性的大小来确定客观权重，所使用的数据是决策矩阵，所确定的属性权重反映了属性值的离散程度。一般来说，某个指标的信息熵越小，表明指标值的变异程度越大，提供的信息量越多，在综合评价中所能起到的作用也越大，其权重也就越大。计算权重可以利用信息浓缩，也可利用信息量的多少。熵值是不确定性的一种度量，信息量越大，不确定性就越小，熵也就越小。利用熵值携带的信息进行权重计算，结合各项指标的变异程度，可以为多指标综合评价提供依据。在应用过程中，一般先进行信息浓缩（因子或主成分）得到因子或主成分的权重，然后使用熵权法计算具体每项的权重。熵权法具有客观性和适应性的优点，相对主观赋值法，精度较高，能更好地解释所得到的结果，且可用于任何需要确定权重的过程，也可以与一些方法共同使用。但熵权法也存在一些缺点，如缺乏各指标之间的横向比较，各指标的权重随着样本的变化而变化，权数依赖于样本等。

（3）离散系数法。离散系数法也称变异系数法。变异系数是刻画离中趋势的重要指标，反映取值的差异和波动，在数值上等于标准差除以均值。变异系数可以确定权重，其原理是利用数据的变异系数进行权重赋值，变异系数越大，说明其携带的信息越大，因而权重也会越大。在评价体系中，若某因素取值差异大，则说明该因素难以实现，是反映所评价对象差距的关键因素，所以要赋予更高权重。变异系数法直接利用各项指标所包含的信息量，通过计算得到指标的权重，是一种客观的赋权方法。在评价中，取值差异越大的指标越能反映因素差异，这样的指标更能反映每个被评价目标之间的差距。

（4）复相关系数法。复相关系数法也称独立性权重法。独立性权重是一种仅考虑指标相关性的权重计算方法，其思想在于利用指标之间的共线性强弱来确定权重。如果某指标与其他指标的相关性很强，说明信息有着较大的重叠，意味着该指标的权重会比较低；反之则说明该指标携带的信息量较大，应该赋予更高的权重。复相关系数法只考虑了数据之间的相关性，其计算方式是使用回归分析得到的复相关系数 R 值来表示共线性强弱，该值越大说明共线性越强，权重会越低。

（5）CRITIC 法。数据之间的波动性大小和数据之间的相关关系大小也是一种信息，可用来计算权重。CRITIC 法的原理是指标间的对比强度和冲突性。对比强度是指同一个指标各个评价方案之间取值差距的大小，使用标准差来表示，标准差越大，说明波动越大，即各方案之间的取值差距越大，权重会越高。冲突性使用相关系数来表示，指标之间的相关系数值越大，说明冲突性越小，那么其权重也就越低。计算权重时，对比强度与冲突性指标相乘，并且进行归一化处理，即得到最终的权重。

综上所述，本书所设计的指标体系中的指标并不满足主成分分析法及因子分析法的前提条件，不适合选取这两种方法进行权重计算。离散系数法和复相关系数法原理相对简单，无法得到理想的权重。CRITIC 法与熵权法相比，考虑指标变异性大小的同时还兼顾了指标之间的相关性，利用数据自身的客观属性进行科学评价，相对而言是一种较好的客观赋权法，并且符合本书对权重计算方法的要求。该方法具体计算步骤如下。

假设有 n 个待评价样本，p 项评价指标，形成原始指标数据矩阵：

$$\boldsymbol{X}=\begin{bmatrix} x_{11} & \cdots & x_{1p} \\ \vdots & & \vdots \\ x_{n1} & \cdots & x_{np} \end{bmatrix}$$

式中，x_{ij}表示第 i 个样本第 j 项评价指标的数值。

步骤一：无量纲化处理。为消除量纲不同对评价结果的影响，需要对各指标进行无量纲化处理。CRITIC 法一般使用正向化或逆向化处理，不建议使用标准化处理，原因是如果使用标准化处理，标准差全部变成数字 1，即所有指标的标准差完全一致，这就导致波动性指标没有意义。

若所用指标的值越大越好（正向指标）：

$$x'_{ij}=\frac{x_j-x_{\min}}{x_{\max}-x_{\min}}$$

若所用指标的值越小越好（逆向指标）：

$$x'_{ij}=\frac{x_{\max}-x_j}{x_{\max}-x_{\min}}$$

步骤二：指标变异性，以标准差的形式来表现：

$$\begin{cases} \bar{x}_j = \dfrac{1}{n}\sum\limits_{i=1}^{n} x_{ij} \\ S_j = \sqrt{\dfrac{\sum\limits_{i=1}^{n}(x_{ij} - \bar{x}_j)^2}{n-1}} \end{cases}$$

式中，S_j表示第 j 个指标的标准差。

在 CRITIC 法中，使用标准差来表示各指标的内取值的差异波动情况，标准差越大，表示该指标的数值差异越大，越能反映出更多的信息，该指标本身的评价强度也就越强，应该给该指标分配更多的权重。

步骤三：指标冲突性，用相关系数来表示：

$$R_j = \sum_{i=1}^{p}(1 - r_{ij})$$

式中，r_{ij}表示评价指标 i 和 j 之间的相关系数。

使用相关系数来表示指标间的相关性，与其他指标的相关性越强，则说明该指标与其他指标的冲突性就越小，反映出相同的信息就越多，所能体现的评价内容就越有重复之处，一定程度上也就削弱了该指标的评价强度，应该减少对该指标分配的权重。

步骤四：信息量。

$$C_j = S_j\sum_{i=1}^{p}(1 - r_{ij}) = S_j \times R_j$$

式中，C_j越大，表示第 j 个指标在整个评价指标体系中的作用越大，就应该给其分配更多的权重。

步骤五：客观权重，所以第 j 个指标的客观权重 W_j为：

$$W_j - \frac{C_j}{\sum\limits_{j=1}^{p} C_j}$$

5.2.2 评价指标权重的确定

根据前文京津冀物流业服务创新能力的研究内容及其特点，本书将已经选取的 27 个影响因素作为指标进行数据分析，选取 2010 年至 2020 年共 11 年的数据，其主要来源于《中国统计年鉴》《中国物流年鉴》《中国科技统计年鉴》等。

首先，归一化处理原始数据。由于本书构建的评价指标值越大越好，故对原始指标数据采用正向化处理，以表格的形式呈现原始数据归一化之后的矩阵值，如表 5.3 所示。

表 5.3　京津冀评价指标标准化数据

年份	A11	A12	A21	A22	A23	B11	B12	B21	B22
2010	0.237 6	0.229 6	0.293 3	0.177 4	0.189 3	0.048 0	0.114 3	0.325 0	0.289 5
2011	0.195 9	0.203 8	0.241 9	0.205 8	0.202 5	0.062 7	0.201 8	0.328 2	0.291 8
2012	0.238 8	0.247 5	0.275 9	0.236 4	0.219 8	0.095 6	0.215 2	0.312 9	0.294 2
2013	0.273 5	0.282 0	0.310 1	0.253 8	0.232 6	0.157 2	0.208 5	0.276 6	0.282 6
2014	0.299 6	0.297 2	0.343 6	0.272 1	0.235 4	0.180 2	0.242 1	0.309 2	0.306 6
2015	0.323 6	0.295 9	0.347 8	0.288 3	0.254 8	0.222 1	0.289 2	0.364 0	0.305 8
2016	0.335 0	0.299 4	0.344 5	0.305 5	0.250 9	0.268 1	0.349 7	0.253 2	0.312 2
2017	0.315 8	0.316 9	0.307 7	0.330 9	0.326 6	0.275 0	0.248 9	0.230 5	0.312 6
2018	0.333 3	0.338 5	0.274 3	0.354 9	0.311 7	0.403 7	0.349 7	0.273 4	0.296 2
2019	0.343 7	0.353 3	0.269 2	0.396 3	0.350 5	0.425 3	0.423 7	0.303 6	0.309 3
2020	0.371 0	0.399 5	0.288 2	0.403 5	0.557 4	0.621 9	0.477 5	0.316 2	0.314 0
年份	B23	B24	C11	C12	C21	C22	C23	C24	D11
2010	0.086 7	0.019 7	0.123 7	0.207 1	0.282 8	0.271 2	0.090 8	0.224 8	0.230 0
2011	0.124 5	0.044 2	0.162 4	0.260 4	0.285 9	0.285 3	0.130 1	0.259 5	0.271 8
2012	0.162 3	0.094 7	0.201 0	0.313 6	0.288 9	0.294 5	0.169 3	0.271 5	0.306 8
2013	0.151 7	0.153 1	0.239 7	0.338 5	0.290 2	0.309 5	0.208 6	0.280 9	0.283 3
2014	0.249 7	0.199 0	0.255 2	0.351 7	0.305 0	0.316 8	0.263 1	0.288 6	0.301 5
2015	0.322 5	0.239 0	0.309 3	0.295 0	0.295 1	0.319 0	0.233 9	0.293 6	0.281 1
2016	0.352 1	0.276 3	0.332 5	0.268 1	0.299 9	0.311 0	0.321 6	0.299 9	0.296 8
2017	0.335 7	0.370 8	0.355 7	0.299 5	0.298 4	0.295 4	0.409 3	0.321 7	0.316 7
2018	0.347 9	0.378 2	0.355 7	0.373 0	0.291 9	0.300 0	0.467 8	0.337 0	0.339 5
2019	0.434 4	0.461 4	0.402 1	0.296 4	0.326 1	0.310 4	0.380 1	0.361 1	0.332 1
2020	0.463 5	0.546 6	0.417 6	0.277 5	0.346 2	0.300 0	0.380 1	0.350 2	0.339 2
年份	D12	D21	D22	E11	E12	E21	E22	E31	E32
2010	0.022 7	0.286 0	0.291 0	0.000 0	0.147 1	0.182 8	0.178 3	0.260 4	0.098 8
2011	0.041 1	0.286 0	0.291 0	0.065 3	0.229 4	0.214 4	0.207 6	0.265 3	0.128 2
2012	0.057 9	0.286 0	0.291 0	0.005 1	0.254 2	0.234 9	0.237 0	0.274 4	0.182 0
2013	0.096 3	0.320 2	0.302 4	0.004 1	0.250 2	0.254 2	0.265 5	0.291 3	0.198 4

续表

年份	D12	D21	D22	E11	E12	E21	E22	E31	E32
2014	0. 136 3	0. 320 2	0. 302 4	0. 396 8	0. 254 9	0. 270 0	0. 291 5	0. 298 2	0. 207 9
2015	0. 192 1	0. 320 2	0. 302 4	0. 177 5	0. 295 4	0. 285 0	0. 318 1	0. 307 0	0. 276 2
2016	0. 283 4	0. 320 2	0. 302 4	0. 499 9	0. 294 8	0. 307 7	0. 345 0	0. 312 6	0. 350 8
2017	0. 343 6	0. 320 2	0. 302 4	0. 386 6	0. 364 6	0. 335 2	0. 369 6	0. 317 1	0. 372 4
2018	0. 391 7	0. 284 0	0. 309 4	0. 051 0	0. 387 0	0. 362 7	0. 340 8	0. 319 5	0. 395 0
2019	0. 457 7	0. 284 0	0. 309 4	0. 449 9	0. 355 9	0. 388 0	0. 359 1	0. 324 9	0. 414 3
2020	0. 606 9	0. 284 0	0. 311 7	0. 449 9	0. 387 4	0. 396 8	0. 333 9	0. 335 6	0. 438 5

其次，运用SPSS软件对归一化后的指标数据进行相关性分析，得出代表指标变异性的标准差 S_j 和代表指标冲突性的相关系数 r_{ij}，相关系数矩阵如表5. 4所示。

S_j = （0. 308 446，0. 287 695，0. 327 994，0. 326 407，0. 282 924，0. 418 756，0. 314 134，0. 331 862，0. 338 081，0. 332 979，0. 35 722，0. 331 924，0. 278 855，0. 300 949，0. 299 318，0. 32 882，0. 299 965，0. 305 607，0. 294 767，0. 283 331，0. 345 478，0. 340 702，0. 3 265，0. 299 986，0. 329 835，0. 508 291，0. 362 151）

表5. 4 相关系数矩阵

r_{ij}	X1	X2	X3	X4	X5	X6	X7	X8	X9
X1	1. 000	0. 947	0. 395	0. 907	0. 743	0. 883	0. 852	−0. 269	0. 752
X2	0. 947	1. 000	0. 159	0. 958	0. 881	0. 962	0. 888	−0. 254	0. 672
X3	0. 395	0. 159	1. 000	0. 017	−0. 117	−0. 034	−0. 011	−0. 086	0. 362
X4	0. 907	0. 958	0. 017	1. 000	0. 844	0. 954	0. 935	−0. 300	0. 709
X5	0. 743	0. 881	−0. 117	0. 844	1. 000	0. 938	0. 837	−0. 104	0. 612
X6	0. 883	0. 962	−0. 034	0. 954	0. 938	1. 000	0. 942	−0. 190	0. 648
X7	0. 852	0. 888	−0. 011	0. 935	0. 837	0. 942	1. 000	−0. 111	0. 694
X8	−0. 269	−0. 254	−0. 086	−0. 300	−0. 104	−0. 190	−0. 111	1. 000	−0. 198
X9	0. 752	0. 672	0. 362	0. 709	0. 612	0. 648	0. 694	−0. 198	1. 000
X10	0. 940	0. 924	0. 169	0. 966	0. 806	0. 922	0. 940	−0. 223	0. 838
X11	0. 916	0. 970	0. 039	0. 990	0. 889	0. 969	0. 917	−0. 306	0. 736

续表

r_{ij}	X1	X2	X3	X4	X5	X6	X7	X8	X9
X12	0. 939	0. 942	0. 157	0. 983	0. 799	0. 920	0. 913	−0. 343	0. 761
X13	0. 297	0. 351	0. 129	0. 354	0. 072	0. 230	0. 219	−0. 275	−0. 026
X14	0. 730	0. 840	−0. 009	0. 809	0. 905	0. 867	0. 855	0. 023	0. 687
X15	0. 603	0. 490	0. 615	0. 488	0. 170	0. 348	0. 490	−0. 039	0. 430
X16	0. 844	0. 860	0. 064	0. 913	0. 674	0. 834	0. 772	−0. 553	0. 638
X17	0. 850	0. 916	−0. 051	0. 988	0. 792	0. 914	0. 910	−0. 318	0. 660
X18	0. 706	0. 814	−0. 135	0. 889	0. 718	0. 815	0. 816	−0. 369	0. 558
X19	0. 883	0. 947	−0. 046	0. 968	0. 918	0. 984	0. 927	−0. 283	0. 716
X20	0. 182	−0. 013	0. 852	−0. 079	−0. 258	−0. 204	−0. 180	−0. 309	0. 209
X21	0. 928	0. 954	0. 194	0. 928	0. 762	0. 909	0. 858	−0. 271	0. 569
X22	0. 716	0. 651	0. 377	0. 677	0. 561	0. 611	0. 676	−0. 306	0. 922
X23	0. 811	0. 867	−0. 046	0. 943	0. 777	0. 879	0. 846	−0. 384	0. 644
X24	0. 900	0. 949	−0. 002	0. 998	0. 836	0. 953	0. 926	−0. 334	0. 700
X25	0. 895	0. 835	0. 316	0. 895	0. 603	0. 765	0. 775	−0. 486	0. 773
X26	0. 964	0. 959	0. 239	0. 969	0. 797	0. 921	0. 894	−0. 347	0. 754
X27	0. 916	0. 922	0. 074	0. 975	0. 797	0. 924	0. 905	−0. 410	0. 739

r_{ij}	X10	X11	X12	X13	X14	X15	X16	X17	X18
X1	0. 940	0. 916	0. 939	0. 297	0. 730	0. 603	0. 844	0. 850	0. 706
X2	0. 924	0. 970	0. 942	0. 351	0. 840	0. 490	0. 860	0. 916	0. 814
X3	0. 169	0. 039	0. 157	0. 129	−0. 009	0. 615	0. 064	−0. 051	−0. 135
X4	0. 966	0. 990	0. 983	0. 354	0. 809	0. 488	0. 913	0. 988	0. 889
X5	0. 806	0. 889	0. 799	0. 072	0. 905	0. 170	0. 674	0. 792	0. 718
X6	0. 922	0. 969	0. 920	0. 230	0. 867	0. 348	0. 834	0. 914	0. 815
X7	0. 940	0. 917	0. 913	0. 219	0. 855	0. 490	0. 772	0. 910	0. 816
X8	−0. 223	−0. 306	−0. 343	−0. 275	0. 023	−0. 039	−0. 553	−0. 318	−0. 369

续表

r_{ij}	X10	X11	X12	X13	X14	X15	X16	X17	X18
X9	0. 838	0. 736	0. 761	−0. 026	0. 687	0. 430	0. 638	0. 660	0. 558
X10	1. 000	0. 964	0. 979	0. 230	0. 802	0. 533	0. 868	0. 934	0. 804
X11	0. 964	1. 000	0. 977	0. 279	0. 832	0. 424	0. 904	0. 963	0. 850
X12	0. 979	0. 977	1. 000	0. 344	0. 757	0. 562	0. 918	0. 965	0. 849
X13	0. 230	0. 279	0. 344	1. 000	0. 023	0. 599	0. 496	0. 435	0. 606
X14	0. 802	0. 832	0. 757	0. 023	1. 000	0. 341	0. 552	0. 761	0. 652
X15	0. 533	0. 424	0. 562	0. 599	0. 341	1. 000	0. 418	0. 508	0. 452
X16	0. 868	0. 904	0. 918	0. 496	0. 552	0. 418	1. 000	0. 916	0. 873
X17	0. 934	0. 963	0. 965	0. 435	0. 761	0. 508	0. 916	1. 000	0. 922
X18	0. 804	0. 850	0. 849	0. 606	0. 652	0. 452	0. 873	0. 922	1. 000
X19	0. 946	0. 987	0. 944	0. 174	0. 842	0. 306	0. 874	0. 931	0. 816
X20	0. 014	−0. 068	0. 076	0. 235	−0. 191	0. 590	0. 038	−0. 087	−0. 150
X21	0. 885	0. 922	0. 923	0. 464	0. 734	0. 600	0. 870	0. 907	0. 773
X22	0. 775	0. 696	0. 717	−0. 026	0. 732	0. 486	0. 584	0. 634	0. 503
X23	0. 897	0. 931	0. 943	0. 468	0. 638	0. 435	0. 944	0. 956	0. 927
X24	0. 961	0. 989	0. 982	0. 361	0. 782	0. 461	0. 933	0. 988	0. 893
X25	0. 912	0. 880	0. 951	0. 424	0. 569	0. 642	0. 921	0. 892	0. 789
X26	0. 968	0. 970	0. 992	0. 378	0. 754	0. 593	0. 918	0. 943	0. 826
X27	0. 966	0. 973	0. 985	0. 297	0. 716	0. 444	0. 942	0. 954	0. 853

r_{ij}	X19	X20	X21	X22	X23	X24	X25	X26	X27
X1	0. 883	0. 182	0. 928	0. 716	0. 811	0. 900	0. 895	0. 964	0. 916
X2	0. 947	−0. 013	0. 954	0. 651	0. 867	0. 949	0. 835	0. 959	0. 922
X3	−0. 046	0. 852	0. 194	0. 377	−0. 046	−0. 002	0. 316	0. 239	0. 074
X4	0. 968	−0. 079	0. 928	0. 677	0. 943	0. 998	0. 895	0. 969	0. 975
X5	0. 918	−0. 258	0. 762	0. 561	0. 777	0. 836	0. 603	0. 797	0. 797

续表

r_{ij}	X19	X20	X21	X22	X23	X24	X25	X26	X27
X6	0. 984	-0. 204	0. 909	0. 611	0. 879	0. 953	0. 765	0. 921	0. 924
X7	0. 927	-0. 180	0. 858	0. 676	0. 846	0. 926	0. 775	0. 894	0. 905
X8	-0. 283	-0. 309	-0. 271	-0. 306	-0. 384	-0. 334	-0. 486	-0. 347	-0. 410
X9	0. 716	0. 209	0. 569	0. 922	0. 644	0. 700	0. 773	0. 754	0. 739
X10	0. 946	0. 014	0. 885	0. 775	0. 897	0. 961	0. 912	0. 968	0. 966
X11	0. 987	-0. 068	0. 922	0. 696	0. 931	0. 989	0. 880	0. 970	0. 973
X12	0. 944	0. 076	0. 923	0. 717	0. 943	0. 982	0. 951	0. 992	0. 985
X13	0. 174	0. 235	0. 464	-0. 026	0. 468	0. 361	0. 424	0. 378	0. 297
X14	0. 842	-0. 191	0. 734	0. 732	0. 638	0. 782	0. 569	0. 754	0. 716
X15	0. 306	0. 590	0. 600	0. 486	0. 435	0. 461	0. 642	0. 593	0. 444
X16	0. 874	0. 038	0. 870	0. 584	0. 944	0. 933	0. 921	0. 918	0. 942
X17	0. 931	-0. 087	0. 907	0. 634	0. 956	0. 988	0. 892	0. 943	0. 954
X18	0. 816	-0. 150	0. 773	0. 503	0. 927	0. 893	0. 789	0. 826	0. 853
X19	1. 000	-0. 180	0. 886	0. 671	0. 904	0. 971	0. 817	0. 933	0. 959
X20	-0. 180	1. 000	0. 085	0. 283	-0. 046	-0. 085	0. 303	0. 140	-0. 016
X21	0. 886	0. 085	1. 000	0. 595	0. 848	0. 927	0. 849	0. 951	0. 891
X22	0. 671	0. 283	0. 595	1. 000	0. 540	0. 663	0. 730	0. 721	0. 680
X23	0. 904	-0. 046	0. 848	0. 540	1. 000	0. 956	0. 896	0. 923	0. 951
X24	0. 971	-0. 085	0. 927	0. 663	0. 956	1. 000	0. 900	0. 968	0. 982
X25	0. 817	0. 303	0. 849	0. 730	0. 896	0. 900	1. 000	0. 947	0. 932
X26	0. 933	0. 140	0. 951	0. 721	0. 923	0. 968	0. 947	1. 000	0. 970
X27	0. 959	-0. 016	0. 891	0. 680	0. 951	0. 982	0. 932	0. 970	1. 000

最后，应用 CRITIC 法计算各评价指标权重，得出物流业服务创新能力评价指标的权重值，如表 5. 5 所示。

表 5.5 物流业服务创新能力评价指标体系

目标层	一级指标	权重	二级指标	权重	三级指标	权重
物流业服务创新能力	创新资源投入	0.173 2	经费投入	0.042 8	研究与试验发展经费支出	0.022 4
					物流业全社会固定资产投资额	0.020 4
			人员投入	0.130 4	研究与试验发展人员全时当量	0.078 7
					物流业就业人员平均工资	0.022 1
					物流业高技术人才培养数	0.029 6
	创新成果产出	0.232 6	物流技术装备	0.047 9	物流专利授权数	0.024 1
					物流科学技术奖获奖项目数	0.023 8
			物流信息化	0.184 7	物流信息系统应用水平	0.100 5
					物流企业拥有网站数	0.038 7
					有电子商务交易活动的物流企业数	0.023 0
					电子商务销售额	0.022 5
	创新主体主导	0.205 2	物流企业经营	0.078	综合评估A级物流企业数	0.021 6
					50强物流企业业务收入总额	0.056 4
			物流产业发展	0.127 2	物流业企业数	0.032 3
					物流业就业人员数	0.045 0
					优秀物流园区数	0.028 0
					物流业增加值	0.021 9
	创新服务作用	0.217 3	物流基础服务	0.054 3	货运量	0.028 8
					快递量	0.025 5
			产业联动服务	0.163	物流服务感应度	0.135 6
					物流服务影响力	0.027 4
	创新环境支撑	0.171 7	政策环境	0.075 5	政府对物流业的关注度	0.050 0
					地方财政交通运输支出	0.025 5
			经济环境	0.049 3	地区生产总值	0.022 9
					社会消费品零售总额	0.026 4
			基础设施	0.046 9	运输线路长度	0.021 3
					互联网宽带接入端口	0.025 6

从以上结果可以看出，在构成物流业服务创新能力的五个指标中，创新成果产出能力权重最大，占比为23.26%，可见创新成果的产出对物流业服务创新能力的评价具有决定性作用，这也符合常规认知的主观赋权结果。创新服务作用次之，权重占比为21.73%，可见在对物流业服务创新能力进行评价时，突出物流业的服务属性是十分必要的。创新主体主导占比为20.52%，物流企业作为物流业创新活动的主体，其对物流业服务创新能力的影响不容忽视，同样符合常规认知的主观赋权结果。创新资源投入和创新环境支撑的权重占比分别为17.32%和17.17%。创新成果产出、创新服务作用以及创新主体主导都与物流企业自身发展密不可分，相对而言，创新资源投入和创新环境支撑这些客观条件对于整个物流业服务创新能力的影响相对较弱，更多的是对区域产业发展的基础与支撑作用。

5.3 京津冀物流业服务创新能力实证分析

京津冀物流业服务创新能力，是指物流业为区域其他产业及区域居民生活提供更高水平的物流服务、促进物流业与其他产业联动发展的能力。从产业发展层面来看，物流业服务创新能力的提升可以加大物流业创新力度，提高物流业服务效率，改善物流业服务质量，并促进物流业形成可持续的核心竞争力；从社会经济发展层面来看，京津冀物流业服务创新能力的提升将以京津冀为中心，带动影响周边区域物流业及其他产业的发展。

京津冀物流业服务创新能力的提升是基于当前物流业创新能力的，即了解当前京津冀物流业服务创新能力，通过对其能力水平的评判，分析当前京津冀物流业服务创新能力的具体状况，发现当前京津冀物流业服务创新能力的薄弱环节，提出提升京津冀物流业服务创新能力的策略等。本部分根据构建的京津冀物流业服务创新能力评价指标体系及确定的指标权重，对京津冀物流业服务创新能力进行评价，从京津冀整体和北京、天津及河北三个具体区域分别分析物流业服务创新能力。

5.3.1 评价方法的选择

京津冀物流业服务创新能力评价结果的合理有效性，是以科学合适的评价方法为基础的。当前，学者对物流业效率、绩效和能力等的评价方法主要有层次分析法、数据包络分析、灰色评价法、模糊综合评价法和TOPSIS等。

层次分析法，简称AHP，最早由美国运筹学家提出，该方法是将人们的思维过程结构化、层次化、系统化的过程，主要将相同层次的相关因素两两

横向比较，再通过不同层次间的纵向比较最终确定方案的优劣。主要是对要解决的多目标问题进行层次化的分析，在充分了解决策者的决策意图的基础上，通过建立层次模型进行比较，完成评估。但是层次分析法具有较强的主观性，评判者主观性的变化必然影响对评判结果的客观性，使得有些评估及决策结果令人难以信服和接受。

数据包络分析（DEA），由查恩斯（Charnes）等人在 1978 年首次提出，是用于测度待评价对象相对绩效的一种常用非参数方法，这些评价对象通常被称为决策单元，它将多个输入转换成多个输出。与传统回归方法不同，DEA 是一种线性规划技术，基于该方法通常得到一个 0 到 1 之间的效率值，该效率值被称为决策单元的绩效。该方法的深刻内涵是甄别最佳实践决策单元或由它们构成的有效前沿，确定无效决策单元改进效率的标杆并最后测定所有决策单元的效率值。DEA 方法的局限性在于它衡量的函数边界是确定性的。因此，所有随机干扰项都被看成是效率因素。同时，该方法的评价容易受到极值的影响，不适用于本研究。

灰色评价法是中国著名学者邓聚龙教授于 1982 年提出的，是以灰色关联分析理论为指导，基于专家评判结果进行综合性评估的方法。该方法把少数数据不确定系统作为研究对象，即通过系统的已知数据来分析未知数据，把“灰系统”转化成“白系统”。灰色综合评价法（gray comprehensive evaluation），是运用灰色统计、关联分析、灰色类聚等灰色系统理论对研究事物进行综合评价，因此不适用于本研究。

模糊综合评价法是一种基于模糊数学的综合评价方法，具体操作方式是通过模糊数学的隶属度理论把定性分析转化为定量分析，运用模糊数学对各种评价因素对象进行综合评价。模糊综合评价法具有系统性突出、结果清晰直观的特点，在实际评价中，能够有效控制人为因素的干扰，有利于解决难以量化以及多种非确定性的问题。在模糊综合评价法的评价中，因为有不同的评价等级，所以评价的结果会受到最大权重的限制，这样易导致权重较大的因素发挥单因素主导控制，最终使评价结果失去综合性。因为模糊综合评价法的评价结果是一种量化的等级评语，所以当有多个被评对象参与评价时，并不能够对被评对象进行排序选优。

TOPSIS（technique for order preference by similarity to ideal solution）的全称是逼近于理想值的排序方法，也称为简洁实用的多目标综合评价方法。1981 年，黄和尹（Hwang & Yoon）首次提出该方法，由于原理容易理解，计算简便且应用性强，因此受到经济、管理部门的关注，并首先应用于工程和经济管理领域，辅助决策者在多目标的决策或者方案中决定最佳方案。

TOPSIS 法的基本思想在于先确定一个理想解和一个负理想解，然后，把实际可行解与理想解和负理想解比较，即计算某一结果与最优结果和最劣结果之间的加权欧氏距离，进行结果排队，如果某个评价结果最靠近理想解，同时又远离负理想解，那么这个评价结果为最优结果。其中，理想解是一个并不真实存在的虚拟最佳结果，它是设想决策矩阵中各属性都达到最优的结果，即决策者努力靠近或追求的情况；负理想解与理想解相反，代表虚拟的最劣结果，即决策者极力避免的情况。TOPSIS 法对评价对象的样本量、评价指标的数量多少以及可获取数据资料的分布没有特殊要求或较多的限制；方法适用度方面，TOPSIS 法不仅适合评价方案、指标数量较少以及样本量小的资料，也适用于评价方案、指标数量较多且样本量大的资料；结果呈现方面，TOPSIS 法对原始数据的利用较为充分，最后获得的结果具有良好的直观性；方法操作性方面，TOPSIS 法的使用更灵活简便。综合京津冀物流业服务创新能力评价指标数量和可获取数据资料，本研究选择 TOPSIS 法。

TOPSIS 法的计算步骤如下：

设决策问题有 m 个目标，以 f_j（$j=1, 2, \cdots, m$）表示，n 个可行解 $\mathbf{Z}_i=(Z_{i1}, Z_{i2}, \cdots, Z_{im})$（$i=1, 2, \cdots, n$），且规范化加权目标的理想解是 $\mathbf{Z}^*$。

第一步，设某一评价问题的原始决策矩阵为 $\boldsymbol{A}$，在矩阵 $\boldsymbol{A}$ 的基础上进行规范化处理，获得规范化的决策矩阵 $\mathbf{Z}'$，其元素为 Z'_{ij}。其中，

$$\boldsymbol{A}=\begin{bmatrix} f_{11} & f_{12} & \cdots & f_{1m} \\ f_{21} & f_{22} & \cdots & f_{2m} \\ \vdots & \vdots & & \vdots \\ f_{n1} & f_{n2} & \cdots & f_{nm} \end{bmatrix}$$

$$Z'_{ij}=\frac{f_{ij}}{\sqrt{\sum_{i=1}^{n} f_{ij}^{2}}} \quad i=1, 2, \cdots, n; j=1, 2, \cdots, m$$

第二步，构建规范化的加权决策矩阵 $\mathbf{Z}$，其元素为 Z_{ij}，第 j 个目标的权重为 W_j。则，

$$\mathbf{Z}=W_j Z_{ij} \quad i=1, 2, \cdots, n; j=1, 2, \cdots, m$$

第三步，确定理想解 $\mathbf{Z}^+$ 和负理想解 $\mathbf{Z}^-$。决策矩阵 $\mathbf{Z}$ 中元素 Z_{ij} 值越大表示结果越好。则，

$$\mathbf{Z}^+=(Z_1^+, Z_2^+, \cdots, Z_m^+)=\{\max(Z_{ij} | j=1, 2, \cdots, m)\}$$

$$\mathbf{Z}^-=(Z_1^-, Z_2^-, \cdots, Z_m^{-+})=\{\min(Z_{ij} | j=1, 2, \cdots, m)\}$$

第四步，计算每个可行解到理想解的距离 S_i^+ 和到负理想解的距离 S_i^-。其中，

$$S_i^+ = \sqrt{\sum_{j=1}^{m} (Z_{ij} - Z_j^+)^2} \quad i = 1, 2, \cdots, n$$

$$S_i^- = \sqrt{\sum_{j=1}^{m} (Z_{ij} - Z_j^-)^2} \quad i = 1, 2, \cdots, n$$

第五步，计算某一可行解与理想解的接近程度，即贴近度，且当可行解越靠近理想解，C_i越接近1，根据各个可行解的C_i值进行排序，找出满意解。

$$C_i = \frac{S_i^-}{S_i^- + S_i^+} \quad 0 \leqslant C_i \leqslant 1, \ i = 1, 2, \cdots, n$$

5.3.2 京津冀物流业服务创新能力评价结果

评价方法确定后，本书以京津冀为例，选取 n 年，m 个物流业服务创新能力评价指标，分别将京津冀城市群整体的数据以及北京、天津和河北的数据按照TOPSIS方法的步骤进行计算，并最终获得京津冀、北京、天津和河北不同年份下物流业服务创新能力评价结果。在具体的计算过程之前，首先要对数据来源、指标分析等进行说明。

数据来源：为确保数据分析的有效性和数据获得的准确性，本研究数据跨度为2010—2020年，指标数据涉及的具体资料包括《中国统计年鉴》《中国物流年鉴》《中国科技统计年鉴》等。由于部分数据缺失，本书采用Excel预测工作表预测，填补缺失数据以方便评价分析。

指标分析：TOPSIS评价方法要求指标变化方向一致，即评价指标同趋势化，将高优指标（指标数值越高越好）转化为低优指标（数值越低越好），或将低优指标转化为高优指标。在京津冀物流业服务创新能力评价指标中，所涉及的27个三级指标均是在数值越大时表明相应的能力越强，并最终反映为物流业服务创新能力越高，即京津冀物流业服务创新能力27个指标均为高优指标，满足指标同趋势。

TOPSIS法最后获得的贴近度 C_i，表示某种情形下可行解与正、负理想解之间的距离，当其越接近1时，表明此可行解与负理想解之间的距离越远，或者说与正理想解之间的距离越近，此时的可行解或者对应的方案越优。因此，可用贴近度来表示最后的评价结果。

5.3.2.1 京津冀整体物流业服务创新能力评价结果

本书选取2010年至2020年共11年的数据，包括创新资源投入能力、创新成果产出能力、创新主体主导能力、创新服务作用能力以及创新环境支撑能力5个维度，共27个物流业服务创新能力评价指标，首先对原始矩阵进行归一化处理，考虑到指标数量较多，以表格的形式呈现规范化之后的矩阵值，如表5.6所示。

表5.6　京津冀评价指标归一化数据

年份	A11	A12	A21	A22	A23	B11	B12	B21	B22
2010	0.237 6	0.229 6	0.293 3	0.177 4	0.189 3	0.048 0	0.114 3	0.325 0	0.289 5
2011	0.195 9	0.203 8	0.241 9	0.205 8	0.202 5	0.062 7	0.201 8	0.328 2	0.291 8
2012	0.238 8	0.247 5	0.275 9	0.236 4	0.219 8	0.095 6	0.215 2	0.312 9	0.294 2
2013	0.273 5	0.282 0	0.310 1	0.253 8	0.232 6	0.157 2	0.208 5	0.276 6	0.282 6
2014	0.299 6	0.297 2	0.343 6	0.272 1	0.235 4	0.180 2	0.242 1	0.309 2	0.306 6
2015	0.323 6	0.295 9	0.347 8	0.288 3	0.254 8	0.222 1	0.289 2	0.364 0	0.305 8
2016	0.335 0	0.299 4	0.344 5	0.305 5	0.250 9	0.268 1	0.349 7	0.253 2	0.312 2
2017	0.315 8	0.316 9	0.307 7	0.330 9	0.326 6	0.275 0	0.248 9	0.230 5	0.312 6
2018	0.333 3	0.338 5	0.274 3	0.354 9	0.311 7	0.403 7	0.349 7	0.273 4	0.296 2
2019	0.343 7	0.353 3	0.269 2	0.396 3	0.350 5	0.425 3	0.423 7	0.303 6	0.309 3
2020	0.371 0	0.399 5	0.288 2	0.403 5	0.557 4	0.621 9	0.477 5	0.316 2	0.314 0
年份	B23	B24	C11	C12	C21	C22	C23	C24	D11
2010	0.086 7	0.019 7	0.123 7	0.207 1	0.282 8	0.271 2	0.090 8	0.224 8	0.230 0
2011	0.124 5	0.044 2	0.162 4	0.260 4	0.285 9	0.285 3	0.130 1	0.259 5	0.271 8
2012	0.162 3	0.094 7	0.201 0	0.313 6	0.288 9	0.294 5	0.169 3	0.271 5	0.306 8
2013	0.151 7	0.153 1	0.239 7	0.338 5	0.290 2	0.309 5	0.208 6	0.280 9	0.283 3
2014	0.249 7	0.199 0	0.255 2	0.351 7	0.305 0	0.316 8	0.263 1	0.288 6	0.301 5
2015	0.322 5	0.239 0	0.309 3	0.295 0	0.295 1	0.319 0	0.233 9	0.293 6	0.281 1
2016	0.352 1	0.276 3	0.332 5	0.268 1	0.299 9	0.311 0	0.321 6	0.299 9	0.296 8
2017	0.335 7	0.370 8	0.355 7	0.299 5	0.298 4	0.295 4	0.409 3	0.321 7	0.316 7
2018	0.347 9	0.378 2	0.355 7	0.373 0	0.291 9	0.300 0	0.467 8	0.337 0	0.339 5
2019	0.434 4	0.461 4	0.402 1	0.296 4	0.326 1	0.310 4	0.380 1	0.361 1	0.332 1
2020	0.463 5	0.546 6	0.417 6	0.277 5	0.346 2	0.300 0	0.380 1	0.350 2	0.339 2

续表

年份	D12	D21	D22	E11	E12	E21	E22	E31	E32
2010	0.022 7	0.286 0	0.291 0	0.000 0	0.147 1	0.182 8	0.178 3	0.260 4	0.098 8
2011	0.041 1	0.286 0	0.291 0	0.065 3	0.229 4	0.214 4	0.207 6	0.265 3	0.128 2
2012	0.057 9	0.286 0	0.291 0	0.005 1	0.254 2	0.234 9	0.237 0	0.274 4	0.182 0
2013	0.096 3	0.320 2	0.302 4	0.004 1	0.250 2	0.254 2	0.265 5	0.291 3	0.198 4
2014	0.136 3	0.320 2	0.302 4	0.396 8	0.254 9	0.270 0	0.291 5	0.298 2	0.207 9
2015	0.192 1	0.320 2	0.302 4	0.177 5	0.295 4	0.285 0	0.318 1	0.307 0	0.276 2
2016	0.283 4	0.320 2	0.302 4	0.499 9	0.294 8	0.307 7	0.345 0	0.312 6	0.350 8
2017	0.343 6	0.320 2	0.302 4	0.386 6	0.364 6	0.335 2	0.369 6	0.317 1	0.372 4
2018	0.391 7	0.284 0	0.309 4	0.051 0	0.387 0	0.362 7	0.340 8	0.319 5	0.395 0
2019	0.457 7	0.284 0	0.309 4	0.449 9	0.355 9	0.388 0	0.359 1	0.324 9	0.414 3
2020	0.606 9	0.284 0	0.311 7	0.449 9	0.387 4	0.396 8	0.333 9	0.335 6	0.438 5

规范化的矩阵乘以评价指标对应的权重，确定理想解 $\mathbf{Z}^{+}$ 和负理想解 $\mathbf{Z}^{-}$，具体如下。

$\mathbf{Z}^{+}$ = (0.008 3， 0.008 1， 0.027 4， 0.008 9， 0.016 5， 00 150， 00 114， 00 366， 00 122， 00 107， 00 123， 00 090， 00 210， 00 112， 00 144， 00 131， 00 079， 00 098， 00 155， 00 434， 00 085， 00 250， 00 099， 00 091， 00 098， 00 071， 00 112)

$\mathbf{Z}^{-}$ = (00 044， 00 042， 00 190， 00 039， 00 056， 00 012， 00 027， 00 232， 00 109 ， 00 020， 00 004， 00 027， 00 117， 00 091， 00 122， 00 025， 00 049， 00 066， 00 006， 00 385， 00 080， 00 000， 00 038， 00 042， 00 047， 00 055， 0.002 5)

计算相对接近度，最终京津冀整体物流服务创新能力评价结果如表 5.7 所示，相应的各一级指标的评价结果如表 5.8 所示。

表 5.7 京津冀物流业服务创新能力评价结果

年份	S_i^{+}	S_i^{-}	C_i
2010	0.044 5	0.010 4	0.189 1
2011	0.040 7	0.011 5	0.220 3
2012	0.039 5	0.012 7	0.243 4

续表

年份	S_i^+	S_i^-	C_i
2013	0.037 9	0.014 6	0.277 7
2014	0.025 5	0.027 5	0.519 2
2015	0.027 3	0.024 6	0.474 1
2016	0.022 0	0.033 0	0.599 6
2017	0.021 8	0.030 6	0.583 4
2018	0.028 2	0.027 4	0.492 0
2019	0.014 6	0.036 7	0.715 2
2020	0.010 6	0.042 2	0.799 3

表 5.8　京津冀各一级指标能力评价结果

年份	创新资源投入能力	创新成果产出能力	创新主体主导能力	创新服务作用能力	创新环境支撑能力
	C_i				
2010	0.236 4	0.298 7	0.000 0	0.016 7	0.000 0
2011	0.046 4	0.328 3	0.204 3	0.249 6	0.145 4
2012	0.208 9	0.317 2	0.402 3	0.222 1	0.132 4
2013	0.360 3	0.256 6	0.502 2	0.328 2	0.152 4
2014	0.463 6	0.397 2	0.598 5	0.683 8	0.698 3
2015	0.498 2	0.556 2	0.490 6	0.565 2	0.406 0
2016	0.497 5	0.425 4	0.545 2	0.798 6	0.881 3
2017	0.507 2	0.401 5	0.708 9	0.801 7	0.788 2
2018	0.432 3	0.557 5	0.894 8	0.638 7	0.343 6
2019	0.489 8	0.700 1	0.241 3	0.835 1	0.905 7
2020	0.745 1	0.830 9	0.238 7	0.871 5	0.903 4

5.3.2.2　北京物流业服务创新能力评价结果

北京物流业服务创新能力评价结果如表5.9所示，创新资源投入能力、创新成果产出能力、创新主体主导能力、创新服务作用能力、创新环境支撑能

力的评价结果如表5.10所示。

表 5.9 北京物流业服务创新能力评价结果

年份	S_i^+	S_i^-	C_i
2010	0.041 8	0.050 5	0.546 9
2011	0.040 0	0.047 3	0.542 1
2012	0.037 2	0.051 4	0.580 1
2013	0.036 1	0.048 8	0.575 0
2014	0.021 6	0.059 5	0.733 5
2015	0.028 5	0.049 2	0.633 4
2016	0.025 7	0.052 5	0.671 6
2017	0.022 7	0.052 5	0.698 1
2018	0.028 9	0.052 6	0.645 2
2019	0.059 8	0.028 0	0.318 9
2020	0.023 2	0.057 6	0.713 1

表 5.10 北京各一级指标能力评价结果

年份	创新资源投入能力	创新成果产出能力	创新主体主导能力	创新服务作用能力	创新环境支撑
	C_i				
2010	0.411 3	0.309 8	0.447 5	0.298 5	0.000 0
2011	0.226 2	0.195 5	0.312 1	0.334 4	0.128 7
2012	0.409 5	0.333 8	0.685 2	0.370 2	0.116 4
2013	0.528 1	0.336 0	0.700 2	0.322 9	0.134 9
2014	0.577 7	0.652 7	0.755 3	0.424 2	0.661 0
2015	0.453 1	0.508 7	0.338 1	0.480 9	0.393 9
2016	0.503 8	0.371 5	0.567 7	0.626 9	0.848 5
2017	0.735 1	0.431 3	0.592 4	0.669 1	0.772 6
2018	0.575 6	0.522 4	0.763 2	0.796 7	0.366 3
2019	0.575 6	0.629 4	0.981 2	0.841 8	0.898 4
2020	0.605 5	0.531 9	0.506 6	0.834 4	0.856 3

5.3.2.3　天津物流业服务创新能力评价结果

天津物流业服务创新能力评价结果如表5.11所示，创新资源投入能力、创新成果产出能力、创新主体主导能力、创新服务作用能力、创新环境支撑能力的评价结果如表5.12所示。

表5.11　天津物流业服务创新能力评价结果

年份	S_i^+	S_i^-	C_i
2010	0.074 8	0.014 0	0.158 0
2011	0.070 4	0.016 8	0.192 5
2012	0.063 4	0.024 1	0.275 6
2013	0.067 9	0.024 1	0.261 5
2014	0.072 0	0.030 4	0.296 9
2015	0.030 5	0.070 4	0.697 6
2016	0.048 2	0.048 5	0.501 6
2017	0.037 7	0.049 6	0.568 5
2018	0.038 2	0.052 1	0.576 7
2019	0.052 3	0.043 7	0.455 2
2020	0.041 3	0.068 8	0.625 0

表5.12　天津各一级指标能力评价结果

年份	创新资源投入能力	创新成果产出能力	创新主体主导能力	创新服务作用能力	创新环境支撑能力
	C_i				
2010	0.294 3	0.150 7	0.143 7	0.003 6	0.000 0
2011	0.046 7	0.246 0	0.142 6	0.032 8	0.189 7
2012	0.227 8	0.253 1	0.429 8	0.054 7	0.153 9
2013	0.308 7	0.258 9	0.155 8	0.486 4	0.162 5
2014	0.420 2	0.134 3	0.156 6	0.500 8	0.653 0
2015	0.536 1	0.850 7	0.732 4	0.552 2	0.383 1
2016	0.474 0	0.293 6	0.684 5	0.629 9	0.818 4
2017	0.376 8	0.492 8	0.686 7	0.684 3	0.732 3
2018	0.338 4	0.736 4	0.605 7	0.454 1	0.291 7

续表

年份	创新资源投入能力	创新成果产出能力	创新主体主导能力	创新服务作用能力	创新环境支撑能力
	C_i				
2019	0.428 2	0.524 3	0.121 1	0.515 7	0.838 3
2020	0.581 3	0.918 9	0.200 0	0.600 9	0.848 8

5.3.2.4 河北物流业服务创新能力评价结果

河北物流业服务创新能力评价结果如表5.13所示，创新资源投入能力、创新成果产出能力、创新主体主导能力、创新服务作用能力、创新环境支撑能力的评价结果如表5.14所示。

表 5.13 河北物流业服务创新能力评价结果

年份	S_i^+	S_i^-	C_i
2010	0.069 2	0.016 3	0.190 7
2011	0.066 8	0.019 5	0.226 3
2012	0.064 8	0.021 6	0.249 7
2013	0.049 6	0.041 8	0.456 9
2014	0.052 2	0.034 8	0.400 2
2015	0.054 1	0.030 3	0.358 7
2016	0.038 2	0.051 5	0.573 9
2017	0.062 3	0.036 6	0.370 3
2018	0.037 3	0.050 9	0.577 4
2019	0.038 1	0.066 2	0.634 5
2020	0.019 8	0.068 8	0.776 2

表 5.14 河北各一级指标能力评价结果

年份	创新资源投入能力	创新成果产出能力	创新主体主导能力	创新服务作用能力	创新环境支撑能力
	C_i				
2010	0.081 1	0.238 7	0.149 7	0.141 9	0.000 0
2011	0.032 6	0.294 0	0.082 1	0.155 1	0.146 8

续表

年份	创新资源投入能力	创新成果产出能力	创新主体主导能力	创新服务作用能力	创新环境支撑能力
	C_i				
2012	0.118 0	0.325 2	0.116 9	0.180 3	0.135 7
2013	0.273 8	0.574 7	0.421 3	0.262 0	0.160 6
2014	0.409 3	0.315 7	0.456 6	0.278 1	0.678 1
2015	0.470 2	0.337 8	0.368 6	0.296 1	0.404 5
2016	0.524 8	0.609 7	0.415 9	0.352 3	0.800 5
2017	0.534 5	0.153 2	0.613 4	0.410 7	0.762 5
2018	0.494 2	0.629 0	0.729 9	0.445 5	0.330 3
2019	0.640 0	0.833 9	0.274 9	0.561 3	0.851 8
2020	1.000 0	0.708 6	0.941 7	0.756 8	0.888 6

5.3.3 京津冀物流业服务创新能力分析

基于上述评价结果，从创新资源投入、创新成果产出、创新主体主导、创新服务作用、创新环境支撑五个方面对评价结果进行分析，并结合实际情况探究京津冀物流业服务创新能力呈现该结果的原因，从而对京津冀物流业服务创新能力的提升提供一定支撑。以下京津冀物流业服务创新能力分析将分为两个部分进行：第一部分是分别对构成京津冀物流业服务创新能力的五种能力展开分析，第二部分是对京津冀物流业服务创新能力的整体展开分析。

5.3.3.1 各构成能力分析

京津冀物流业服务创新能力由创新资源投入能力、创新成果产出能力、创新主体主导能力、创新服务作用能力以及创新环境支撑能力共同构成，为寻找物流业服务创新能力提升的关键点，将从上述五个维度分别对北京、天津、河北以及京津冀整体的物流业服务创新能力评价结果进行分析。

（1）创新资源投入能力。京津冀物流业创新资源投入主要包括经费投入和人员投入两方面。由图 5.2 可知，2010 年至 2020 年，北京、天津、河北以及京津冀整体的物流业创新资源投入能力评价结果总体呈现上升趋势。以 2014 年为分界线，此前京津冀物流业创新资源投入能力的提升速度稳定增加，2014 年以后提升速度先减缓又明显上升。具体从京津冀三地物流业创新资源投入能力评价结果来看，北京物流业创新资源投入能力在京津冀整体水平上

下浮动，天津物流业创新资源投入能力多数情况下低于京津冀整体水平，河北物流业创新资源投入不断增强并超过京津冀整体水平。北京、天津的科技创新资源投入水平虽高于河北，但河北在京津冀协同发展中承接了大量制造产业，并被规划为全国现代商贸物流重要基地，河北省对物流业的固定资产投入相对较高，为河北物流业的发展提供基础支撑，这也在很大程度上提升了河北的物流业创新资源投入能力，使其在物流业创新资源投入方面保持较高水平。

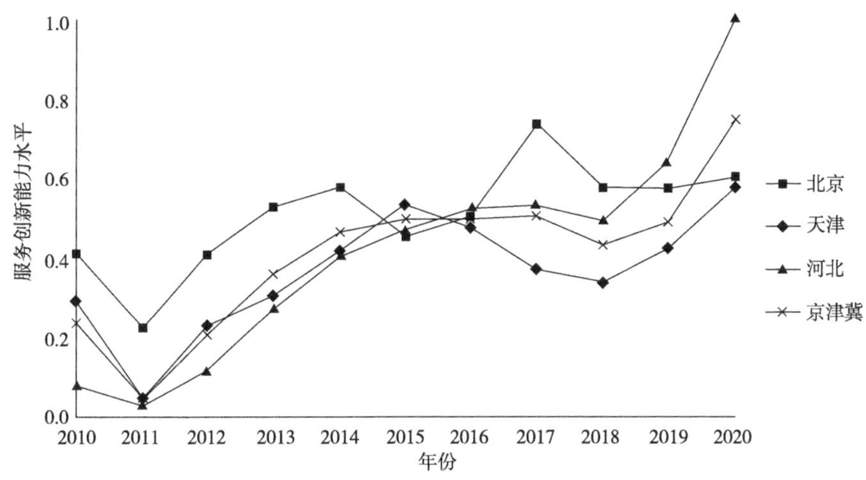

图 5.2 京津冀物流业创新资源投入能力评价值（2010—2020 年）

综上所述，京津冀整体的物流业创新资源投入能力发展态势良好。其中，河北交通区位优势明显，作为国家部署的京津冀物流业的战略重点，河北持续加大物流业的固定资产投入，加快速度完善自身的交通网络，为物流业提供良好的基础发展环境。北京和天津可形成创新引领智慧物流的发展定位，继续加强在研发经费、研发人员等方面的投入，并将创新成果扩散至河北，加强三地物流业协同发展的同时，助力三地物流业创新发展。此外，值得一提的是，天津作为制造研发基地，可为京津冀物流业提供先进的物流技术装备，但天津在物流业高技术人才等方面的投入相对不足，可通过相应的人才引进政策做出调整。

（2）创新成果产出能力。京津冀物流业创新成果产出能力主要包括物流技术装备和物流信息化两个方面。由图 5.3 可知，2010 年至 2020 年北京、天津、河北以及京津冀整体的物流业创新成果产出能力评价结果总体呈现波动上升趋势。根据京津冀三地物流业创新成果产出能力评价结果，总体来看，北京物流业创新成果产出能力与京津冀整体创新成果产出能力的变化趋势相接近，且对其产生较大影响。天津、河北物流业创新成果产出能力均表现出较大的波动，呈现急速上升或急速下降的趋势，物流业创新成果产出能力相对不稳定。北京不论在物流业专利产出方面还是物流业信息化水平方面，相应的创新成果产出实力都更为强大。物流业专利产出方面，2010 至 2018 年北京物流业专利授权数均高于天津；2010 至 2020 年，北京物流业专利授权数均值高出河北 30%。物流业信息化建设方面，北京有电子商务交易活动的企业有4 763家，天津和河北分别只有1 280家和1 556家。北京作为科技创新中心，其创新成果产出能力始终处于较高水平。天津和河北在《京津冀协同发展规划纲要》的指导下，相应的创新成果产出能力近年来也在不断提高，就物流业专利授权数而言，天津和河北 2018—2020 年平均增长率分别为 18%和 47%，超出北京 15%的年平均增长率。

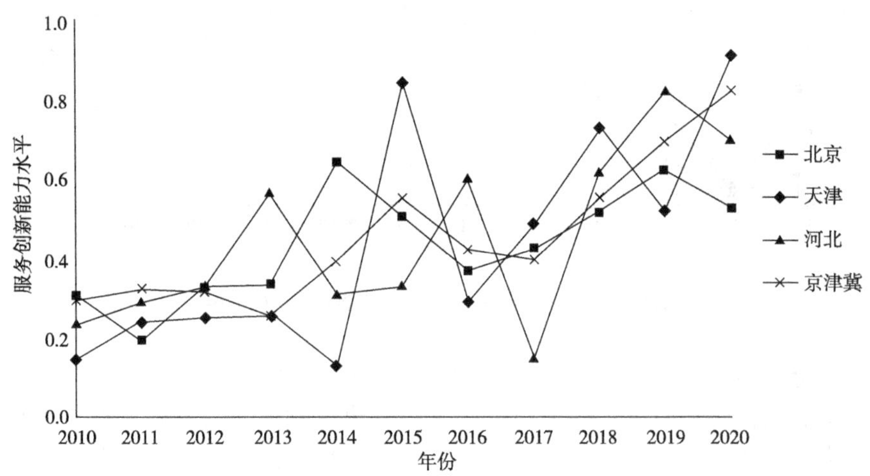

图 5. 3　京津冀物流业创新成果产出能力评价值（2010—2020 年）

综上所述，京津冀整体的物流业创新成果产出能力虽然存在一定范围内的波动，但整体发展态势良好。京津冀协同发展战略提出以后，商贸物流业逐渐成为河北现代服务产业的重点，大力推动河北物流业的创新发展，加快传统产业改造升级，促进新型产业加速成长，是河北高质量发展的一条路径。对于北京和天津而言，其整体创新发展水平较高，物流业作为服务型产业，与地区生产生活联系紧密，也应持续重视物流业的创新发展。

（3）创新主体主导能力。京津冀物流业创新主体主导能力主要包括物流企业经营和物流产业发展两个方面。由图 5. 4 可知，2010 年至 2020 年北京、

天津、河北以及京津冀整体的物流业创新主体主导能力评价结果总体呈现波动趋势。《京津冀协同发展规划纲要》《京津冀协同发展交通一体化规划》等政策的出台，给京津冀物流业特别是河北省物流业带来了新的发展机遇。总体来看，北京市物流业创新主体主导能力处于波动上升的状态，天津物流业创新主体主导能力出现大幅的波动，河北物流业创新主体主导能力与京津冀整体水平的变化趋势相接近，且在2019年后逐渐超越北京、天津两地。河北省物流业自2011年起就具有良好的发展态势，2015年京津冀协同发展战略的提出更是为河北物流业创造了新的发展机遇，因此，河北省物流业增加值持续处于较高水平。同时，京津冀协同发展的核心问题是疏解北京非首都功能，物流产业作为区域性质的服务业易聚集大量人口，北京部分物流园区发展受到限制，河北的优秀物流园区建设呈现增长态势。2020年，河北优秀物流园区数量为12个，优秀物流园区数量占京津冀比重达80%~90%。

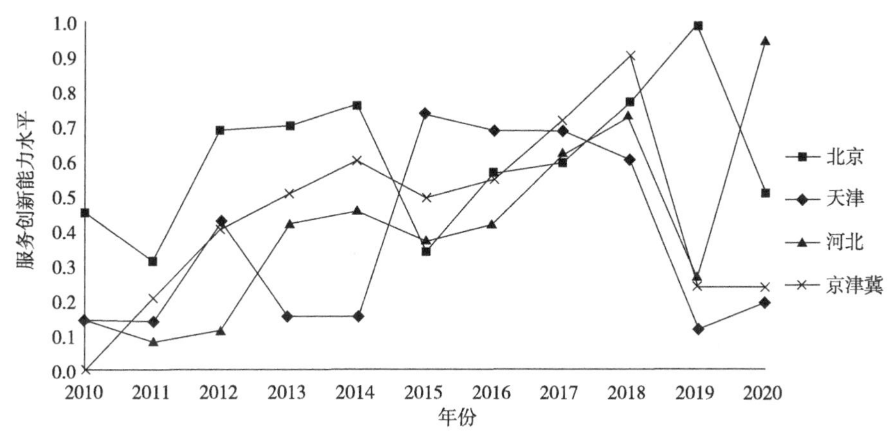

图5.4 京津冀物流业创新主体主导能力评价值（2010—2020年）

综上所述，京津冀整体的物流业创新主体主导能力发展态势稳中向好，可进一步促进京津冀物流业的创新发展。其中，河北物流企业的发展整体处于较优水平，尤其在京津冀协同发展战略提出以后，发展速度进一步加快。但值得注意的是，虽然河北的优秀物流企业数量远超北京，但优秀物流企业的营业收入却与北京相差较大，也反映出河北的优秀物流企业在创新方面还有所欠缺，还应注重物流企业的创新发展，为河北物流企业注入新的发展动力。

（4）创新服务作用能力。京津冀物流业创新服务作用能力主要包括物流基础服务和产业联动服务两个方面。由图5.5可知，2010年至2020年北京、天津、河北以及京津冀整体的物流业创新服务作用能力评价结果总体呈现稳定上升趋势，表明京津冀物流业在服务商流、方便生活、保障生产等方面一直处于持续增长的水平。物流业作为服务型产业，其进行服务创新的意义除了推动自身产业发展外，还要更好地服务于京津冀的生产生活。物流业创新服务作用能力较强，表明物流业的创新成果能在其服务过程中发挥最大的效用。从京津冀三地物流业创新服务作用能力评价结果来看，北京创新服务作用能力与京津冀整体相近且处于较高水平，天津创新服务作用能力多数年份低于京津冀整体水平但保持波动上升，河北创新服务作用能力低于京津冀整体水平。近年来，物流业的发展愈加蓬勃，并与京津冀生产生活的联系愈加密切，货运量和快递量不断增加，物流业对京津冀发展产生的影响也越来越大。北京、天津、河北在物流业发展的过程中也在不断扩大物流业的影响力，并将物流业与其他产业进行紧密关联。

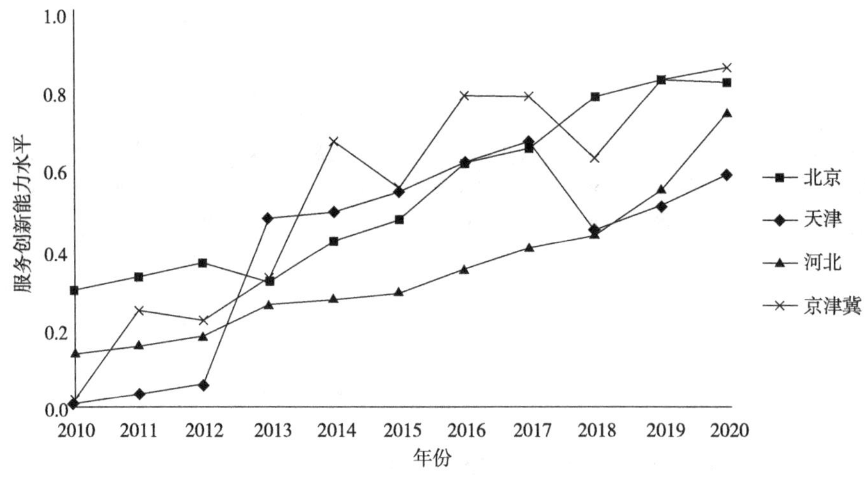

图 5.5　京津冀物流业创新服务作用能力评价值（2010—2020 年）

综上所述，京津冀整体的物流业创新服务作用能力发展态势持续向好。特别是河北承接了北京非首都功能疏解和京津产业转移，推进了京津冀协同发展，随着产业协同项目的落地，河北产业集聚效应成果也正在显现。但河北物流业产业联动服务作用能力的不足将制约河北物流业与其他产业的联动发展，从而削弱河北产业集聚效应的成果，在京津冀三地中，还应重点加强河北物流业与其他产业的联动发展。而北京和天津的物流业创新服务作用能力处于较高水平，在保持较高水平的同时还应持续加强物流业与其他产业的联动发展。

（5）创新环境支撑能力。京津冀物流业创新环境支撑能力主要包括政策环境、经济环境和设施环境三个方面。由图5.6可知，2010年至2020年北京、天津、河北以及京津冀整体的物流业创新环境支撑能力评价结果总体呈现波动上升趋势。2010年至2013年京津冀物流业创新环境支撑能力持续平稳发展，但是2013年以来我国经济逐步进入增长速度换挡期、结构调整阵痛期、前期刺激政策消化期叠加的阶段，京津冀物流产业也逐渐进入转变发展方式、优化经济结构、转换增长动力的时期，整体创新环境处于不断变化的状态。从京津冀三地物流业创新环境支撑能力评价结果来看，北京、天津和河北物流业创新环境支撑能力与京津冀整体水平相一致，但在具体的设施环境建设方面，河北的物流基础设施建设相对优于北京、天津两地。2010—2020年，河北交通运输线路长度平均为18.73万千米，占京津冀总长度的80%以上，而北京和天津交通运输线路长度均值仅为2.32万千米和1.70万千米。河北省综合交通运输体系和信息网络技术日趋完善，为其物流产业的发展奠定了一定的物质基础。

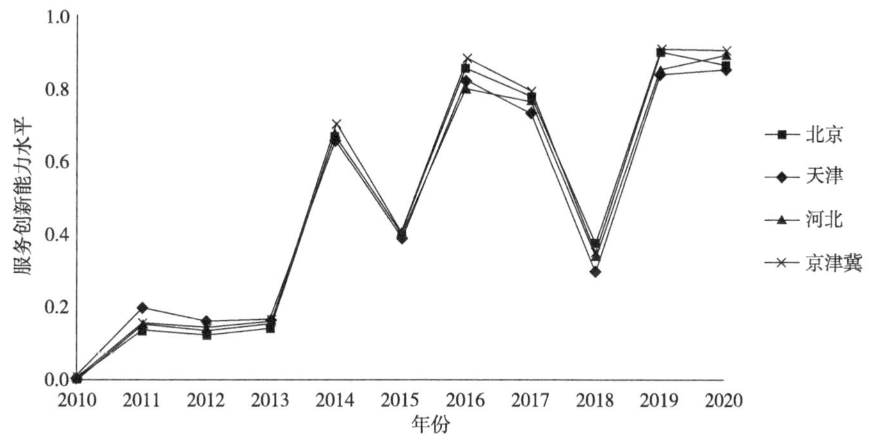

图5.6　京津冀物流业创新环境支撑能力评价值（2010—2020年）

综上所述，京津冀整体的物流业创新环境支撑能力发展态势较好。创新环境是京津冀物流业服务创新发展的重要依托，创新环境支撑能力的稳定增长，对物流业服务创新发展的可持续性将产生较强的正向影响。河北在大力建设物流业基础设施的同时，其政府部门应更为重视物流业的创新发展，出台相关政策及规划，鼓励物流企业打破行政壁垒开展创新活动，同时吸引更多物流人才重回河北。北京和天津也应配合出台相关支持政策，以此促进京津冀三地物流业的协同发展，为物流业服务创新能力提升营造良好的创新

环境。

5.3.3.2 京津冀物流业服务创新能力整体分析

通过对北京、天津、河北的创新资源投入能力、创新成果产出能力、创新主体主导能力、创新服务作用能力以及创新环境支撑能力的分析，我们将对北京、天津、河北以及京津冀整体的物流业服务创新能力评价结果进行描述。

（1）服务创新能力各构成能力分析。由图5.7可知，2010年至2020年京津冀物流业的服务创新能力由0.19增至0.80，11年间增长率高达321.05%，呈稳步上升趋势。从物流业服务创新能力的五个构成能力来看，创新资源投入能力在2012年至2015年间与服务创新能力整体水平接近，2015年以后出现一定程度下滑。随着社会经济进入高质量发展阶段，经费投入趋于饱和，新技术的持续投入与应用会减弱人员投入水平。创新成果产出能力围绕京津冀服务创新能力上下波动，这表明创新成果产出能力与京津冀协同发展速度是吻合的。自2017年以来，北京创新驱动逐步发力，天津质量效益稳步提升，河北转型升级成效明显，创新成果产出能力相应呈现出快速提高的趋势。创新环境支撑能力在2014年后呈现出波动状态，一方面受到2014年提出京津冀协同发展相关内容的影响，另一方面整体经济环境的转变也推动创新环境的变化。2014年后，创新环境支撑能力保持在较高的水平，为京津冀协同发展提供了良好的创新环境。创新主体主导能力保持上升的趋势，但近两年由于疫情等突发事件影响了中小型物流企业创新发展，物流业创新主体主导能力需要一定时间的恢复。创新服务作用能力与整体上升速度相近，近年来

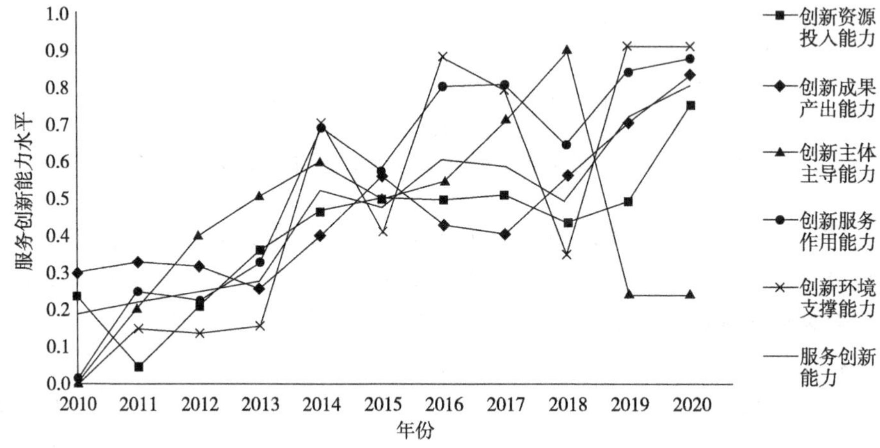

图5.7 京津冀物流业服务创新能力评价值（2010—2020年）

都保持了较高的增长速度，表明京津冀物流业的物流企业经营及物流产业与其他产业联动发展的态势良好。

综上所述，京津冀物流业服务创新能力及其五种能力均处于较优态势。创新资源投入能力是京津冀物流业开展创新活动的前提条件，应继续维持较高水平的资金和人员投入。创新成果产出能力是京津冀物流业服务创新专利等成果的重要体现，在很大程度上决定了服务创新能力的高低。创新主体主导能力和创新服务作用能力近年来发展态势较好，表明京津冀物流业自身产业发展以及与其他产业联动发展态势良好，极大地促进了物流业服务创新能力的提升。创新环境支撑能力是京津冀物流业创新发展的重要基础，京津冀协同发展还需构建完善的物流业高质量发展的政策环境并保持相对稳定。

（2）三地物流业服务创新能力分析。由图 5.8 可知，北京、天津、河北物流业服务创新能力从 2010 年至 2020 年均有一定幅度的提升，其中河北物流业服务创新能力提升最快。河北在京津冀协同发展中的定位是全国现代商贸物流重要基地、产业转型升级试验区等，河北物流业的快速发展也是河北功能定位逐渐清晰化的重要体现之一，但河北物流业服务创新能力的提升也在很大程度上得益于其商贸物流重要基地的建设，在服务创新方面还有待进一步加强。尽管河北省物流业服务创新能力提升较快，但十年间的波动也较为剧烈，表明河北物流业服务创新能力发展的可持续性不足，需要进一步加强其稳定性。从图中可观察到，北京物流业服务创新能力一直保持相对稳定且处于较高水平，尽管近两年受到外部突发事件的影响出现明显下降，但能在较短时间恢复至原有的水平，也是北京市物流产业韧性的体现。天津在

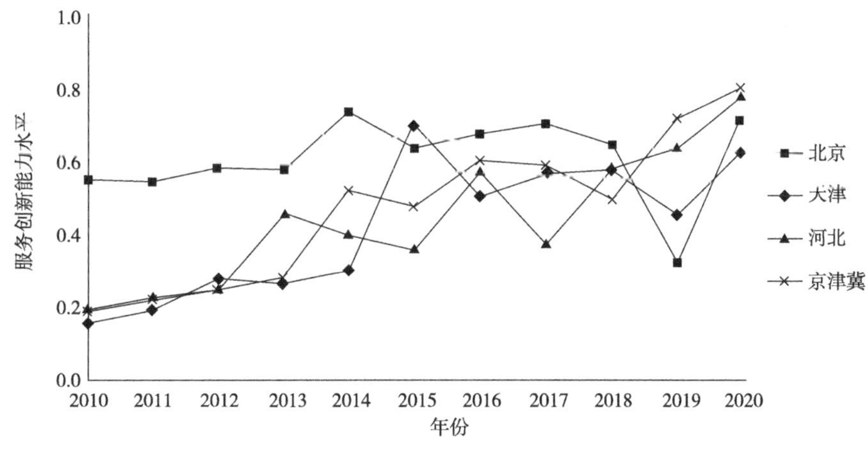

图 5.8　京津冀物流业服务创新能力评价值（2010—2020 年）

2015年服务创新能力得到大幅提升并在此后发展稳定。值得关注的是，京津冀整体物流业服务创新能力从2010年至2020年的提升率为322.62%，优于北京、天津、河北的平均提升率，表明了京津冀协同发展对整体物流业服务创新能力的提升具有显著的正向作用。

京津冀物流业服务创新能力虽然在一定范围内波动，但整体上各地以及城市群的物流业服务创新能力持续提升。其中，河北物流业的发展相对较快，但相较于北京，河北省物流业创新性不足，应尽快出台相关政策予以调整。同时，还应注意河北物流业发展的稳定性，这也会在一定程度上影响其可持续性。

5.4 本章小结

本章的主要研究内容及结论如下：遵循评价指标体系设计的目标及科学性、实用性、独立性等原则，在考虑物流业创新能力的服务属性的背景下，构建了以创新资源投入能力、创新成果产出能力、创新主体主导能力、创新服务作用能力、创新环境支撑能力五种能力组成的，具有27个三级指标的物流业服务创新能力评价指标体系；选取适当的指标赋权方法，开展评价指标的权重赋值，其中创新成果产出能力权重最大，其次是创新服务作用能力，创新主体主导能力、创新资源投入能力和创新环境支撑能力权重依次减小，得到了完整的物流业服务创新能力评价指标体系；将构建的评价指标体系应用于京津冀物流业服务创新能力的评价中，并结合京津冀协同发展政策及发展现状，从不同角度对评价结果进行分析，解释京津冀物流业服务创新能力评价结果的成因，并提出了促进京津冀物流业服务创新能力提升的相关建议。

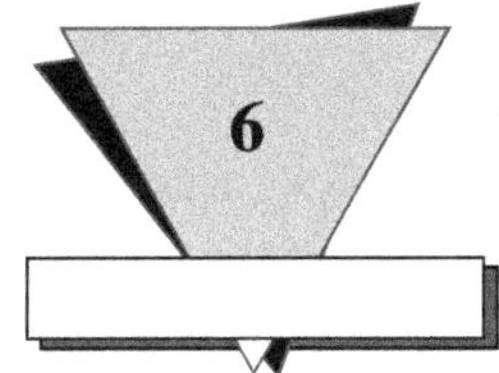

京津冀物流业服务创新能力优化模型

上一章基于能力构成视角，将物流业服务创新能力划分为创新资源投入能力、创新环境支撑能力、创新主体主导能力、创新成果产出能力和创新服务作用能力，据此构建了物流业服务创新能力评价指标体系并进行赋权，进而对京津冀城市群及三地的物流业服务创新能力进行评价分析。在京津冀城市群这样一个较为复杂的创新环境中，不仅要从产业自身出发关注物流业服务创新能力，还要围绕京津冀城市群的创新环境展开探讨。创新环境的概念最早由1985年成立的欧洲创新研究小组（GREMI）提出，后经国内外学者的不断拓展，逐渐形成了较为完整的框架体系。已有文献资料表明，产业在发展过程中对创新环境具有较强的依赖性，良好的创新环境有助于产业优化创新资源配置，增强技术创新效率，以及加速创新成果转化，故不同的创新环境将对物流业服务创新能力产生不同的影响，使得服务创新能力展现出不同的发展态势。

本章引入系统思想，将京津冀物流业服务创新能力及其各因素的相互关系看作一个“系统”。在明确系统动力学的原理及建模目的后，选取物流业服务创新能力的重要影响因素，基于差异化和协同化并存的视角，加入京津冀城市群创新环境的相关影响因素，构建系统动力学模型的因果关系图，讨论各影响因素间的数学关系，并据此得出存量流量图，并对系统动力学模型进行仿真分析，设置不同情境进行模拟分析，进而根据模拟结果提出优化建议。本书基于已有结论，运用系统动力学的研究方法，进一步探究京津冀物流业服务创新能力的提升路径。

6.1 系统动力学模型构建基础

6.1.1 系统动力学概述

系统动力学（system dynamics，SD）是系统科学理论与计算机仿真紧密结合、研究系统反馈结构与行为的一门科学，是系统科学与管理科学的一个重要分支。系统动力学认为，系统的行为模式与特性主要取决于其内部的结构。反馈是指X影响Y，反过来Y通过一系列的因果链来影响X；我们不能通过孤立分析X与Y或Y与X的联系来分析系统的行为，只有把整个系统作为一个反馈系统才能得出正确的结论。由于非线性因素的作用，高阶次复杂时变系统往往表现出反直观的、千姿百态的动态特性。系统动力学研究处理复杂系统问题时采取的是定性与定量结合、系统综合推理的方法，其建模过程就是一个学习、调查、研究的过程。系统动力学模型可作为实际系统，特别是社会、经济、生态复杂大系统的“实验室”。模型的主要功用在于向人们提供一个进行学习与政策分析的工具，并使决策群体或整个组织逐步成为学习型组织。

系统动力学最早是由学者弗雷特斯（J. W. Forrester）提出的，经过几十年的发展，目前已经广泛适用于经济、管理、科技、社会、生态等多个领域，研究涉及社会科学和自然科学。系统动力学是一种集系统论、结构论、控制论、决策论、信息理论、计算机仿真技术等理论和技术于一身的研究方法，同时也是一门用来分析和解决系统问题的综合交叉型学科。系统动力学立足于系统整体和部分之间的内在联系，通过考察系统内部构成要素之间的联动和反馈来研究系统的行为和功能。系统内部构成要素之间存在着一定的因果关系，而系统内部要素与要素间的动态变化，也将随着因果关系进入下一个环节，进而形成因果关系链，并沿着这种关系链进行传递。若起始节点要素通过因果关系链的一系列要素联动最终反馈到初始节点要素，并引发下一个时间节点的要素联动，那么这条因果关系链将构成一个因果回路。因果回路上的要素联动和反馈能够反映系统要素动态变化规律，也可以理解为系统动力学模型中的动态均衡表现。

系统动力学的建模过程是一个定性与定量相结合的研究过程，依据系统内信息反馈机制，建立要素与要素之间的数学关系表达式，借助计算机仿真语言实现对真实系统的模拟分析，描述系统构成要素在因果关系作用下的动态变化，进而揭示系统整体发展规律。在确定建模目的和明确需要探究的问题后，首先要通过定性分析确定系统边界，边界确定应合理并且尽可能缩小边界的范围，剔除非必要影响因素。其次是建立系统动力学模型，确定因果关系图、存量流量图以及变量方程式等。因果关系图刻画的是系统构成要素之间的反馈关系，包括正反馈关系和负反馈关系；存量流量图主要是根据因果关系图来呈现系统构成要素之间的传递关系；变量方程式一般采用数学关系式进行表达，用来描述系统构成要素之间存在的某种关联。再次是模型的测试与仿真，测试模型可用性并分析仿真结果，不断弥补模型缺陷直至模型能够很好地反映实际情况。最后是进行结果分析与决策提出，通过参数的调控得到多个仿真结果，对其进行分析、修改、评价等，通过反复调试系统形成恰当的策略方案。具体的建模步骤如图 6.1 所示。

随着系统动力学的应用越来越广泛，仿真工具也变得多样化，目前在相关研究中应用最广泛的是 VENSIM 仿真软件。VENSIM 软件在绘制因果关系图和存量流量图等方面操作简便，在建立模型的同时能够更好地了解变量间的因果关系。本书也将运用 VENSIM 软件进行模型的设计构建与仿真分析。

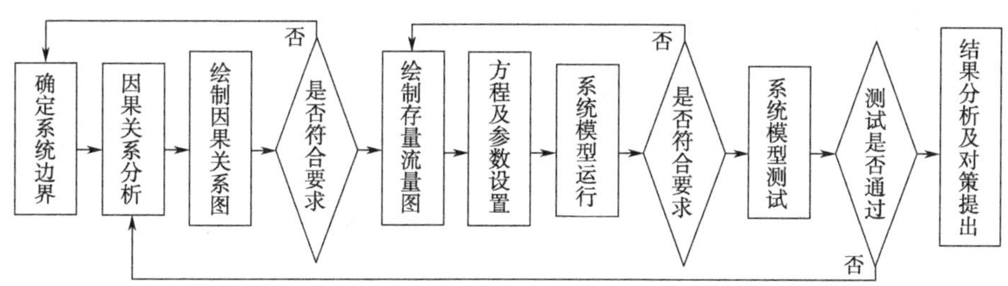

图 6.1 系统动力学建模步骤

6.1.2 建模原理

(1) 结构与功能原理。系统是结构与功能的统一体。建模的过程就是分析系统内各组成部分的相互关系以及其与系统外的信息交换等，将上述关系反映到模型结构中，才能实现系统的功能，即尽可能地反映现实系统的真实情况。

(2) 明确与面向原理。构建模型时需要做到明确建模目的、面向所要解决的问题、面向动态过程、面向模型应用。建模过程中要时刻记住建模目的，保证模型构建的大方向准确，始终围绕需要解决的问题，根据系统动态的反馈过程，研究模型的实际应用。

(3) 分解与综合原理。在模型的构建和仿真过程中，要对系统进行合理的拆分与合并。在分析系统时，应先分解系统结构，以保证处理起来更为清晰，但在后面对模型开始仿真时，应将系统综合起来，从整体的视角出发进行分析。只有这样，模型才能更好地反映系统的结构和功能，进而更好地解决实际问题。

(4) “实验室”原理。系统动力学模型可以说是现实研究系统的“实验室”，是对实际系统的反映，但也只能在一定程度上反映现实系统。系统动力学模型做不到完全等同于一个真实系统，追求对实际情况的完美复制既不切实际和难以实现，也不一定存在现实意义。所以，只要找准需要解决的问题，建立能够解决问题的系统动力学模型即可。

(5) 相对有效原理。实践是检验真理的唯一标准，系统动力学模型构建完成后，需要检验模型是否与实际情况一致。然而，人们对系统的认识是一个随着阅历增加而不断改进的过程，不可能是一蹴而就的。因此，构建的模型不可能是最好的模型，只能是在一定时间内面对特定问题时相对的最为有效的模型，即相对有效模型。

6.1.3 建模目的

构建京津冀物流业服务创新能力提升的系统模型，希望通过系统动力学模型模拟近年来京津冀物流业服务创新能力的发展态势，观察各影响因素在系统模型中的作用，识别影响京津冀物流业服务创新能力的关键因素，并对上述变量进行控制，进一步寻找京津冀物流业服务创新能力的提升路径，实现物流业创新发展的良性循环。

将影响物流业服务创新能力的主要因素纳入系统动力学模型中，并考虑京津冀城市群的复杂环境影响，对系统动力学模型中的影响因素进行适当补充，进而梳理系统中全部影响因素间的相互关系。通过设计有效的模拟仿真方案，利用系统动力学软件对京津冀物流业服务创新能力的系统动力学模型进行仿真模拟，从而寻找影响京津冀物流业服务创新能力提升的关键影响因素，提出促进京津冀物流业服务创新能力提升的路径、对策及建议。

6.2 系统动力学模型设计与构建

6.2.1 系统构建思路

完整的城市群产业创新系统是一个涉及多种因素的复杂大系统。为了确定系统的边界，剔除不必要的影响因素，本书根据京津冀物流业服务创新能力系统模型构建的目的和需求，有侧重地选取两个方面的相关内容。

一是探讨物流业服务创新能力与创新资源投入能力、创新成果产出能力、创新主体主导能力以及产业联动所体现的创新服务作用能力之间的关系。本书选用两阶段创新模型来进行描述（如图 6.2 所示），即物流业服务创新从创新资源投入到创新成果产出，再到创新主体主导转化为创新经济效益这一过程，物流业服务创新过程可以反映物流业为追求创新发展所进行的主动性创新。对于服务作用能力，在一般经济活动中，各产业都需要其他产业提供产出作为自身的要素供给，同时将自身产出提供给其他产业，即产业关联。基础性的功能决定了物流业对其他产业作用的广泛性，物流业的服务创新必然要依托其他产业，也将影响和带动其他产业，上述过程可以反映出物流业为实现与其他产业的联动发展所进行的反应性创新。

二是在差异化与协同化并存的视角下，考虑京津冀城市群的创新环境，即城市群功能定位、产业结构、经济差距等方面对物流业服务创新能力产生的影响。京津冀物流业进行服务创新需要依托于城市群这样一个较为复杂的

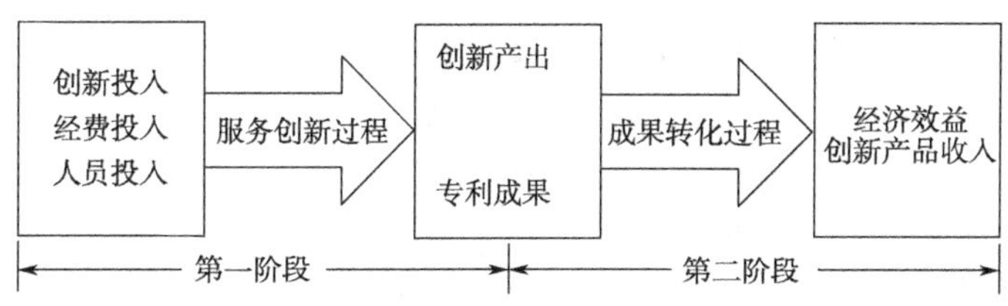

图 6.2 两阶段创新模型

创新环境。关于功能定位，城市群能够在一定区域内有效整合并调动创新资源，功能定位的清晰化不但可以实现城市群的协同发展，而且对于促进城市群创新资源的高效流动、为城市群创造良好的创新环境也具有重要意义。关于经济差距，区域经济发展不平衡是一个普遍性问题，在城市群的发展过程中，经济差距决定着城市群整体的经济水平，经济基础是衡量城市群是否具备创新能力的重要标准。关于产业结构，城市群中的产业创新能力在很大程度上取决于其产业基础，也就是产业结构是否合理化发展，产业结构合理化是走向产业结构高级化的前提条件和必要条件。因此，本书将从上述两大层面进行京津冀物流业服务创新能力系统动力学模型的设计与构建。

6.2.2 基本假设

为了保证模型的可操作性且不与实际情况相背离，考虑到数据的限制、现实系统的复杂性，本书提出两个基本假设：一是京津冀物流业的服务创新过程是连续的；二是不考虑外部环境发生重大变化等非正常因素造成的情况突变。

6.2.3 因果关系图

根据上述京津冀物流业服务创新能力系统的构建思路，得出京津冀物流业服务创新能力系统的因果关系图（如图 6.3 所示）。以下将从物流业服务创新经济效益、产业联动发展服务创新需求、城市群功能定位清晰化程度、城市群经济发展差距、城市群产业结构合理化程度五个部分来对因果关系图进行阐述。

（1）物流业服务创新经济效益。在京津冀物流业进行服务创新产生经济效益的全过程中，创新资源投入除了受经费投入和人员投入影响外，政府对物流业的关注程度也会影响创新资源投入的配置。创新成果产出由创新资源投入和创新投入产出系数等因素共同影响，创新资源投入越多，创新投入产

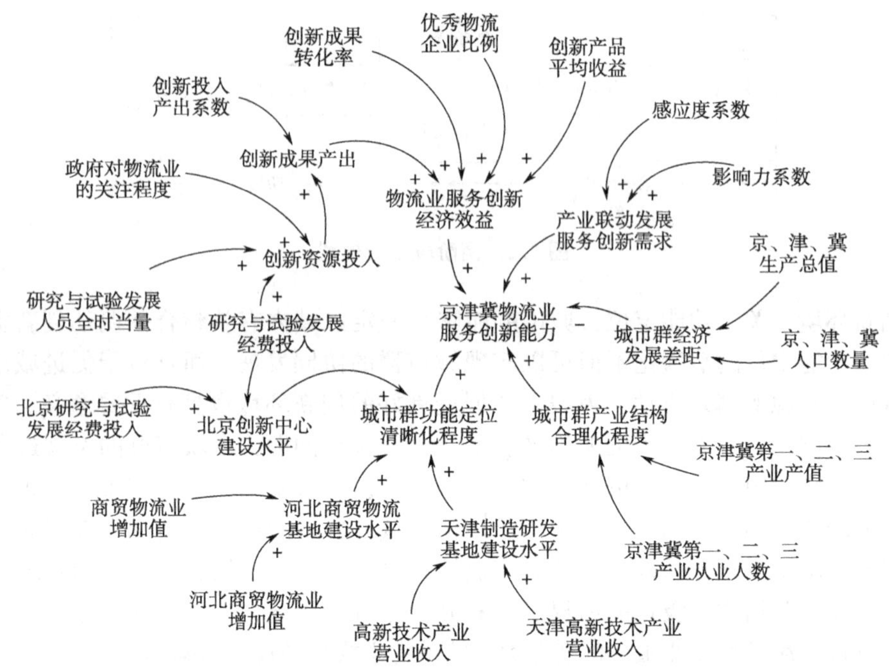

图 6.3　物流业服务创新能力系统因果关系图

出系数越大，物流业相关的创新成果产出越高。物流业服务创新经济效益由创新成果产出、创新成果转化率、优秀物流企业比例、创新产品平均收益等因素共同影响，创新成果转化率影响创新成果中的服务创新产品数量，优秀物流企业比例影响服务创新产品的质量，服务创新产品的数量和质量以及创新产品的平均收益共同形成物流业服务创新经济效益。上述因素与物流业服务创新经济效益均呈现正相关关系，物流业的主动性创新需求对物流业的服务创新能力将产生正向影响。

（2）产业联动发展服务创新需求。产业联动发展服务创新需求由影响力系数和感应度系数两因素共同影响。影响力系数是指京津冀物流业对其他产业影响的相对水平，感应度系数是指京津冀物流业受到城市群内其他产业影响的相对程度。影响力系数较大的产业是城市群中的龙头产业，对于城市群的经济发展具有重要的牵引作用。优先发展龙头产业，可以起到带动城市群内其他产业发展的显著作用。感应度系数较大的产业是城市群中的基础或制约产业，对于整个社会经济具有重要的推动作用，当上述产业的发展水平滞后时，将会形成产业和经济发展的瓶颈，制约城市群中其他产业的发展。因

此，京津冀物流业的感应度系数和影响力系数越大，越需要进行服务创新，创新需求对物流业的服务创新能力也将产生正向影响。

（3）城市群功能定位清晰化程度。根据京津冀协同发展规划，京津冀三地主要功能定位各不相同，北京为科技创新中心，天津为全国先进制造研发基地，河北为全国现代商贸物流重要基地。北京科技创新中心建设水平由北京研究与试验发展经费投入和京津冀研究与试验发展经费投入两因素共同影响，北京研究与试验发展经费投入占京津冀研究与试验发展经费投入的比例越大，科技创新中心建设水平越高。天津制造研发基地建设水平由天津高技术产业营业收入和京津冀高技术产业营业收入两因素共同影响，天津高技术产业营业收入占京津冀高技术产业营业收入的比例越大，表明天津制造研发基地建设水平越高。河北商贸物流基地建设水平由河北商贸物流业增加值和京津冀商贸物流业增加值两因素共同影响，与北京、天津相同，河北商贸物流业增加值占京津冀商贸物流业增加值的比例越大，意味着河北商贸物流基地建设水平越高。上述三地建设水平越高，意味着京津冀城市群协同发展下的功能定位清晰度越高，在个体差异化的基础上实现整体协同化发展，有助于创新资源要素在三地高效有序流动，为京津冀物流业创新发展提供良好的创新环境，有利于物流业服务创新能力的提升。

（4）城市群经济发展差距。经济基础是京津冀城市群创新环境的重要影响因素，城市群经济发展差距由三地的生产总值、人口数量等因素共同影响。京津冀城市群作为一个整体，三地资源禀赋和功能定位的差异会导致区域间的经济发展存在一定差距，但过大的差距会制约城市群整体协同发展水平，对京津冀物流业服务创新能力产生一定的负向影响。

（5）城市群产业结构合理化程度。产业发展水平也会影响京津冀城市群创新环境，城市群产业结构合理化程度由京津冀第一、二、三产业产值及产业从业人数等因素共同影响。城市群产业结构合理化程度越高，各产业将更加依靠创新带动产业发展，对京津冀物流业服务创新能力的提升具有促进作用。

6.2.4 存量流量图

根据京津冀物流业服务创新系统因果关系图和系统运行机制，考虑各指标数据的可获得性，建立了京津冀物流业服务创新系统存量流量图（如图6.4所示）。该系统的输入量和输出量分别为京津冀物流业服务创新能力的提升和衰减两个部分。提升部分由物流业创新、城市群功能定位、城市群产业结构共同构成，对该系统产生正向影响；衰减部分由城市群经济、城市群功能定位、城市群产业结构共同构成，对该系统产生负向影响。值得注意的是，城市群的功能定位和产业结构与该系统的提升和衰减均存在一定关系，在功能定位逐渐清晰化、产业结构逐渐合理化时，上述因素对系统的影响是正向的，反之则是负向的。

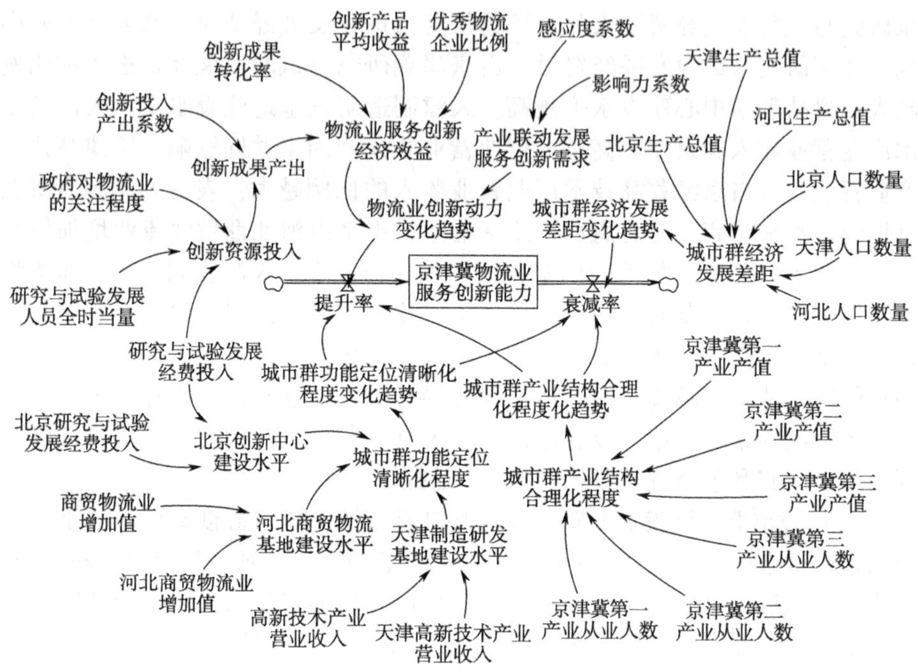

图 6.4　物流业服务创新能力系统存量流量图

其中，对物流业服务创新经济效益、城市群经济发展差距、城市群产业结构合理化程度三者间的函数关系做如下说明。

6.2.4.1 “物流业服务创新经济效益”的函数设置

在创新投入产出分析中，采用柯布—道格拉斯生产函数，其模型表达式为：

$$P_t = A_t R_t^{\beta} S^{\gamma}{}_t$$

两边取对数得到：

$$\log P_t = \log A_t + \beta \log R_t + \gamma \log S_t$$

式中，P_t是专利数，A_t 是系数，R_t是科研资金，S_t是从事科研的科学家与工程师人数。

本研究使用 SPSS 软件，对京津冀物流业服务创新能力的投入和产出进行

回归分析，得到如下结果：$A_t=-23.508$，$\beta=4.397$，$\gamma=-2.713$。

模型中，科研资金指研究与试验发展经费投入，从事科研的科学家与工程师人数指研究与试验发展人员全时当量，系数指创新投入产出系数，专利数则指创新成果产出。

6.2.4.2 “城市群经济发展差距”的函数设置

区域发展差距的测度指标主要包括基尼系数、泰尔指数、变异系数。其中，泰尔指数是广义熵（GE）的一种特殊形式，最初由泰尔（Theil）用来计算国家间的收入差异，之后被广泛运用于不同维度的区域比较之中。泰尔指数最大的优点在于可以将区域间的总体差异分解为组内差异和组间差异，从而能够观察和揭示组内差异和组间差异各自变动的方向和变动幅度，现已被广泛应用于计算区域整体差异，以及区域间差异的实证研究。本书选用泰尔指数来反映京津冀区域间的经济发展差距，其计算公式为：

$$T=\sum_{i=1}^{n} Y_i \ln \frac{Y_i}{P_i}$$

式中，n 为城市数量，Y_i 是 i 市的 GDP 份额，P_i 是 i 市的人口份额。

模型中，城市数量为北京、天津、河北三个区域城市数量，GDP 份额分别为各地的生产总值占京津冀生产总值的比例，人口份额分别为各地的人口数量占京津冀人口数量的比例。

6.2.4.3 “城市群产业结构合理化程度”的函数设置

产业结构合理化指的是产业间的聚合质量，一方面是产业之间协调程度的反映，另一方面还应当是资源有效利用程度的反映。也就是说，产业结构合理化是要素投入结构和产出结构耦合程度的一种度量。

采用结构偏离度对产业结构合理化进行度量，其公式为：

$$E=\sum_{i=1}^{n}\left|\frac{Y_i/L_i}{Y/L}-1\right|=\sum_{i=1}^{n}\left|\frac{Y_i/Y}{L_i/L}-1\right|$$

式中，E 表示产业结构偏离度，Y 表示产业产值，L 表示产业就业人数，i 表示产业，Y_i/Y 表示产出结构，L_i/L 表示就业结构，Y/L 表示生产率。

本书引入泰尔指数并对泰尔指数进行重新定义。泰尔指数可用于研究区域收入差距问题，也可用于度量产业结构合理化程度，其计算公式如下：

$$TL=\sum_{i=1}^{n}\left(\frac{Y_i}{Y}\right)\ln\left(\frac{Y_i}{L_i}/\frac{Y}{L}\right)$$

泰尔指数考虑了产业的相对重要性并避免了绝对值的计算，同时它还保留了结构偏离度的理论基础和经济含义。根据经济学假设，经济最终处于均衡状态时各产业生产率水平相同，如果经济处于均衡状态下，泰尔指数为 0，否则，表明产业结构偏离了均衡状态，产业结构不合理。在模型中，按京津冀第一、二、三产业进行划分，产业产值分别为京津冀第一、二、三产业产值，产业就业人数分别为京津冀第一、二、三产业从业人数。

综上所述，系统动力学模型中主要变量函数设置如表 6.1 所示。

表 6.1　系统动力学模型中主要变量函数设置

变量名称	函数设置
创新资源投入	（研究与试验发展经费投入×政府对物流业的关注程度）^（4.397）×（研究与试验发展人员全时当量×政府对物流业的关注程度）^（-2.713）
创新成果产出	创新资源投入×创新投入产出系数
物流业服务创新经济效益	创新成果产出×创新成果转化率×创新产品平均收益×优秀物流企业比例
物流业创新动力变化趋势	（物流业服务创新经济效益×产业联动发展需求-delay1（物流业服务创新经济效益×产业联动发展需求，1））/delay1（物流业服务创新经济效益×产业联动发展需求，1）
城市群功能定位清晰化程度	sqrt（（北京创新中心建设水平^2）+（天津制造研发基地建设水平^2）+（河北商贸物流基地建设水平^2））/sqrt（3）
城市群功能定位清晰化程度变化趋势	（城市群功能定位清晰化程度-delay1（城市群功能定位清晰化程度，1））/delay1（城市群功能定位清晰化程度，1）
城市群经济发展差距	（北京生产总值/（北京生产总值+天津生产总值+河北生产总值））×ln（（北京生产总值/（北京生产总值+天津生产总值+河北生产总值））/（北京人口数量/（北京人口数量+天津人口数量+河北人口数量）））+（天津生产总值/（北京生产总值+天津生产总值+河北生产总值））×ln（（天津生产总值/（北京生产总值+天津生产总值+河北生产总值））/（天津人口数量/（北京人口数量+天津人口数量+河北人口数量）））+（河北生产总值/（北京生产总值+天津生产总值+河北生产总值））×ln（（河北生产总值/（北京生产总值+天津生产总值+河北生产总值））/（河北人口数量/（北京人口数量+天津人口数量+河北人口数量）））
城市群经济发展差距变化趋势	（城市群经济发展差距-delay1（城市群经济发展差距，1））/delay1（城市群经济发展差距，1）

续表

变量名称	函数设置
城市群产业结构合理化程度	（京津冀第一产业产值/（京津冀第一产业产值+京津冀第二产业产值+京津冀第三产业产值））×ln（（京津冀第一产业产值/（京津冀第一产业产值+京津冀第二产业产值+京津冀第三产业产值））/（京津冀第一产业从业人数/（京津冀第一产业从业人数+京津冀第二产业从业人数+京津冀第三产业从业人数）））+（京津冀第二产业产值/（京津冀第一产业产值+京津冀第二产业产值+京津冀第三产业产值））×ln（（京津冀第二产业产值/（京津冀第一产业产值+京津冀第二产业产值+京津冀第三产业产值））/（京津冀第二产业从业人数/（京津冀第一产业从业人数+京津冀第二产业从业人数+京津冀第三产业从业人数）））+（京津冀第三产业产值/（京津冀第一产业产值+京津冀第二产业产值+京津冀第三产业产值））×ln（（京津冀第三产业产值/（京津冀第一产业产值+京津冀第二产业产值+京津冀第三产业产值））/（京津冀第三产业从业人数/（京津冀第一产业从业人数+京津冀第二产业从业人数+京津冀第三产业从业人数）））
城市群产业结构合理化程度变化趋势	（城市群产业结构合理化程度-delay1（城市群产业结构合理化程度，1））/delay1（城市群产业结构合理化程度，1）
提升率	（if then else（城市群功能定位清晰化程度变化趋势>0，if then else（城市群产业结构合理化程度变化趋势<0，exp（物流业创新动力变化趋势）×（1+exp（城市群功能定位清晰化程度变化趋势））×（1+exp（城市群产业结构合理化程度变化趋势）），exp（物流业创新动力变化趋势）×（1+exp（城市群功能定位清晰化程度变化趋势））），if then else（城市群产业结构合理化程度变化趋势<0，exp（物流业创新动力变化趋势）×（1+exp（城市群产业结构合理化程度变化趋势）），exp（物流业创新动力变化趋势））））
衰减率	（if then else（城市群功能定位清晰化程度变化趋势<0，if then else（城市群产业结构合理化程度变化趋势>0，exp（城市群经济发展差距变化趋势）×（1+exp（城市群功能定位清晰化程度变化趋势））×（1+exp（城市群产业结构合理化程度变化趋势）），exp（城市群经济发展差距变化趋势）×（1+exp（城市群功能定位清晰化程度变化趋势））），if then else（城市群产业结构合理化程度变化趋势>0，exp（城市群经济发展差距变化趋势）×（1+exp（城市群产业结构合理化程度变化趋势）），exp（城市群经济发展差距变化趋势））））
京津冀物流业服务创新能力	提升率-衰减率

6.3 模拟仿真与分析

为清晰体现京津冀城市群物流业服务创新能力变化趋势，探究城市群物流业服务创新能力优化路径，本书使用 VENSIM 软件对 2010—2020 年京津冀城市群物流业服务创新能力进行仿真与分析，其中变量仿真时的数据信息如表 6.2 所示。

表 6.2 系统动力学变量信息

变量名称	变量类型	变量单位	数据来源
政府对物流业的关注程度	辅助变量	无	中央政府网、中国物流与采购网
京津冀研究与试验发展人员全时当量	辅助变量	人年	国家统计局
京津冀研究与试验发展经费投入	辅助变量	万元	国家统计局
北京研究与试验发展经费投入	辅助变量	万元	国家统计局
京津冀商贸物流业增加值	辅助变量	亿元	国家统计局
河北商贸物流业增加值	辅助变量	亿元	国家统计局
京津冀高新技术产业营业收入	辅助变量	亿元	中国高技术产业统计年鉴
天津高新技术产业营业收入	辅助变量	亿元	中国高技术产业统计年鉴
京津冀第一产业从业人数	辅助变量	万人	国家统计局
京津冀第二产业从业人数	辅助变量	万人	国家统计局
京津冀第三产业从业人数	辅助变量	万人	国家统计局
京津冀第一产业产值	辅助变量	亿元	国家统计局
京津冀第二产业产值	辅助变量	亿元	国家统计局
京津冀第三产业产值	辅助变量	亿元	国家统计局
北京人口数量	辅助变量	万人	国家统计局
天津人口数量	辅助变量	万人	国家统计局
河北人口数量	辅助变量	万人	国家统计局
北京生产总值	辅助变量	亿元	国家统计局

续表

变量名称	变量类型	变量单位	数据来源
天津生产总值	辅助变量	亿元	国家统计局
河北生产总值	辅助变量	亿元	国家统计局
感应度系数	辅助变量	无	国家统计局，经计算得出
影响力系数	辅助变量	无	国家统计局，经计算得出
京津冀优秀物流企业比例	辅助变量	无	中国物流年鉴
京津冀创新产品平均收益	辅助变量	万元/项	国家统计局
京津冀创新投入产出系数	常量	无	计算得出
京津冀创新成果转化率	常量	无	参考文献

6.3.1 模型仿真分析

在促进京津冀物流业服务创新能力提升的因素中，物流业服务创新动力的来源有两个：一是产业联动发展所带来的创新需求；二是产生的物流业创新经济效益，即优秀物流企业将其创新成果转化为产品所获得的收益。城市群功能定位清晰化程度用于判定与各地区功能定位相关领域的发展水平，如北京科技创新中心的建设水平，天津作为全国先进制造研发基地的建设水平，河北作为全国现代商贸物流重要基地的建设水平。城市群产业结构合理化程度主要是分析三地第一、二、三产业的结构，受地区产业产值及从业人数的影响。

在导致京津冀物流业创新服务能力衰减的因素中，城市群地区间的经济发展差距是主要因素，即根据三地产值和人口数判断城市群现有的经济不平衡程度对整体物流业服务创新能力造成的影响。基于此，本书的模型仿真从能力提升与能力衰减两个方向出发，对京津冀物流业服务创新能力进行分析。

6.3.1.1 能力提升层面的仿真分析

（1）物流业创新动力的影响。根据京津冀物流业服务创新能力的系统动力学模型，物流业创新动力促进京津冀物流业服务创新能力提升的路径如图6.5所示。为探究此路径中物流业创新动力的影响，本书对具体的创新资源投入、创新成果产出、物流业服务创新经济效益和产业联动发展服务创新需求的仿真结果进行详细分析。

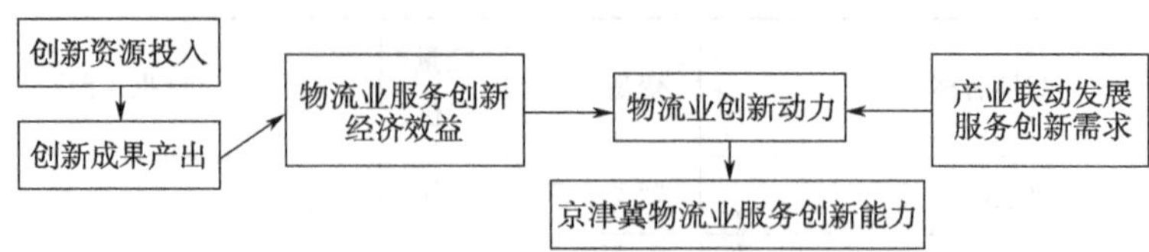

图 6.5　物流业创新动力路径

创新资源投入受政府对物流业的关注程度、研究与试验发展人员全时当量和研究与试验发展经费投入的影响，呈现出不断增长的整体趋势。图 6.6 展示了创新资源投入及相关因素在 2010—2020 年的变化趋势。创新资源投入在 2018 年虽有所下降，但整体保持较高水平，为物流业创新提供动力源，是京津冀物流业服务创新能力提升的前提。

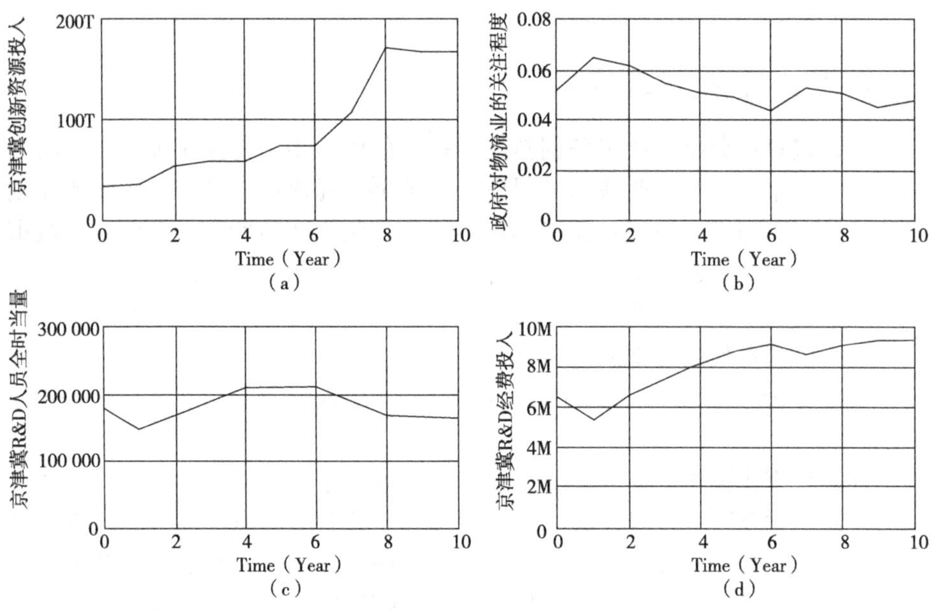

图 6.6　京津冀创新资源投入相关因素仿真结果

创新成果产出表现为投入的创新资源转化为直接创新成果的数量。由图 6.7可知，2010—2020 年京津冀创新成果产出与创新资源投入的整体趋势基本保持一致。在创新成果转化率不发生大幅变化时，创新成果产出是物流业服务创新经济效益产生的基础，为物流业创新发展提供动力。

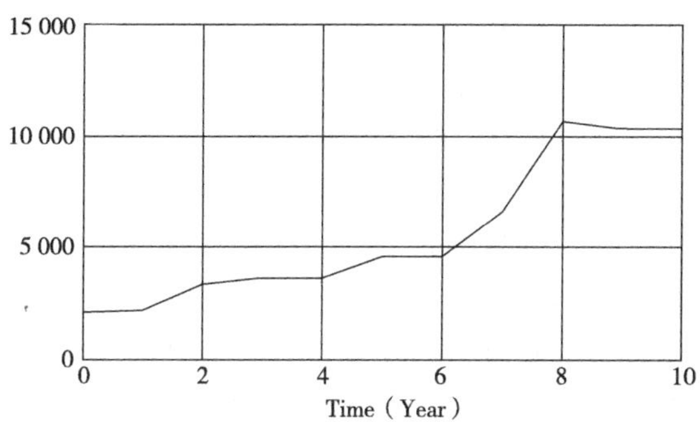

图 6.7 京津冀创新成果产出仿真结果

物流业服务创新经济效益指物流企业将创新成果转化为市场中的产品后所获得的经济收益。图 6.8 展示了物流业服务创新经济效益及相关因素在 2010—2020 年的变化趋势。由图可知，物流业服务创新经济效益呈现波动上升的趋势。其中，2010—2014 年，物流业服务创新经济效益虽保持上升但相对偏低，优秀物流企业比例虽较高，但是数量较少，创新产品的平均收益有待提升；2014—2016 年，优秀物流企业比例有所提升，且优秀物流企业的数

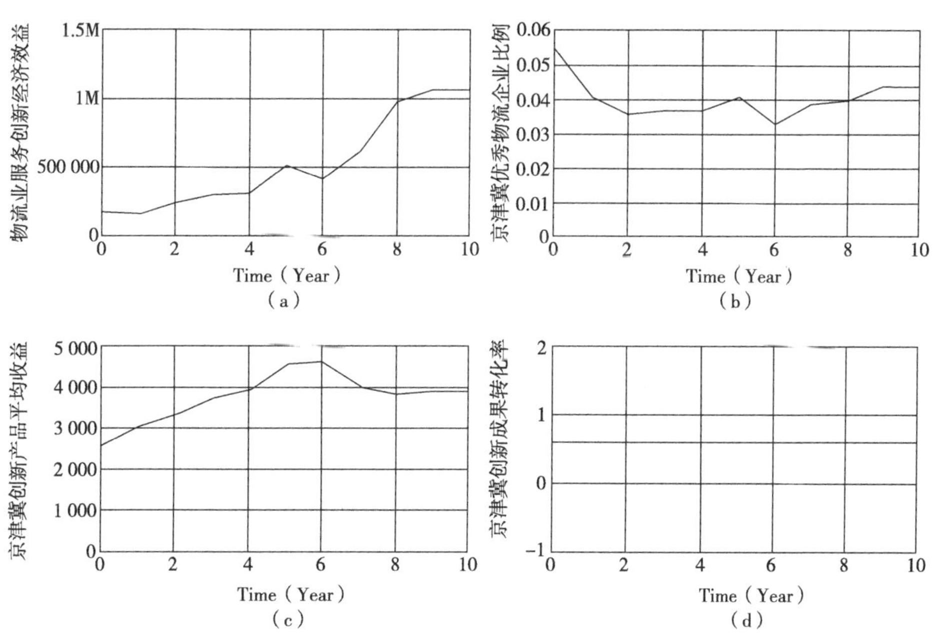

图 6.8 物流业服务创新经济效益相关因素仿真结果

量明显增加，创新产品平均收益达到相对稳定的峰值，此后优秀物流企业比例下降，创新产品平均收益未明显增加，物流业服务创新经济效益有所下降；2016—2020 年，物流业服务创新经济效益大幅增加，从图 6.7 和图 6.8 可以看出，创新成果产出大幅提升，同时优秀物流企业的数量和比例也不断增加，越来越多的企业开始重视并设置相关的部门和人员将创新成果转化为产品，创新产品市场更加活跃。虽然创新产品的增加会降低单位产品的收益，但从整体来看，物流业服务创新经济效益依然迅速增长。综合以上分析，优秀物流企业比例的变化对物流业服务创新经济效益会产生较大影响；创新产品平均收益会伴随产品的生命周期表现出周期性的变化，应及时关注创新产品产生最高收益的时期。

产业联动发展服务创新需求是指关联产业发展给物流业带来的创新需求，是支持物流业服务创新发展的外在驱动，主要与感应度系数和影响力系数有关。由图 6.9 可知，2010—2020 年产业联动发展服务创新需求较为平稳，呈现先平稳上升，然后保持平稳，最后缓慢下降的变化趋势。产业联动发展服务创新需求与感应度系数的变化趋势基本一致。感应度系数反映了京津冀物流业受其他产业影响的程度，因而产业联动发展服务创新需求主要来自其他

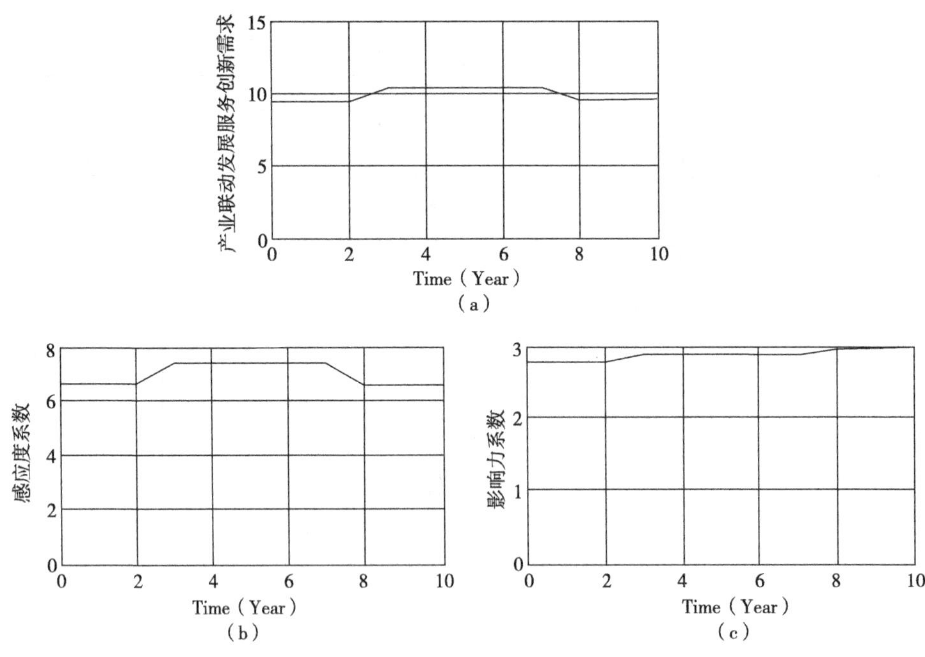

图 6.9　产业联动发展服务创新需求相关因素仿真结果

产业对物流业的影响。影响力系数虽低于感应度系数，但保持缓慢上升趋势。影响力系数反映了京津冀物流业对其他产业影响的程度。从图中可以看出，当前京津冀物流业对其他产业的影响较弱，也反映出物流业与其他产业联动能力不足。总体来看，其他产业的技术成熟度不断增加时，物流业的创新需求并未发生明显的增长，且主要受其他产业拉动作用，物流业自身发展推动效果较弱。因此，京津冀物流业感应度系数在保持较高水平的同时，增强物流业对其他产业的影响力是提升产业联动效果的重要因素。

物流业创新动力变化趋势是指与上一年相比物流创新动力的变化量，反映了物流业创新动力的变化速度。当数值为正值时，表明同上一年相比，物流业创新动力增强，数值的大小表明了增强的幅度；当数值为负值时，表明同上一年相比，物流业创新动力减弱，数值的大小表明减弱幅度。由图 6.10 可知，十年间物流业创新动力变化幅度较为明显，但多数情况下还是以增强为主。2015 年《京津冀协同发展规划纲要》发布后，物流业创新动力显著增强，创新产品市场不断扩大。

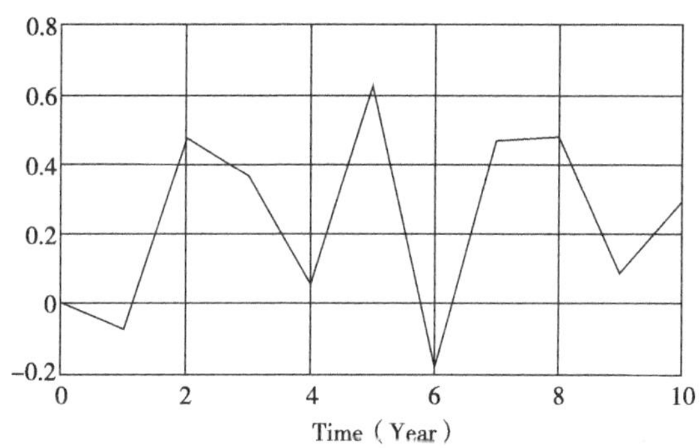

图 6.10　物流业创新动力变化趋势仿真结果

（2）城市群功能定位清晰化程度的影响。京津冀城市群协同发展下的功能定位清晰化程度高，在个体差异化的基础上实现整体协同化发展，有助于创新资源要素在三地高效有序流动，为京津冀物流业创新发展提供良好的创新环境，有利于物流业服务创新能力的提升。通过对三地功能建设水平和城市群功能定位清晰化程度进行仿真，分析京津冀城市群功能定位清晰化程度的变化对物流业服务创新能力提升的影响。

北京科技创新中心建设水平是指京津冀协同发展规划中北京作为科技创新中心的建设程度，主要体现在北京研究与试验发展经费投入占三地总经费投入的比例上。由图 6.11 可知，2010—2020 年北京研究与试验发展经费投入一直处于稳步上升的状态，但是在京津冀城市群经费总投入中的比例相对较低，仅为 0.3，相比于京津冀研究与试验发展经费投入的增长幅度依然有所不足。创新是增强我国综合竞争实力的重要途径，是引领我国经济高质量发展的核心驱动力。创新城市汇聚了创新型国家建设中所需的重要资源，是国家实施创新驱动发展战略的重要抓手，在国家创新体系中具有支撑引领作用。在世界新一轮科技革命如火如荼和我国创新驱动发展战略深入实施的大背景下，北京应充分发挥其创新资源富集的优势，将自身打造成创新发展新高地，辐射带动京津冀乃至全国的创新发展。目前，北京的企业尚未成为科技创新主体，与国内的深圳和美国硅谷相比，北京科技型企业的研发投入强度和规模发展水平存在一定差距。因此，北京科技创新中心的建设应围绕创新主体，激发创新活力，促进北京城市功能定位更加清晰。

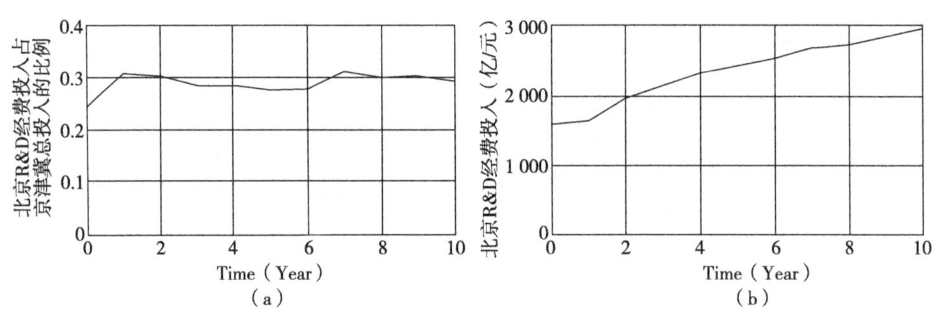

图 6.11　北京 R&D 经费投入情况仿真结果

天津制造研发基地建设水平主要体现在天津高新技术产业营业收入占京津冀高新技术产业营业收入的比例。由图 6.12 可知，2010—2020 年天津高新技术产业营业收入占京津冀高新技术产业营业总收入的比例围绕 0.4 波动，其中天津和京津冀高新技术产业营业收入均呈现上升趋势，这为天津制造研发提供了良好的支撑。目前相关研究和数据表明，天津缺少承接先进制造研发国家战略力量的机构或平台，缺少相应支撑区域创新体系的国家级重大科技基础设施和创新平台，所以天津制造研发基地建设水平还有待提升。例如，天津制造业存在集群不足、新动能基础薄弱、优质市场主体少、缺乏制造业龙头领军企业的特点，天津的大设施、大平台数量严重不足，与北京的差距较大，直接影响到天津制造业产业发展后劲。围绕天津制造研发基地建设，还需重视先进制造业产业集群建设，发展规模化的研发中心，培育壮大优秀

企业。

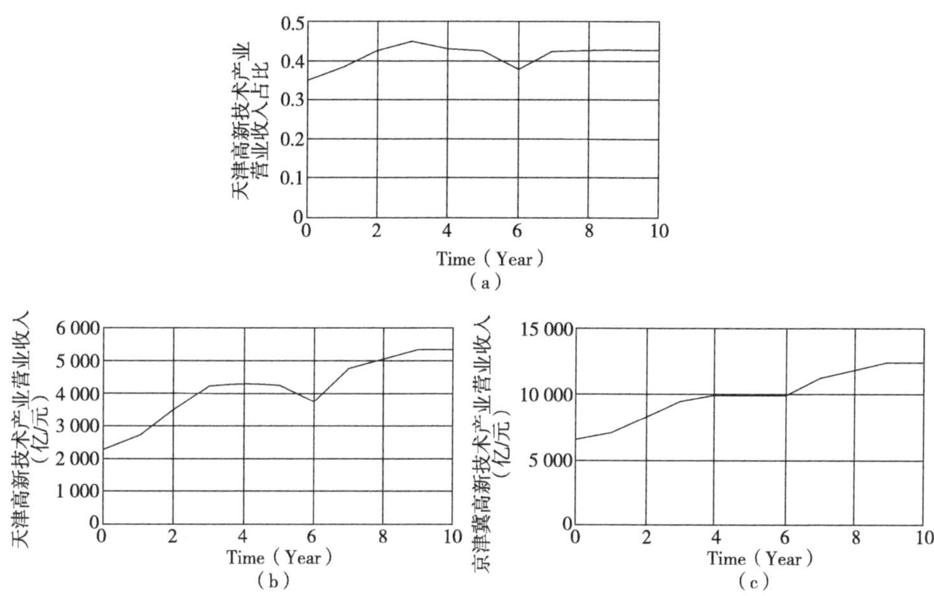

图 6.12 天津高新技术产业营业收入情况仿真结果

河北省现代商贸物流基地建设水平，主要表现为河北商贸物流业增加值占三地商贸物流业增加值的比例。由图 6.13 可知，2010—2020 年河北商贸物流业增加值占京津冀商贸物流业增加值的比例基本保持在 0.6 左右。在具体的指标中，河北商贸物流业增加值一直呈增长趋势，从 2010 年的1 773.3亿元增加到 2020 年的2 891亿元，增长了 63%，比京津冀商贸物流业增加值增长率 55.8%高约 7 个百分点。经过多年发展，河北省商贸物流产业已经初具规模，开始呈现出向城市及内部核心区、产业园区和产业带集聚的特点，产业集群效应越来越明显。随着京津冀协同发展战略的提出和实施，河北充分发挥独特的区位交通和资源优势，围绕现代商贸物流产业发展重点领域，培育和打造世界级商贸物流产业集群，以更好地发展河北、服务京津。但河北商贸物流基地受三地交通体系的限制，服务半径有限。此外，河北承接北京商贸物流业的转移，更多地局限于区域性物流基地及物流批发市场。因此，河北现代商贸物流基地的建设应强化基础设施支撑能力，构建大交通支撑大物流的格局，同时深化与京津商贸物流的全方位合作。

城市群功能定位清晰化程度反映京津冀城市群整体功能定位的符合程度，

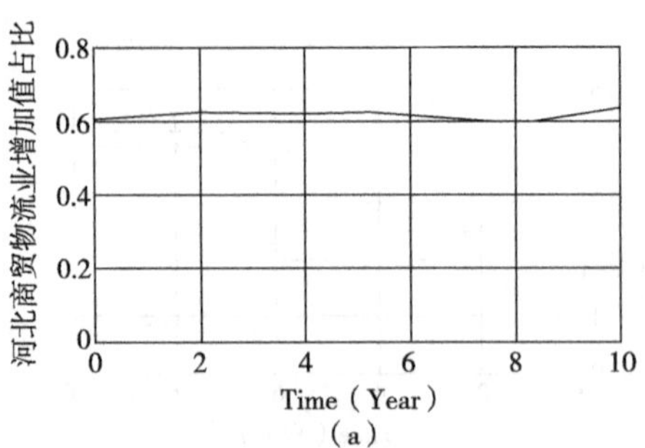

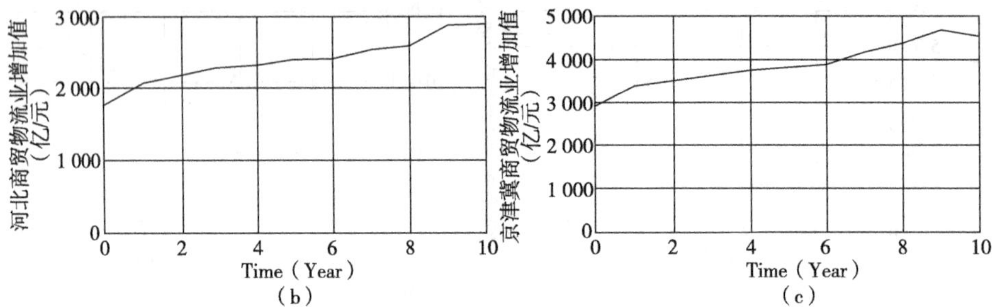

图 6.13　河北商贸物流业增加值情况仿真结果

其数值范围为 0~1，当其越接近 1 时，表明城市群功能定位清晰化程度越高。由图 6.14 可知，2010—2020 年城市群功能定位清晰化程度一直处于 0.4 和 0.5 之间，城市群功能定位清晰化程度较低且并未发生显著提升，意味着三地协同还不够充分。

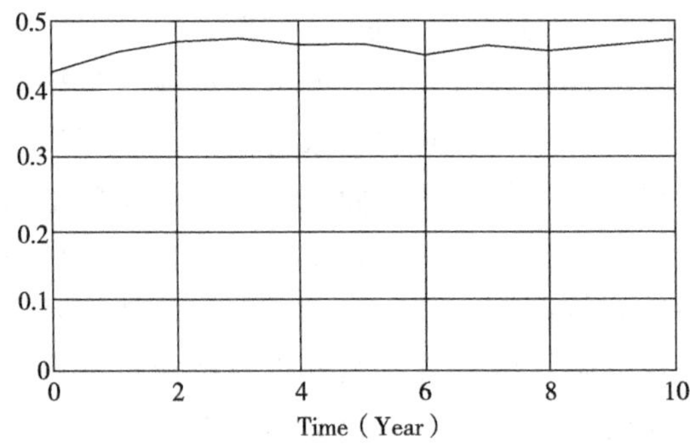

图 6.14　城市群功能定位清晰化程度仿真结果

(3) 城市群产业结构合理化程度的影响。《京津冀协同发展规划纲要》指出，三地要明确产业定位和方向，加快产业转型升级，推动产业转移对接，加强三省市产业发展规划衔接，制定京津冀产业指导目录，加快津冀承接平台建设，加强京津冀产业协作等。京津冀产业结构的转型升级是实现京津冀协同发展的重要抓手。产业结构合理化，有利于实现三地协同发展，提升物流业服务创新能力。

产业结构作为经济结构的核心，在一定意义上决定了一个区域的经济结构及发展方式。对于产业结构合理化程度的衡量，研究者多是根据经济最终处于均衡状态的假设进行构建的。本书中城市群产业结构合理化程度利用泰尔指数进行衡量，其数值范围是0~1，越接近0，表明产业结构越合理，反之则越不合理。由图6.15可知，2010—2014年城市群产业结构保持一个稳定的水平；2014年后，城市群产业结构不断调整，合理化程度上升，但面对外部环境的变化，产业结构缺乏持续调整以确保其合理化程度的能力。

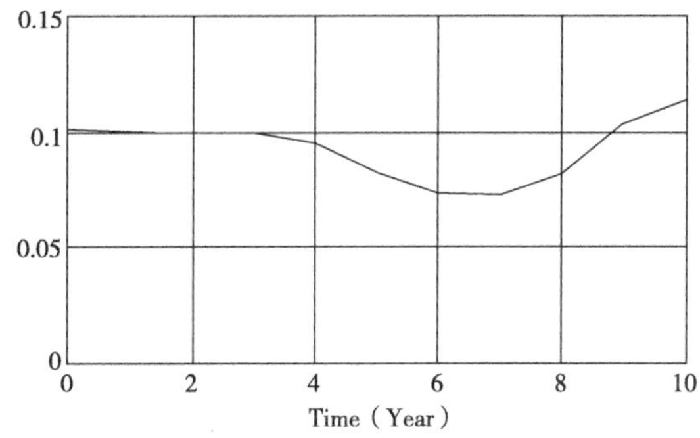

图6.15 城市群产业结构合理化程度仿真结果

6.3.1.2 能力衰减层面的仿真分析

(1) 经济发展差距的影响。经济发展差距是指一些区域比其他区域有更快的经济增长速度、更高的经济发展水平或者更强的经济实力，致使区域经济发展不平衡的局面。经济发展差距过大不利于经济持续稳定协调发展，甚至会加剧社会矛盾，因此经济发展差距是区域协调发展应考虑的重要问题之一。京津冀三地经济发展差距会影响城市群整体的协同发展，进而影响产业协同，本书采用泰尔指数计算京津冀三地的经济发展差距，并根据差距变化观察京津冀城市群物流业服务创新能力变化情况。泰尔指数的取值介于0~1，数值越小，说明区域间差距越小；数值越大，说明差距越大。由图6.16(a)

可知，2010—2020年城市群三地间经济发展差距先小幅下降，后缓慢上升。对应于具体的数据，城市群经济发展差距从2010年的0.127变为2020年的0.154，扩大了21.26%。由图6.16（b）、（c）和（d）可知，从2010年至2020年，天津和河北自身经济发展差距在不断缩小。北京自身的经济发展差距从2010年的0.261变为2020年的0.323，扩大了23.8%，超出京津冀整体经济发展差距的扩大幅度，最终呈现的结果是城市群整体经济的变化差距扩大。城市群经济发展差距随着时间的变化不断扩大，这意味着物流业服务创新能力的提升变得困难。

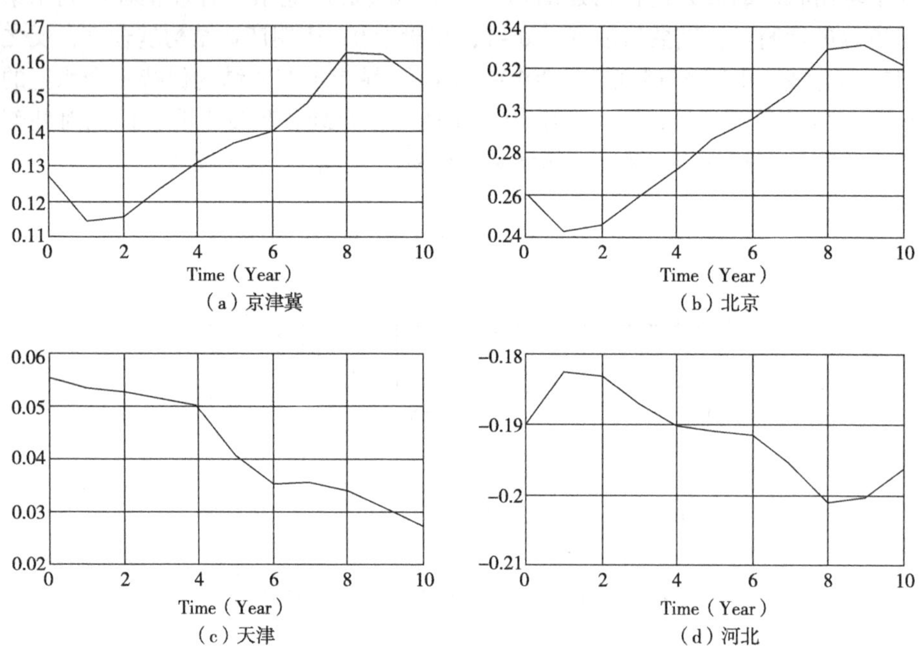

图6.16　城市群经济发展差距仿真结果

（2）城市群功能定位清晰化程度的影响。城市群功能定位清晰化程度反映京津冀城市群整体功能定位的符合程度，其数值范围为0~1，当其越接近1时，表明城市群功能定位清晰化程度越高。根据图6.14，自京津冀协同发展规划提出后，三地围绕规划中的定位调整产业结构并进行差异化发展，因而自2014年开始城市群功能定位清晰化程度相比于上一年有所下降，这是城市群协同发展的必由之路，体现在产业方面就是物流业服务创新能力的衰减。整体来看，城市群功能定位清晰化程度还存在较大波动，三地发展的协同性

还需进一步加强。

（3）城市群产业结构合理化程度的影响。城市群产业结构合理化包括产业间协调能力加强和产业素质提高两个方面。根据图 6.15，自京津冀协同发展规划提出后，三个地区围绕规划定位在 2015—2017 年陆续出台各种产业政策，之后进入产业结构调整优化期，因此这三年各地区的产业结构合理化程度有一定变化，北京和天津产业结构合理化程度略有降低，河北省产业结构合理化程度略有上升，整体导致物流业服务创新能力有一定衰减。总的来看，目前整个城市群产业结构合理化程度还处于波动发展态势，要切实围绕各自产业定位发展经济。

6.3.1.3 京津冀物流业服务创新能力

根据系统动力学原理，本书从服务创新能力提升与衰减两个方面进行了仿真。京津冀物流业服务创新能力是提升率与衰减率之差的累积量，图 6.17 呈现了京津冀物流业服务创新能力的整体变化情况。其中，提升率表明物流业创新动力、城市群功能定位清晰化程度和城市群产业结构合理化程度为京津冀物流业服务创新能力提升提供的合力。提升率变化趋势如图 6.17（b）所示，2010—2020 年在 0~0.8 区间内呈现波动变化趋势。衰减率表明城市群经济发展差距、城市群功能定位清晰化程度和城市群产业结构合理化程度反向导致京津冀物流业服务创新能力衰减的合力。衰减率变化趋势如图 6.17（c）所示，2010—2020 年衰减率在 0~0.5 区间内呈现波动变化趋势。总体来看，多数情况下京津冀物流业服务创新能力提升率大于衰减率，这意味着京津冀物流业服务创新能力整体呈波动上升状态。

6.3.2 情景模拟分析

模型仿真分析可以清晰呈现京津冀物流业服务创新能力及其相关因素的变化趋势，分析结果也表明部分因素对京津冀物流业服务创新能力有着较大的影响。然而，不同因素对京津冀物流业服务创新能力影响程度，以及如何调整相应的因素提升京津冀物流业服务创新能力无法在模型仿真分析中详细展开。

基于此，本书进一步通过情景模拟分析，选取部分影响因素于不同的情景中分析京津冀物流业服务创新能力的变化情况，为未来京津冀物流业服务创新能力的提升提供参考。结合模型仿真分析内容，本书发现政府对物流业的关注程度、创新成果转化率、优秀物流企业比例、感应度系数、影响力系数、城市群产业结构合理化程度和城市群经济发展差距对京津冀物流业服务创新能力有较大的影响，以下将具体讨论这些因素在不同情景下对京津冀物

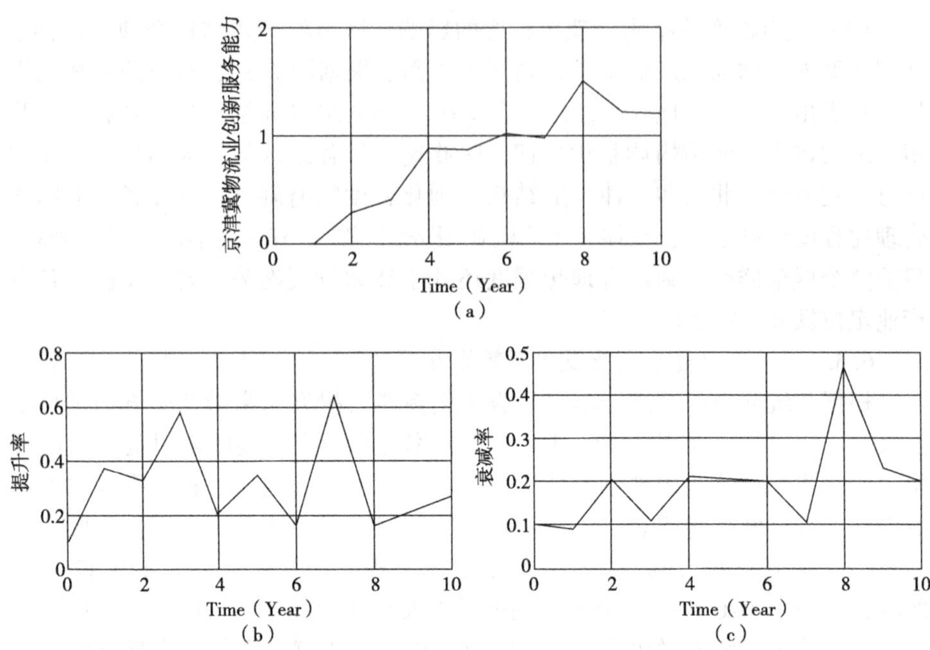

图 6.17　京津冀物流业服务创新能力仿真结果

流业服务创新能力相关因素的影响，并将不同因素进行情景组合讨论何种因素对京津冀物流业服务创新能力的影响更为强烈。

6.3.2.1　政府对物流业的关注程度

政府通过发布相应的政策，以不同方法和途径影响物流业发展路径，加快物流业发展进程。政府对物流业的关注程度在一定程度上能够反映推动物流业创新发展的迫切程度。本书设置政府对物流业高关注度、基准情景和政府对物流业低关注度三种不同的情景进行讨论。

根据 2010—2020 年政府对物流业关注程度的真实值，本书运用 MATLAB 模拟出相应数值变化的函数曲线。函数表达式为 $y=0.0523+0.0211x-0.0113x^2+0.0019x^3-0.0001x^4$，其中 x 为对应的年份（为方便计算，以0~10代替对应的 2010—2020 年），y 为政府对物流业的关注程度。经检验，模拟数据与实际数据的误差范围在 10%以内，模拟数据有效且模拟效果良好，故设置此时对应的是基准情景。在此基础上，本书考虑到政府对物流业的关注度是变化的，所以保留原有的变化趋势，并改变函数表达式的常数项来调节政府对物流业的关注程度，具体情景设置如表 6.3 所示。政府对物流业高关注度情景下，

常数项相比于基准情景提高 5%，即此时政府对物流业的关注程度从起始年份就处于较高的水平；政府对物流业低关注度情景下，常数项相比于基准情景降低 5%，即此时政府对物流业的关注程度从起始年份就处于较低的水平。

表 6.3 政府对物流业的关注程度的情景设置

情景名称	函数设置
政府对物流业高关注度	$y=0.0549+0.0211x-0.0113x^2+0.0019x^3-0.0001x^4$
基准情景	$y=0.0523+0.0211x-0.0113x^2+0.0019x^3-0.0001x^4$
政府对物流业低关注度	$y=0.0497+0.0211x-0.0113x^2+0.0019x^3-0.0001x^4$

为体现在不同情景下政府对物流业的关注程度的不同影响，在不改变其他因素设置的前提下，本书以物流业服务创新经济效益所对应的变化情况进行展现，如图 6.18 所示。由图可知，在不同情景下，物流业服务创新经济效益的变化趋势基本是相同的。从对应的具体数值来看，政府对物流业高关注度情景下对应的物流业服务创新经济效益一直高于其他情景，即物流业服务创新经济效益是随着政府对物流业关注程度的增加而增加的，且当政府对物流业关注程度的初始值提高 5%时，物流业服务创新经济效益显著增加。

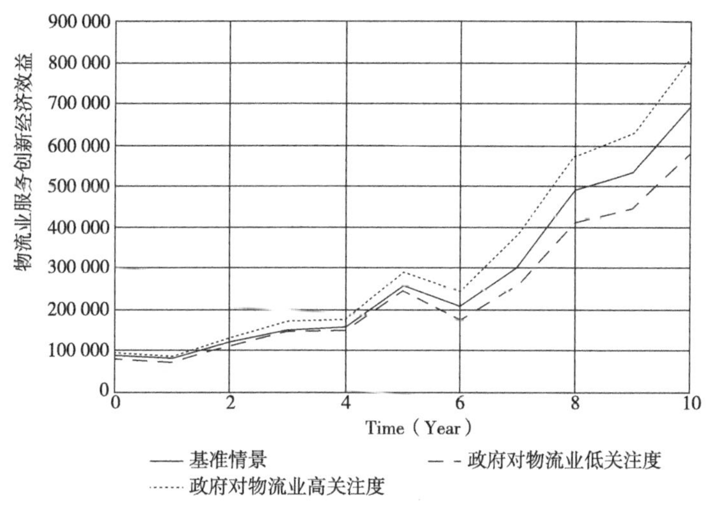

图 6.18 政府对物流业的关注程度对物流业服务创新经济效益的影响

6.3.2.2 创新成果转化率

科学上的重大发现和技术上的重大变革并不能直接转化为现实生产力，需要科技成果的有效转化。我国于2015年修订的《中华人民共和国促进科技成果转化法》对科技成果转化的定义是："为提高生产力水平而对科技成果所进行的后续试验、开发、应用、推广直至形成新技术、新工艺、新材料、新产品，发展新产业等活动。"通过科技成果转化可以加速科技创新和经济社会发展深度融合，塑造更多依靠创新驱动、更多发挥先发优势的引领型发展，着力引领产业向中高端迈进。我国经济发展从要素驱动、效率驱动向创新驱动转变的过程中，科技成果有效转化是关键因素之一，它将科技与经济相结合并成倍放大。科技创新只有与经济发展、社会需求相结合，互为支撑形成全链条，才能行稳致远；也只有实现科技创新与经济发展的紧密融合，才能形成良性发展的完整链条，推动产业发展和科技进步。当前，我国创新成果转化率还比较低，科技成果转化率不足30%，而发达国家达到60%~70%。

为体现创新成果转化率的变化对京津冀物流业服务创新能力的影响，本书以我国目前30%的创新成果转化率为基准情景，以发达国家的创新成果转化率为目标，设置基准情景、创新成果转化率（中）和创新成果转化率（高）三种情景。其中，创新成果转化率（中）是在基准情景基础上增加了50%；创新成果转化率（高）是在基准情景基础上增加了100%，也是发达国家创新成果转化率的下限，如表6.4所示。

表6.4 创新成果转化率的情景设置

情景名称	创新成果转化率数值设置（%）	调整比例（%）
基准情景	30	0
创新成果转化率（中）	45	50
创新成果转化率（高）	60	100

为体现不同情景下创新成果转化率对其他因素的影响，在不改变其他因素设置的前提下，本书以物流业服务创新经济效益所对应的变化情况进行展现，如图6.19所示。由图6.19可知，在不同情景下，物流业服务创新经济效益的变化趋势基本保持一致。从对应的具体数值来看，创新成果转化率60%所对应的物流业服务创新经济效益明显高于创新成果转化率45%和30%的情景，即物流业服务创新经济效益与创新成果转化率保持正相关关系。

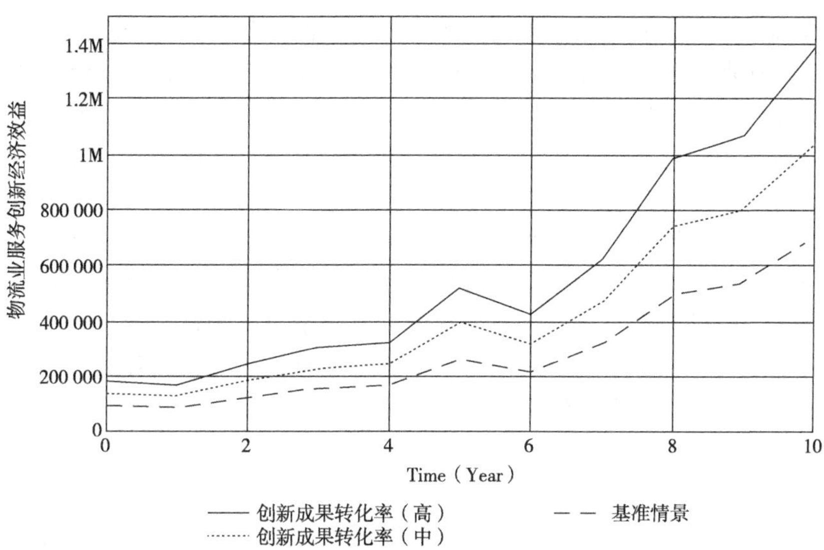

图 6.19 创新成果转化率对物流业服务创新经济效益的影响

基于政府对物流业的关注程度及创新成果转化率分别对物流业服务创新经济效益的影响，本书继续探究两者共同作用时的影响，并分析不同情景下的影响程度，明确在哪种情景下能够有效提升物流业服务创新经济效益。根据政府对物流业的关注程度和创新成果转化率的情景设置，将两者的情景进行组合，共得到 9 种不同的情景，如表 6.5 所示。

表 6.5 组合情景

序号	情景设置
1	政府对物流业高关注度+创新成果转化率 30%
2	政府对物流业高关注度+创新成果转化率 45%
3	政府对物流业高关注度+创新成果转化率 60%
4	政府对物流业关注度基准情景+创新成果转化率 30%
5	政府对物流业关注度基准情景+创新成果转化率 45%
6	政府对物流业关注度基准情景+创新成果转化率 60%
7	政府对物流业低关注度+创新成果转化率 30%
8	政府对物流业低关注度+创新成果转化率 45%
9	政府对物流业低关注度+创新成果转化率 60%

为确保分析结果的可对比性，本书依然以物流业服务创新经济效益为观察因素，体现9种不同情景下物流业服务创新经济效益的具体数值和相应变化。从图6.20可知，在政府对物流业的关注程度和创新成果转化率共同作用下，物流业服务创新经济效益的变化趋势与单因素影响时的趋势基本一致，确保了分析结果的有效性。具体来看，物流业服务创新经济效益最高对应的情景是政府对物流业高关注度且创新成果转化率处于60%的较高水平，物流业服务创新经济效益最低对应的情景是政府对物流业低关注度且创新成果转化率处于30%的较低水平，这与可预期的实际情况是相符合的。当政府重视物流业的发展，物流业创新成果与经济相结合且放大的效用强时，物流业服务创新的外界推动作用和内部自身的前进动力均处于峰值状态，物流业服务创新经济效益不断增加。

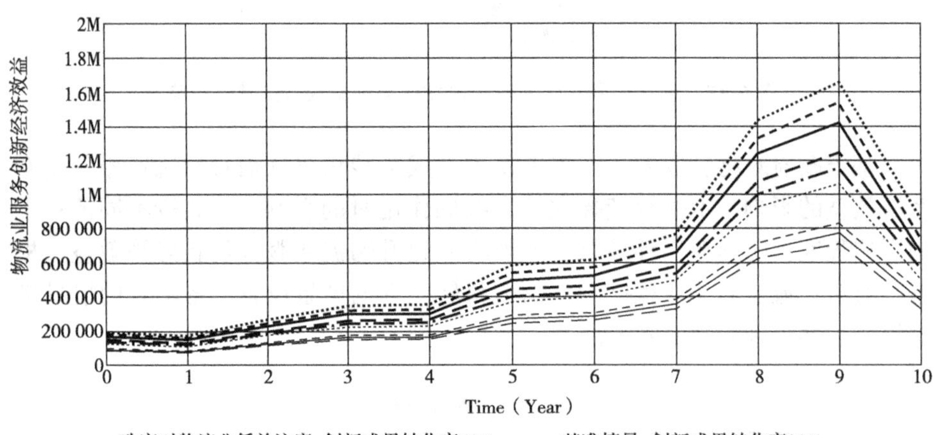

图6.20 政府对物流业的关注程度和创新成果转化率对物流业服务创新经济效益的共同作用

从不同情景对应的物流业服务创新经济效益来看，物流业服务创新经济效益整体分组依然按照创新成果转化率由高（60%）到低（30%）排列。在相同的创新成果转化率下，物流业服务创新经济效益按照政府对物流业的关注程度从高到低排列，这也意味着相较于政府对物流业的关注程度，创新成果转化率对提升物流业服务创新经济效益更为重要，也表明创新是引领发展的第一动力。

6.3.2.3 优秀物流企业比例

随着经济的发展和电子商务的兴起，我国物流需求急剧增加，物流产业面临新机遇。物流企业信息化是技术创新的重要方面，它推动物流活动全过程的信息化，推动信息技术的革新。加强信息技术的运用以及提高信息化水平，能够实现物流技术创新，并且促进物流业快速高效增长，促进物流企业向优秀物流企业转变，即物流信息化建设水平会影响优秀物流企业的数量。此外，优秀物流企业数量的增加意味着需要更多的专业物流人才，因此专业物流人才的培养水平也会影响优秀物流企业的比例。以物流管理专业为例，本专科物流管理专业人才所培养的能力具有较大的差异性。专科更注重培养人才的实践技能，更多借助校内实训室完成实践教学；本科通过规划模拟仿真在确保培养人员实践基本技能的前提下，对相应的理论知识也颇为重视。地方性本科物流人才培养还会进一步融入地方产业发展需求，在符合统一的应用型人才培养标准的前提下，具有鲜明的地方产业特色。综合以上内容，优秀物流业企业比例情景模拟分析的路径如图 6.21 所示。

图 6.21 优秀物流企业比例情景模拟分析路径

根据 2010—2020 年优秀物流企业比例的真实值，本书运用 MATLAB 模拟出相应数值变化的函数曲线，函数表达式为 $y=0.0547-0.0192x+0.0068x^2-0.001x^3$，其中 x 为对应的年份（为方便计算，以 0~10 代替对应的 2010—2020 年），y 为优秀物流企业比例。经检验，模拟数据与实际数据的误差范围在 10%以内，模拟数据有效且模拟效果良好，故情景模拟分析时以相应的函数表达式代替实际的优秀物流企业比例。对于信息化建设水平和专业人才培养水平，本书分别设置三种情景来体现相应因素对优秀物流企业比例的影响，如表 6.6 所示。其中，两种因素的高、中和低情景分别与数值 1、0、-1 相对应，优秀物流企业比例的方程设置是在原有的基础上增加信息化建设水平或者专业人才培养水平所带来的影响。

仅考虑信息化建设水平或者仅考虑专业人才培养水平，即两者在单个因素的情景设置中对优秀物流企业比例的影响是等同的，因此本书以信息化建设水平的情景模拟结果为例进行分析。图 6.22 展示了信息化建设水平在不同情景下对物流业服务创新经济效益的影响。由图可知，高、中信息化建设水平情景下物流业服务创新经济效益的变化趋势基本一致，都保持

整体上升的趋势；低信息化建设水平情景下物流业服务创新经济效益一直较低，并呈现下降趋势。从具体数值来看，高信息化建设水平所对应的物流业服务创新经济效益显著高于其他两种情景对应的物流业服务创新经济效益，这表明信息化建设水平越高，对物流企业转变为优秀物流企业的正向作用越强。

表 6.6 信息化建设水平和专业人才培养水平的情景设置

情景名称	数值设置	优秀物流企业比例方程设置
高信息化建设水平	1	if then else（（0.054 7−0.019 2x+0.006 8x^2−0.000 982x^3+（4.9e−5）x^4+信息化建设水平×0.040 3）>0，0.054 7−0.019 2x+0.006 8x^2−0.000 982x^3+（4.9e−5）x^4+信息化建设水平×0.040 3，0）
中信息化建设水平	0	
低信息化建设水平	−1	
高专业人才培养水平	1	if then else（（0.054 7−0.019 2x+0.006 8x^2−0.000 982x^3+（4.9e−5）x^4+专业人才培养水平×0.040 3）>0，0.054 7−0.019 2x+0.006 8x^2−0.000 982x^3+（4.9e−5）x^4+专业人才培养水平×0.040 3，0）
中专业人才培养水平	0	
低专业人才培养水平	−1	

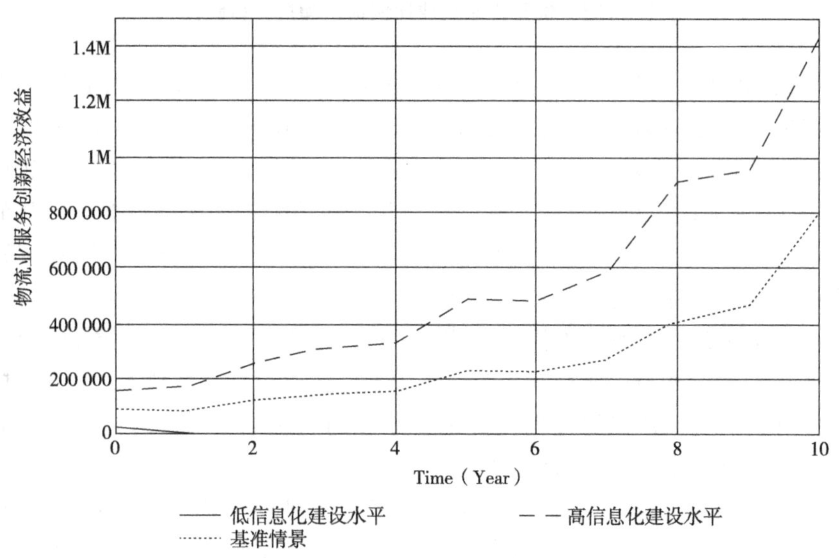

图 6.22 信息化建设水平对物流业服务创新经济效益的影响

图 6.23 展示了信息化建设水平比对京津冀物流业服务创新能力的影响。

由图可知，高信息化建设水平情景下京津冀物流业服务创新能力高于中、低信息化建设水平对应的情景。其中，高、中信息化建设水平情景下京津冀物流服务创新能力的变化趋势基本一致，且能力在不断增强；低信息化建设水平情景下京津冀物流业服务创新能力显著低于其他两种情景，且呈现下降趋势。

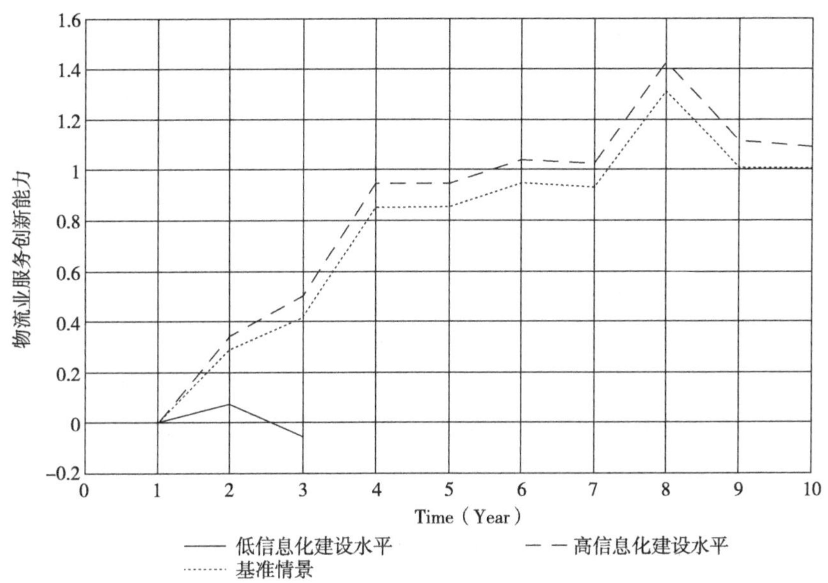

图 6.23　信息化建设水平对京津冀物流业服务创新能力的影响

6.3.2.4　感应度系数和影响力系数

京津冀城市群的产业联动，可以促进资源的优化配置和有效利用，有助于营造资源节约型和环境友好型的产业发展环境，客观上也会增强各区域的可持续发展能力。同时，京津冀城市群产业联动促进区域产业结构优化升级，有助于提高联动区域（特别是发展较弱的区域）的信息化水平。产业联动的过程就是要素流动的过程，通过资金、技术、人才和信息的流动，提升区域资源开发的层次、规模和效益。本书认为物流产业与其他产业的联动发展可以带来物流业的创新需求，促进京津冀城市群物流业服务创新能力的提升。为具体衡量产业联动带来的创新需求，本书以感应度系数和影响力系数进行替代表示。

为探究感应度系数和影响力系数改变给物流业服务创新需求带来的影响，本书以 2010—2020 年感应度系数和影响力系数的均值作为模拟的基准情景，并在此基础上分别提升5%和10%进行仿真分析，具体情景设置如表6.7所示。

表6.7　感应度系数和影响力系数的情景设置

情景名称	数值设置
感应度系数（基准情景）	6.971 4
感应度系数提升5%	7.319 9
感应度系数提升10%	7.668 5
影响力系数（基准情景）	2.901 2
影响力系数提升5%	3.046 3
影响力系数提升10%	3.191 3

图6.24展示了感应度系数在不同情景下所对应的产业联动发展需求量。由图可知，感应度系数提升10%时对应的产业联动发展需求最明显，且产业联动发展需求随着感应度系数的增加而增强，与感应度系数呈现正相关关系。从感应度系数的具体含义来看，感应度系数表明了物流业受其他产业的影响，或者是物流业被其他产业需求的程度，当感应度系数较大时，会产生更多的服务创新需求。影响力系数的变化与感应度系数相似，京津冀城市群产业联动发展需求与影响力系数也呈现出正相关的关系，影响力系数越大，物流业服务创新需求越强。从影响力系数的具体含义来看，影响力系数是物流产业对其他产业的影响，当经济不景气时，影响力系数的提高会刺激需求，带动国民经济各部分发展。

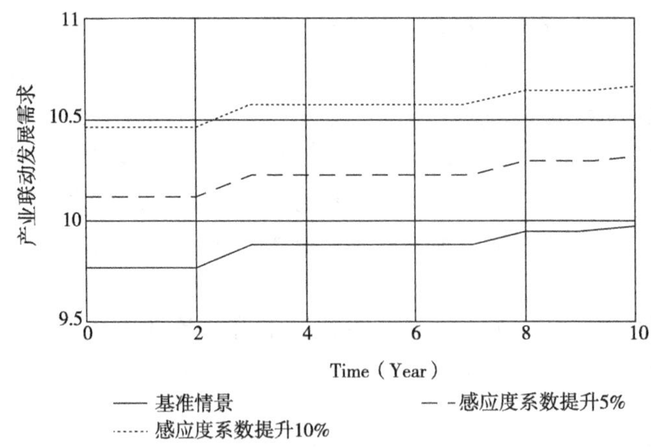

图6.24　感应度系数对产业联动发展需求的影响

6.3.2.5 城市群产业结构合理化程度

随着京津冀协同发展战略的不断推进，京津冀三地间产业定位与产业分工日益明晰，各地产业结构也在不断优化。区域产业结构影响物流业的发展质量，以及不同产业与物流业的联动发展，因此，物流业服务创新能力的提升与区域产业结构存在紧密的互动关系。一方面，物流业的创新发展将影响京津冀城市群产业结构，在扩大生产规模、提高生产效率、提升产品质量等方面起到一定的积极作用；另一方面，产业结构合理化将对物流业创新服务提出更高要求和更大的需求，促进京津冀物流业创新能力持续提升。

运用 MATLAB 软件，根据京津冀地区实际数据，模拟出城市群产业结构合理化程度的函数曲线，具体表达式为 $y=0.1006-0.000509x+0.0019x^2-0.000833x^3+0.000071x^4$，其中，$x$ 为对应的年份（以 0~10 代替对应年份 2010—2020 年），y 为城市群产业结构合理化程度。经检验，模拟数据与实际数据的误差均小于 10%，表明模拟数据有效且效果良好，故在进行情景模拟分析时，可使用上述表达式代替实际数据计算得出的城市群产业结构合理化程度数值。本书同样将设置不同情景，进一步探究城市群产业结构合理化程度对京津冀物流业服务创新能力的影响。如表 6.8 所示，三种情景分别为产业结构逐渐趋向不合理、基准情景以及产业结构逐渐趋向合理化。

表 6.8 城市群产业结构合理化程度的情景设置

情景设置	方程式表达
产业结构逐渐趋向不合理	$y=0.101026+0.005239x+0.005843x^2-0.001897x^3+0.000147x^4$
基准情景	$y=0.1006-0.000509x+0.0019x^2-0.000833x^3+0.000071x^4$
产业结构逐渐趋向合理化	$y=0.100174-0.006257x-0.002043x^2+0.000231x^3-0.00000545x^4$

从图 6.25 可以看出，在京津冀产业结构合理化程度逐年提升 10%，将明显提升物流业服务创新能力，而产业结构合理化程度逐年降低 10%，将直接改变京津冀物流业服务创新能力的发展趋势，可见产业结构合理化程度对京津冀物流业服务创新能力将产生较大影响。相较于京津冀城市群经济发展差距的变化，优化城市群产业，促进产业结构向合理化、高级化方向发展，对于物流业服务创新能力的提升更为重要。

6.3.2.6 城市群经济发展差距

京津冀城市群是我国北方唯一的一个超级城市群，承担着引领我国北方诸省经济社会发展发动机的战略重任，也是极具创新活力的空间单元，城市

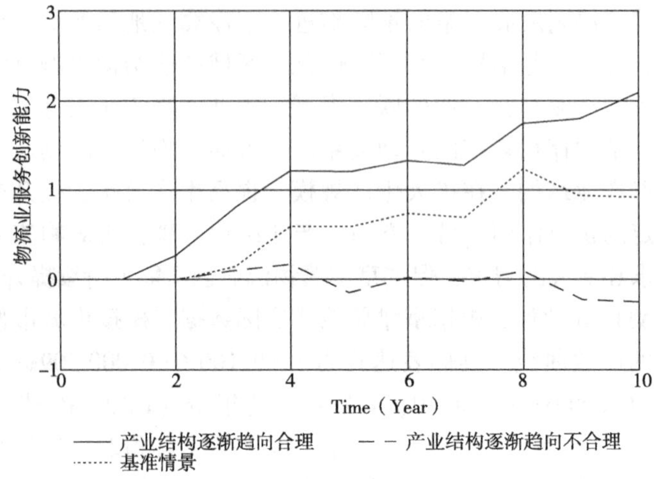

图 6.25 城市群产业结构对京津冀物流业服务创新能力的影响

群内部区域经济发展差距的变化对城市群产业创新与发展具有重要的影响和作用。

运用 MATLAB 软件，根据 2010—2020 年京津冀地区实际数据，模拟出城市群经济发展差距的函数曲线，具体表达式为 $y=0.1242-0.0083x+0.003x^2-0.0002x^3$，其中 x 为对应的年份（以 0~10 代替对应年份 2010—2020 年），y 为城市群经济发展差距。经检验，模拟数据与实际数据的误差均小于 10%，表明模拟数据有效且效果良好，故在进行情景模拟分析时，可使用上述表达式代替利用实际数据计算得出的城市群经济发展差距数值。通过设置不同情景，进一步探究城市群经济发展差距对城市群物流业服务创新能力的影响，表 6.9 设置了三种不同情景：经济发展差距逐年加剧、基准情景以及经济发展差距逐年减缓。

表 6.9 城市群经济发展差距的情景设置

情景设置	方程式表达
经济发展差距逐年加剧	$y=0.125064+0.000520x+0.00419x^2-0.00026x^3$
基准情景	$y=0.1242-0.0083x+0.003x^2-0.0002x^3$
经济发展差距逐年减缓	$y=0.123336-0.01712x+0.00181x^2-0.00014x^3$

从图 6.26 可以看出，从 2010 年至 2020 年京津冀自身经济发展差距逐年

减少 10%，对物流业服务创新能力的提升将产生较大的促进作用，而经济发展差距逐年增大 10%，对物流业服务创新能力提升不会产生明显的抑制作用。进一步来看，2015 年至 2020 年，基准情景下京津冀物流业服务创新能力从 0.885 变为 1.240，提升了 40.1%。当经济发展差距逐年减缓时，京津冀物流业服务创新能力从 0.957 变为 1.623，提升了 69.6%，高于基准情景 29.5 个百分点；当经济发展差距逐年加剧时，京津冀物流业服务创新能力从 0.829 变为 1.106，提升了 33.4%，低于基准情景 6.7 个百分点，进一步证实了上述观点。由此可以看出，城市群经济发展差距的减缓有利于促进京津冀物流业服务创新能力的提升。

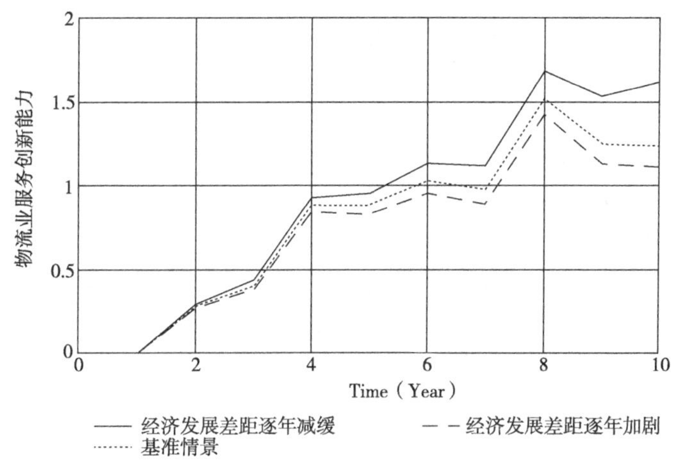

图 6.26　城市群经济发展差距对京津冀物流业服务创新能力的影响

6.4　本章小结

本章基于京津冀物流业服务创新能力影响因素与评价体系等研究成果，进一步从系统层面探索京津冀物流业服务创新能力的优化路径，重点考量京津冀物流业内在创新驱动、产业联动态势、京津冀城市群经济发展以及创新环境等相关联的多个维度。首先，运用系统动力学刻画了京津冀城市群协同化与差异化发展对物流业服务创新能力影响的理论模型，梳理了多维因素群对服务创新能力的动力传导路径；其次，引入相对成熟的经济学与计量学模型刻画服务创新能力与物流业服务创新趋势、产业联动发展服务创新需求、城市群功能定位清晰化程度、城市群产业结构合理化程度及城市群经济发展差距五者间的数量关系；最后，利用现实数据分别开展模型仿真与情景模拟分析，实现系统动力学模型检验以及探索服务创新能力优化路径的目标。本章结论如下：第一，从物流业内在创新来看，近十年京津冀城市群物流业创新要素投入与产出上涨势头明显并且表现出较强的盈利能力，服务创新动力输入虽然总体为正，但波动明显，抗扰性较弱；第二，从城市群经济发展与产业结构调整来看，近十年不论是城市群功能定位清晰化程度还是产业结构合理化程度，京津冀城市群仍有较大的上升空间，当前产业发展状况并不利于物流业服务创新能力的进一步提升；第三，从京津冀物流业服务创新能力来看，近年来京津冀城市群发展所发挥的正向作用虽占据主导地位，但作用力已发生衰减，物流业服务创新能力的变化趋势也表现出一定的边际递减效应，表明京津冀城市群发展的负向因素亟须得到高度重视；第四，从多情景模拟分析来看，政府对物流业的关注程度、创新成果转化率、城市群信息化建设水平等因素与物流业服务创新能力存在明显的正相关关系，此外，城市群产业结构合理化程度与城市间经济发展差距的正负变动对服务创新能力表现出“正向强于负向”的非对称影响。总体而言，本章进一步论证了若想实现京津冀城市群物流业服务创新能力在现有水平上的进一步优化，应着眼于城市群建设层面，相比持续提升创新要素投入，缩小三地经济发展差距与优化城市群产业结构所带来的利好作用将越发重要。

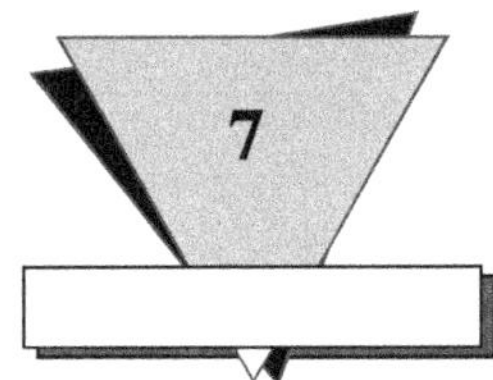

研究结论和对策建议

基于前几章的研究内容，本章进一步归纳总结主要研究结论，并提出京津冀物流业服务创新能力的提升路径及对策建议，同时指出本研究的局限及未来研究方向。

7.1 主要研究结论

7.1.1 京津冀物流业服务创新能力评价的相关结论

遵循评价指标体系设计的目标及原则，本书基于服务创新能力构成视角，并考虑物流业的服务属性，构建了一套物流业服务创新能力评价指标体系。该评价指标体系共包括 5 个一级指标，分别为创新资源投入能力、创新成果产出能力、创新主体主导能力、创新服务作用能力以及创新环境支撑能力，一级指标下设 11 个二级指标，共涵盖了 27 个可量化的三级指标。进而选择赋权方法得到了各级指标的客观权重，其中创新成果产出能力权重最大，然后依次为创新服务作用能力、创新主体主导能力、创新资源投入能力和创新环境支撑能力。

基于所构建的物流业服务创新能力评价指标体系，本书采集 2010—2020 年京津冀三地相关指标数据，选取 TOPSIS 评价方法，对京津冀物流业服务创新能力展开评价，并结合京津冀三地差异化与协同化发展，从服务创新各构成能力和服务创新整体能力两个方面展开分析。研究发现京津冀物流业服务创新能力评价结果总体均呈现平稳增长趋势，并得出如下主要研究结论。

7.1.1.1 创新资源投入能力：北京和天津对科技创新资源的投入力度较大，河北省相对重视物流业固定资产的创新投入

北京和天津的科技创新资源投入力度远高于河北，在京津冀物流业发展过程中，可形成创新引领智慧物流的发展趋势，在研发经费、研发人员等方面的持续投入，并将创新成果应用推广，有助于加强三地物流业协同发展，助力京津冀物流业创新发展。河北省在京津冀协同发展过程中承接了一定的制造产业，被规划为全国现代商贸物流重要基地，对物流业的固定资产投入相对较高，为河北省物流业的发展提供了基础设施支撑，在一定程度上提升了河北省的物流业创新资源投入能力，使其在物流业创新资源投入方面与北京持平。

7.1.1.2 创新成果产出能力：北京物流业创新成果产出总体较优，天津在物流领域专利产出方面相对突出

北京作为京津冀协同发展中的科技创新中心，其创新资源投入能力较强，

成果产出能力也处于较高水平，在物流业的专利产出及信息化建设方面，均优于天津、河北两地。根据相关数据，天津在物流领域的专利产出方面相对突出，河北省近年来在物流业信息化建设方面相对突出。自京津冀协同发展战略提出以来，商贸物流业逐渐成为河北省现代服务业的重点产业之一，有效促进了传统产业改造升级，推动了河北物流业创新发展。

7.1.1.3 创新主体主导能力：河北省物流企业经营及物流园区建设呈现较好发展趋势

近十年来，河北省物流业呈现良好发展态势，特别是京津冀协同发展战略对河北省的定位，进一步推动了河北物流企业与物流园区的建设发展，河北省物流业增加值持续处于较高水平，优秀物流园区数量在京津冀三地中占比达80%~90%。北京市优秀物流企业的创新发展创造了较高的营业收入。根据中国物流与采购联合会的数据，河北近年来的优秀物流企业数量虽高于北京，但优秀物流企业的营业收入却与北京相差较大，反映出河北省物流企业的创新发展有待提升。

7.1.1.4 创新服务作用能力：北京市物流业与其他产业联系紧密，河北省物流业与其他产业联动需进一步提升

近年来，随着货运量和快递量不断增加，京津冀物流业与其他产业联动及服务能力不断加强。北京创新服务作用能力十年来持续高于京津冀整体水平，天津、河北创新服务作用能力相对较弱。河北在京津冀协同发展中承接了北京非首都功能疏解和京津产业转移的任务，随着产业协同项目的落地，河北省产业集聚效应成果逐步显现。河北省物流业服务其他产业的作用能力将影响物流业与其他产业的联动发展及产业结构调整，一定程度上可能削弱河北省产业集聚效应的成果，应重点加强河北物流业与其他产业特别是生产制造业的联动发展。

总体来看，京津冀整体物流业服务创新能力提升速度优于北京、天津、河北的平均提升速度，反映了协同发展对城市群物流业服务创新能力的提升具有显著的正向作用。北京和天津物流业在保持原有创新发展速度的情况下，要进一步围绕物流业与其他产业高质量联动发展。河北省近年来物流业服务创新能力的提升速度相对较快，在京津冀协同发展过程中，全国现代商贸物流基地的功能定位逐渐清晰。从各项分析结果来看，相较于北京和天津，河北省物流业在技术创新等方面略显不足，且创新稳定性不足，一定程度上将影响物流业可持续发展。

7.1.2 京津冀物流业服务创新系统优化的相关结论

本书将京津冀物流业服务创新能力及其各因素的相互关系看作一个“系统”，“系统”中的各因素相互影响与反馈，通过构建系统动力学模型对京津冀物流业服务创新进行优化。为探究提升京津冀物流业服务创新能力的具体路径，本书根据系统存量流量图进行仿真分析。从京津冀物流业服务创新能力提升与衰减的影响因素开展仿真模拟，本书发现促进京津冀物流业服务创新能力提升的因素中，政府对物流业的关注程度、创新成果转化率、优秀物流企业比例和产业联动发展服务创新需求等因素较为重要；导致物流业服务创新能力衰减的因素中，城市群经济发展差距会产生明显的负向作用。综合得到如下主要研究结论。

7.1.2.1 政府对物流业的关注程度是京津冀物流业创新资源投入和创新资源产出的重要支撑条件，与京津冀物流业服务创新经济效益呈现正相关关系

政府作为物流业发展的重要引导与保障主体，积极探索其在物流业发展中的定位和作用，借助政策支持与保障措施促进物流业的发展。京津冀协同发展战略提出后，政府关注物流业服务创新和物流业服务协同等内容，对物流业的关注程度一直保持在较高水平，积极推进京津冀物流一体化及其整体升级。在此条件下，京津冀研究与试验发展经费投入以及整体的创新资源投入不断增加。同时，京津冀物流业创新资源产出自 2010 年以来也表现出不断上升的趋势。京津冀创新资源投入和创新成果产出的增加为物流业服务创新经济效益提供了充分的动力条件，并且本书通过情景模拟仿真发现政府对物流业的关注程度与物流业服务创新经济效益呈现正相关关系，即政府对物流业的关注程度越高，物流业服务创新经济效益越大。

7.1.2.2 提升创新成果转化率有利于京津冀物流业服务创新经济效益增加

创新成果转化率体现的是创新成果转化的过程。京津冀城市群中河北急需创新成果的增加，北京和天津则需要将丰富的创新成果进行转化。但实际上京津的创新成果在空间距离相对较远的广东和江苏等实现转化。偏低的创新成果转化率使得物流业等产业的服务创新更多停留在新技术的开发而未与创新产品、创新市场相连接。提升京津冀城市群创新成果转化率可以推进三地创新资源和产业资源的充分对接，促进京津冀物流业服务创新的成果转化和物流业服务创新经济效益的增加。通过情景模拟仿真，本书就创新成果转化率在不同情景时进行分析，结果表明创新成果转化率对物流业服务创新经

济效益有显著的正向促进作用，且与政府对物流业的关注程度发挥的作用相比，创新成果转化率对物流业服务创新经济效益的作用占主导地位。

7.1.2.3　提高物流业信息化建设水平和专业人才培养水平，可大幅提升京津冀物流业服务创新能力

物流业信息化建设是物流业服务创新的重要方面，它推动物流业活动全过程的信息化。物流业信息技术运用程度的加强以及信息化水平的提高，促进物流技术不断创新，推进物流业快速高效增长，促进物流企业向优秀物流企业转变。此外，优秀物流企业数量的增加意味着需要越来越多的专业物流人才，因此专业物流人才的培养水平也会影响优秀物流企业的比例。本研究发现，信息化建设水平和专业人才培养水平较高时，优秀物流企业的比例会随之增加，并带来物流业服务创新经济效益和京津冀物流业服务创新能力的提高。在情景模拟仿真中，信息化建设水平和物流业专业人才培养水平较低时，京津冀物流业服务创新能力表现出下降的变化趋势；信息化建设水平和物流业专业人才培养水平较高时，京津冀物流业服务创新能力不仅呈现上升趋势，且增长的幅度也在逐渐扩大。

7.1.2.4　增强物流业对其他产业的影响力，是提升京津冀物流业服务创新能力的关键

京津冀物流业协同发展是城市群产业发展的重点内容。本书通过分析京津冀物流业与其他产业的关联程度，具体体现在物流业感应度系数和物流业影响力系数两方面，进而反映京津冀物流业协同发展程度。感应度系数表明其他产业对物流业的影响，影响力系数表明物流业对其他产业的影响。根据模型仿真结果，本书发现京津冀城市群 2010—2020 年物流业感应度系数和影响力系数保持平稳上升，但是感应度系数相对较高。该结果表明，京津冀物流业与其他产业的关联程度是不断增强的，同时物流业更多受到其他产业创新发展的影响，而物流业对其他产业的创新带动作用相对较弱。此外，情景模拟仿真的结果表明，感应度系数和影响力系数的提高可以增加产业联动发展需求，特别是提升物流业的影响力会明显增强产业联动发展需求。

7.1.2.5　较大的经济发展差距一定程度上阻碍了京津冀物流业服务创新能力的提升

京津冀物流业协同发展，需要三地合作实现区域经济的相互带动。然而，从城市群经济发展差距来看，本书通过泰尔指数计算的三地经济发展差距自 2010 年以来呈现扩大趋势。其中，北京相比于天津和河北两地产业发展较快，与天津和河北的经济发展差距逐渐增大，未能与两地实现很好的对接。结合模型仿真结果，研究发现京津冀城市群产业结构合理化程度自 2014 年以来是

逐渐上升的，但是在外界环境变化中产业结构合理化程度呈现不稳定状态，城市群经济发展差距的缩小和城市群产业结构合理化程度的提高有助于京津冀物流业服务创新能力的提升。

7.2 京津冀物流业服务创新能力提升路径及对策建议

围绕创新资源投入、创新成果产出、创新主体主导、创新服务作用和创新环境支撑五个维度，本书建立了物流业服务创新能力的评价体系，并开展了系统动力学优化模拟，结合京津冀物流业服务创新能力的现状及优化仿真结果，对京津冀物流业服务创新能力的提升提出如下对策建议。

7.2.1 完善区域创新资源投入机制，优化区域创新资源配置

创新资源投入可以衡量创新资源配置的情况。京津冀城市群创新资源投入体现了北京、天津和河北三地创新资源的配置情况，是开展物流业服务创新活动的前提。河北受京津虹吸效应影响，科技创新资源相对缺乏，且创新资源投入结构与创新资源投入机制不够完善。除固定资产投资外，河北创新资源投入水平相对京津两地较低。京津冀城市群物流业应以区域协同发展为整体目标，在保持北京和天津创新资源投入的基础上，进一步完善区域创新资源投入机制，带动河北创新资源投入水平的提高。

北京作为京津冀城市群的创新中心，需保持相应的原始创新力；天津作为研发中心，需加强对高新技术产业的重视程度；与北京和天津不同，河北的科技投入以企业为主，更需加大财政科技投入力度，提高财政科技资金使用效率，采取措施加强对企业科研投入的引导。由于京津冀三地区域创新能力存在一定的梯度差，各地应根据京津冀物流业服务创新能力水平差异，实施物流业错位发展，从而在配置上实现区域创新资源的互补，优化区域创新资源配置。在科研资源上，京津冀加强建立产学研合作平台。推动京津相对雄厚的科研资源与河北省工业企业及科技园区对接，开展协同创新，推动科研成果在河北进行有效转化。推动科技项目与科技成果、科研专家与科技人才等资源共享和自由流动，通过要素聚集、重大科技项目攻关、产业转型升级等调动各种创新资源。

随着数字信息时代的到来，科技和产业变革交融发展，人才作为发展的重要抓手，已成为推动产业和行业发展的重要内容。人才对于拓展物流业的产业关联效应发挥着非常重要的作用，物流从业人数的增加会对本地区的物

流产业集聚水平产生显著的正向溢出效应。物流业作为实体经济的重要来源和“第三利润源”，对物流专业化人才的需求在数量上不断增加，对物流人才的质量也提出了更高的要求。相较于其他城市群，京津冀城市群的教育资源使其对物流人才综合能力培养具有较强优势，但在城市群内部呈现出“两极分化”的特征，以至于人才和创新要素的空间溢出不足以弥补地区之间由于极化效应产生的差距，很难通过优势地区带动落后地区创新能力和产出水平的提升。

因此，京津冀城市群应进一步加强跨行政区域的物流人才协同发展机制，政府应当加强对京津冀高校物流人才协同发展的顶层设计，打破行政区划之间的制度壁垒，从区域协同发展出发，通过支持京津冀高校联盟开展联合攻关和协同创新的科研工作，促进区域内高校优质人才资源要素的有效流动与扩散，实现北京、天津的优质人才资源和河北的有效互动。此外，京津冀城市群应结合各地物流产业的发展方向，重点开展具体的人才培养工作，加强物流专业人才的投入和培养不同层次的物流专业人才，并鼓励相关人才以知识、技术、管理等生产要素参与企业分配；积极引进具有现代化、国际化物流管理经验和产业化发展视野，熟悉物流业信息化发展的专业化、复合型、综合性人才，以现代化的先进人才推动物流产业的智慧化发展。

7.2.2 推动物流业创新成果转化及应用，形成京津冀协同创新合力

京津冀城市群是我国北方经济的重要核心区，作为经济发展水平最高、科技创新能力最强的地区之一，创建包括创新人才培育体系、技术革新研究基地、技术创新孵化器、创新成果转化加速器、高技术产品市场化机制、科技金融体系、技术创新制度保障体系在内的京津冀创新生态系统，并使得上述系统中的各子系统充分发展、紧密配合，形成技术创新合力，强化技术创新和创新成果转化，可以提高京津冀科技创新整体水平，从而实现京津冀物流业创新发展。但是，京津冀物流业服务创新过程中还存在区域协同创新合力尚未形成、科技成果转化能力差距明显等问题，导致京津冀物流业创新成果的转化及应用与理想状态还存在一定差距。北京市和天津市的研发投入强度处于全国领先位置，科技创新能力相对较强，而河北省的高端创新要素资源匮乏，技术承接能力不足，难以满足北京市技术转移的要求。应尽快打破因行政分割导致的人才、知识、技术、信息等创新要素资源流动障碍，使得北京市丰富的创新要素资源可以满足河北省大量的产业技术需求。发挥北京市原始创新、天津市自主创新和河北省研发转化的互补优势，尽快形成“京

津研发、河北转化”的京津冀创新链与产业链对接模式。京津冀三地围绕区域共性关键产业技术需求，加大政府支持力度，鼓励联合攻关，协同突破制约技术发展和成果转化的难点、堵点和痛点。

物流一体化是物流业发展的高级阶段和成熟阶段，通过消除北京、天津、河北三地间的利益冲突，实现京津冀物流业的整体化、系统化、最优化。伴随着京津冀交通一体化的发展，京津冀物流一体化虽取得了一定成效，但物流业创新协同方面还有待提升。根据《京津冀协同发展规划纲要》中对北京、天津、河北的功能定位，结合三地目前的发展状况，京津冀三地对科技创新的投入与产出均予以高度重视，同时河北省作为全国商贸物流重要基地，在物流企业信息化建设以及物流基础设施建设方面的投入相对巨大，在物流园区建设方面取得了一定成绩，综合来看，河北省物流业服务创新能力的增长速度和幅度近年来超过了京津两地。但是，河北省物流业创新环境目前难以为物流业的发展提供持续有力的支撑，导致河北省的物流企业虽然数量众多，但其中优秀物流企业的营业收入却与北京市的优秀物流企业相差甚远。伴随着京津冀协同发展战略的实施，京津冀物流业的服务创新应在结合各自功能定位及发展状况的前提下进行差异化发展，从而实现京津冀物流业的协同化发展。具体来看，在京津冀物流业协同发展过程中，北京市和天津市可形成创新引领智慧物流的发展定位，持续加强在科技创新等方面的投入与产出，并将与物流业相关的创新成果扩散至河北省，助力京津冀物流业的服务创新。河北省应继续扶持物流企业经营，加速完善交通网络建设，为京津冀物流业提供良好的基础支撑，承接京津两地的创新成果并加速成果转化，推进北京和天津丰富的创新资源满足整个京津冀物流业的服务创新需求。

7.2.3 加强标杆企业培养，以龙头企业带动物流产业集群建设

京津冀城市群物流企业对物联网、云计算和大数据等现代信息技术的运用以及先进物流设备的推广，是物流企业信息化建设的技术支撑。企业内部以及企业间物流资源的共建共用共享，是物流企业信息化建设的基本前提。我国物流企业大多数为中小企业，且处于现代物流信息化的初级阶段，信息化、专业化、一体化的综合服务能力不足。对于京津冀城市群三地的物流企业发展，北京、天津和河北物流业信息化建设水平参差不齐，其中北京的物流业信息化建设水平高于天津和河北；在物流企业布局方面，三地物流企业多聚集于省会城市或交通主干线周围，物流业集聚在给物流业发展带来正向作用的同时，也会造成道路拥堵和成本增加等问题；在物流企业服务范围方面，相比北京和天津，河北更多地局限于区域性物流基地及物流批发市场，

生产性物流设施与配套不足。物流标杆企业具有信息化建设显著的特点，并且在行业中具有一定的先进性、示范性和代表性，一般知名度较高、信誉较好，在未来的发展中较有潜力。简言之，物流标杆企业在行业发展中具有带头作用。当前，不论是物流企业数量还是物流产业的整体发展质量，京津冀城市群缺少典型的物流产业集群。其中，一些物流企业的先进信息技术应用水平较低，自主创新和产业支撑能力不强，物流设施设备的自动化、智能化水平较低，信息系统功能不完善，难以满足专业化物流服务的需求。

因此，一方面，京津冀城市群应大力推进物流信息化技术的集成与协同，提高物流产业专业化程度，同时推动物流企业硬件设备的标准化，缩小天津、河北与北京的信息化建设水平差距。进一步整合三地的物流信息资源，推动物流信息资源的共建共用共享，全力打造数字化管理，不断提升企业管理效率和管理水平，并通过整合物流信息资源实现各种交通方式之间信息的互联互通，为三地物流企业开展物流活动提供便捷的条件。另一方面，京津冀城市群应培养具有号召力和影响力的物流龙头企业，推动京津冀优秀物流产业集群规模的扩大。针对三地物流业发展，京津冀城市群应引导培育符合各地发展特点和功能定位、具有一定规模的物流龙头企业，通过龙头企业分享资源带动其他物流企业向优秀企业靠近，并以龙头企业为核心形成从单中心集聚向多中心集聚演进的物流产业集聚。此外，政府应加大对优秀物流企业及物流产业的扶持力度。对列入相应规划的重点物流项目、物流基地或物流信息平台，从资金、土地和税收等方面给予灵活多样的支持。

7.2.4 调整优化产业结构，增强物流业与其他产业的关联效应

作为服务性产业，物流业及其服务创新能力的提升是不能孤立发展的，必须依托于其他具体的产业形态才能实现其自身价值，即京津冀物流业的服务创新和区域内其他产业的发展是密不可分的。区域产业联动是以区域间相同产业或不同产业互为需要、互利共赢为目的的双向互动的良性发展系统。产业联动遵循区域经济发展、产业结构升级等内在规律，可在很大程度上破除生产要素关联互动的障碍，加强区域间产业的分工与协作，从而在有限的资源供给范围内，实现区域间产业优势互补与联动发展。京津冀物流业的创新发展是确保区域产业联动的前提和支撑，良好的物流服务能够加强京津冀地区产业间前向和后向联系，从而使得产业集聚和辐射进一步增强，相关产业得以转移与整合，产业互动更为频繁，互动效应更加明显，为各区域之间开展产业联动创造条件。

在打造以首都为核心的世界级城市群时，京津冀城市群应强化三地的区

位引力，在物流产业发展方面更要强化三地创新服务的影响力，构建京津冀协同联动的网络格局。在产业联动方面，京津冀城市群应推动现代服务业升级，实现物流业与其他产业的互联互通。北京以科技创新为产业转型升级的核心方向，持续深化物流产业与其他产业的对接协作。以数字驱动为新引擎，促进物流产业数字化建设，加强物流产业前沿技术与产业转型升级的有机融合，打造经济增长与区域协同发展的新动能。

由于京津冀三地不同地区、不同产业之间存在着一定的差异，联动需要因时、因地制宜，紧密结合地区经济实际和产业目标。区域产业结构演进一般遵循着从低级阶段到高级阶段的演变规律，区域间产业结构一般有相对高级和低级之差异，即分别处于产业结构演进的不同阶段。京津冀城市群为了实现产业结构的升级调整，北京市或天津市必然会鼓励和支持相对高级产业的发展，而京津两地限制的产业一定程度上可以是河北省鼓励发展的产业。作为国民经济的复合性、基础性和先导性产业的物流业，其前向关联和后向关联的产业众多，一旦物流业产生变动，产业结构的合理化要求就会使得所有这些关联产业也随之变动，引起一系列前向关联效应、后向关联效应、旁侧关联效应及乘数效应，促进物流业供给和需求的增加，从而促进物流业服务创新能力的提升。

7.2.5 巩固壮大实体经济，营造良好的经济环境和创新环境

政府作为市场经济中“看得见的手”，是产业发展及相关制度的设计者、市场规则的制定者，其相关政策的发布和资助的提出，对产业发展和企业行为都会起到相应的引导和规范作用。自《京津冀协同发展规划纲要》出台后，“京津冀”这个词语在中央政府网和中国物流与采购联合会网站等的政策文件中频繁出现。据不完全统计，2016—2020年每年平均出现300次，其中规划出台后的2016年出现高达490次，2020年出现441次。不论是创新资源投入还是物流业创新经济效益的提及次数，都在规划出台的次年即2016年出现一个迅猛的增加。因此，京津冀三地政府不仅要围绕协同发展进展及时优化完善物流业有关政策，更要推动政策及时触达企业，使企业及时了解政府政策及资助，并对政策中提及的内容进行最优化运用。

京津冀物流业服务创新能力的发展是以整体经济环境为依托的。近年来，我国经济发展的内外部环境均发生了深刻变化，全球经济出现逆趋势并增长缓慢，国际政治经济格局不确定因素增加，国内经济发展进入新常态。面对复杂多变的外部环境和经济转型发展的内在压力，我国提出“要构建国内国际双循环相互促进的新发展格局”。创新是引领发展的第一动力。其中，中心

城市和城市群作为承载创新发展要素的主要空间实体，是形成世界级城市群和创新高地的重要平台，对新发展格局的形成具有至关重要的作用。京津冀城市群对北方经济发展具有关键影响，在国内外经济大环境下，确保城市群内部良好的经济环境是促进京津冀物流业服务创新能力提升的重要内容。

目前，京津冀三地普遍瞄准制造业发展，但尚未形成强大合力和较大规模的制造业产业集群。应进一步明确京津冀产业分工和协同发展的方向，通过协同创新释放发展潜能，强化传统优势产业的改造升级和战略性新兴产业的发展壮大，营造京津冀城市群良好的经济环境。京津冀城市群应协同三地内部产业的分工合作，优化各地产业分工结构，推动地区间全产业链的构建和完善。通过提升第二产业特别是高端装备制造业的发展水平，带动京津冀物流业感应度和影响力的增强。此外，京津冀城市群应依托三地的合理分工和科创优势进一步强化优势产业的领先地位，通过新技术、新模式的引入来提升物流产业链的现代化水平，助力京津冀物流业发展和物流业服务创新能力的提升。

7.3　研究局限及未来研究方向

本书对京津冀物流业服务创新能力的发展与提升进行了较为系统的理论研究和实证分析，并取得了一定进展。本书对京津冀物流业服务创新能力的定义突出了物流业开展创新活动的主要目的，即服务于区域内其他产业发展，并提出物流业的服务创新对于区域产业联动具有一定意义。京津冀物流业服务创新要依托于区域内的其他产业，也将会带动和影响相关产业，物流创新成果将在不同产业间转移和反馈，促进物流业与相关产业的协同发展。受样本采集、调研时间等条件限制，本书还存在有待进一步完善之处。物流业与其他产业的联动对物流业服务创新能力产生影响的内在机理在本书中并未进行深入探讨。随着三地产业结构的不断优化，京津冀协同发展逐渐进入高质量发展阶段，对物流业的服务属性也将提出新的要求，由此引发的政策环境、需求结构、技术水平和竞争压力等因素的变动也将诱发并推动物流业的服务创新发展，未来将围绕城市群物流业服务创新高质量发展进行更深入的研究。

参考文献

[1] 纪国涛．京津冀物流业成长演化比较及其协同发展研究［J］．上海经济，2017（5）：33-41.

[2] 刘洁，姜丰，钱春丽．京津冀协调发展的系统研究［J］．中国软科学，2020（4）：142-153.

[3] 夏杰长，肖宇．以服务创新推动服务业转型升级［J］．北京工业大学学报（社会科学版），2019，19（5）：61-71.

[4] 丁洪俊，宁越敏．城市地理概论［M］．合肥：安徽科学出版社，1983：314-324.

[5] 周一星．中国的城市体系和区域倾斜战略探讨［M］．哈尔滨：黑龙江人民出版社，1991.

[6] 董黎明，孙胤社．市域城镇体系规划的若干理论方法［J］．地理学与国土研究，1988（3）：19-25.

[7] 陈立人，王海斌．长江三角洲地区准都市连绵区刍议［J］．城市规划汇刊，1997（3）：31-36，64-65.

[8] 吴启焰．城市密集区空间结构特征及演变机制：从城市群到大都市带［J］．人文地理，1999（1）：15-20.

[9] 王兴平．都市区化：中国城市化的新阶段［J］．城市规划汇刊，2002（4）：56-59，80.

[10] 薛凤旋，郑艳婷．我国都会经济区的形成及其界定［J］．经济地理，2005（6）：827-833.

[11] 姚士谋，朱英明，陈振光，等．中国城市群［M］．合肥：中国科学技术大学出版社，2001.

[12] 方创琳．城市群空间范围识别标准的研究进展与基本判断［J］．城市规划学刊，2009（4）：1-6.

[13] 顾朝林．城市群研究进展与展望［J］．地理研究，2011，30（5）：771-784.

[14] 袁莉，蔡琨．城市群可持续发展的系统评价：以长株潭城市群为例

[J]．系统科学学报，2014，22（4）：73-76.

[15] 刘士林．关于我国城市群规划建设的若干重要问题 [J]．江苏社会科学，2015（5）：30-38.

[16] 杨龙，米鹏举．城市群何以成为国家治理单元 [J]．行政论坛，2020，27（1）：120-129.

[17] 党兴华，赵璟，张迎旭．城市群协调发展评价理论与方法研究 [J]．当代经济科学，2007（6）：110-115，126.

[18] 覃成林，周姣．城市群协调发展：内涵、概念模型与实现路径 [J]．城市发展研究，2010，17（12）：7-12.

[19] 靖学青．西方国家大都市区组织管理模式：兼论长江三角洲城市群发展协调管理机构的创建 [J]．社会科学，2002（12）：22-25.

[20] 王玉珍．长三角城市群协调发展机制问题新探 [J]．南京社会科学，2009（11）：24-29.

[21] 田时中，涂欣培．长三角城市群综合发展水平测度及耦合协调评价：来自 26 城市 2002—2015 年的面板数据 [J]．北京理工大学学报（社会科学版），2017，19（6）：103-113.

[22] 汪彬，杨露．协调发展与世界级城市群建设：基于长三角城市群的研究 [J]．国家行政学院学报，2018（6）：47-51，187-188.

[23] 郑天祥，赵大英．珠江三角洲与香港基础设施的协调 [J]．地理学报，1997（S1）：80-87.

[24] 李建平．粤港澳大湾区协作治理机制的演进与展望 [J]．规划师，2017（11）：53-59.

[25] 陈德宁，郑天祥，邓春英．粤港澳共建环珠江口“湾区”经济研究 [J]．经济地理，2010，30（10）：1589-1594.

[26] 薛凤旋，杨春．香港—深圳跨境城市经济区之形成 [J]．地理学报，1997（S1）：16-27.

[27] 马向明，陈洋．粤港澳大湾区：新阶段与新挑战 [J]．热带地理，2017，37（6）：762-774.

[28] 杨春．多中心跨境城市—区域的多层级管治：以大珠江三角洲为例 [J]．国际城市规划，2008（1）：79-84.

[29] 展金泳，张海荣，李浩．粤港澳区域经济协调发展的时间演变与空间分布研究 [J]．城市发展研究，2016，23（8）：22-25.

[30] 兰学莉，温夫成，李英．京津冀城市群发展战略研究 [J]．企业经济，2009（9）：109-112.

［31］侯杰，张梅青．城市群功能分工对区域协调发展的影响研究：以京津冀城市群为例［J］．经济学家，2020（6）：77-86.

［32］尹德挺，史毅．人口分布、增长极与世界级城市群孵化：基于美国东北部城市群和京津冀城市群的比较［J］．人口研究，2016，40（6）：87-98.

［33］中国人民银行营业管理部课题组，杨伟中．中国三大城市群城市经济引力测度及对京津冀协同发展的启示［J］．金融论坛，2019，24（4）：71-80.

［34］王利伟．京津冀距离建成世界级城市群有多远：基于熵值模型方法［J］．宏观经济研究，2019（9）：142-152.

［35］马奔，薛阳．京津冀城市群城镇化质量评价研究［J］．宏观经济研究，2019（4）：73-83，170.

［36］陈红娟，冯文钊，焦新颖．基于 GIS 的京津冀城市群经济空间聚散形态演变研究［J］．河北地质大学学报，2019，42（3）：117-122.

［37］张颢瀚，张鸿雁．长江三角洲经济协调联动发展的战略选择［J］．管理世界，1999（4）：213-214.

［38］刘洋，罗建敏，王健康．中部地区经济协调发展问题研究［J］．经济地理，2009，29（5）：731-734.

［39］丁建军．城市群经济、多城市群与区域协调发展［J］．经济地理，2010，30（12）：5.

［40］熊雪如，覃成林．我国城市群协调发展模式分析：基于长三角、珠三角和长株潭城市群的案例［J］．学习与实践，2013（3）：5-12.

［41］向丽，胡珑瑛．中国十大城市群工业空间布局与区域发展协调性评价与比较［J］．统计与决策，2018，34（5）：107-111.

［42］毛琦梁．我国中西部典型城市群产业升级的机会甄别与基本路径：基于产品空间理论的研究［J］．西部论坛，2019，29（1）：71-83.

［43］张治栋，王亭亭．产业集群、城市群及其互动对区域经济增长的影响：以长江经济带城市群为例［J］．城市问题，2019（1）：55-62.

［44］袁世一，谢启伟，陈维国．基于全要素生产率的城市群产业结构研究［J］．山东社会科学，2019（12）：78-84.

［45］梁志霞，毕胜．基于城市功能的城市发展质量及其影响因素研究：以京津冀城市群为例［J］．经济问题，2020（1）：103-111.

［46］冯云廷，张永芳．中原城市群经济重心与产业重心演变特征分析［J］．管理学刊，2018，31（6）：10-20.

[47] 张志彬．生产性服务业集聚、城市体系演变与区域经济增长：基于京津冀、长三角和珠三角城市群的经验分析［J］．湖南科技大学学报（社会科学版），2019，22（1）：67-74.

[48] 严潮斌．产业创新：提升产业竞争力的战略选择［J］．北京邮电大学学报（社会科学版），1999（3）：3-5.

[49] 俞海山．科技创新　制度创新　产业创新［J］．高科技与产业化，2001（2）：10-12，25.

[50] 周旭东．产业创新的政策取向［J］．现代管理科学，2015（10）：82-84.

[51] 张曼茵，陈亮辉．产业创新的国际比较及其启示［J］．重庆社会科学，2013（10）：78-86.

[52] 陆国庆．产业创新：超越传统创新理论的新范式［J］．江汉论坛，2003（2）：10-13.

[53] 连建新，杜云飞．县域特色产业创新绩效影响因素分析［J］．农业经济，2020（5）：15-17.

[54] 孟军．可持续节能路径的选择：技术进步、产业创新与价格改革［J］．科学管理研究，2013，31（1）：49-52.

[55] 周莹．数字经济下产业创新的系统化转型及其政策组合原则［J］．管理现代化，2020，40（4）：40-42.

[56] 谷炜，杜秀亭，郝媛．多主体城市知识创新体系的构建研究［J］．科学管理研究，2013，31（5）：9-12.

[57] 彭华涛，林琳，全吉．世界主要国家产业创新中心的经验与启示［J］．中国科技论坛，2017（11）：180-186.

[58] 乔辉，刘林青．国家产业创新视角下产业技术研究院角色研究［J］．科技进步与对策，2014，31（22）：36-39.

[59] 戴志敏，郭露．国家产业创新体系与金融产业融合：基于英国的经验［J］．中国科技论坛，2011（5）：149-155.

[60] 张旻，刘新梅，王文斌．企业开放、企业家精神对高新技术产业创新效率影响的实证［J］．统计与决策，2019，35（9）：182-185.

[61] 李宇，王佳，毛培培．面向产业创新升级的企业规模质量：概念界定、量表开发及检验［J］．科研管理，2018，39（8）：1-10.

[62] 黄晓玲，王丽芳．外资企业进入、制度质量与高技术产业创新：基于企业层面微观数据的实证分析［J］．经济与管理评论，2017，33（5）：95-102.

［63］王宏起，刘梦，武川，等．区域战略性新兴产业创新生态系统稳定水平评价研究［J］．科技进步与对策，2020，37（12）：118-125.

［64］薛昱，张文宇，雷家骕．基于复杂网络分析的区域战略性新兴产业创新能力评价［J］．科学决策，2020（4）：49-66.

［65］韩兆洲，程学伟．中国区域专利产出与产业创新效率研究［J］．产经评论，2018，9（3）：75-88.

［66］王桂军，曹平．产业创新与产业创新系统：国外理论脉络与国内政策建议［J］．科技管理研究，2018，38（12）：9-14.

［67］郭淑芬．产业创新系统国内外研究进展评述［J］．科技管理研究，2009，29（12）：361-362，357.

［68］柳卸林.21世纪的中国技术创新系统［M］．北京：北京大学出版社，2000.

［69］陈劲．完善面向可持续发展的国家创新系统［J］．中国科技论坛，2000（2）：23-25.

［70］张凤，何传启．国家创新系统：第二次现代化的发动机［M］．北京：高等教育出版社，1999.

［71］张雪松，李秦阳．基于协同创新理论的区域产业集群升级模式研究［J］．湖北社会科学，2014（11）：76-79.

［72］顾菁，薛伟贤．高技术产业协同创新研究［J］．科技进步与对策，2012，29（22）：84-89.

［73］高丽娜，蒋伏心．创新要素集聚与扩散的经济增长效应分析：以江苏宁镇扬地区为例［J］．南京社会科学，2011（10）：30-36.

［74］史安娜，王绕娟，张鎏依．长江经济带高技术产业创新要素集聚的空间溢出效应［J］．河海大学学报（哲学社会科学版），2018，20（1）：62-67，91-92.

［75］黄曼慧，黄燕．产业集聚理论研究述评［J］．汕头大学学报，2003（1）：49-53.

［76］曹平，王智林．“一带一路”倡议、产业集聚与中国企业创新［J］．技术经济，2020，39（6）：10-16，23.

［77］姚战琪．产业集聚对我国区域创新影响的门槛效应研究［J］．学术论坛，2020，43（3）：72-81.

［78］杨坤，朱四伟，胡斌．空间关联视阈下产业集聚对区域创新绩效的影响：基于不同细分产业的实证研究［J］．经济体制改革，2020（3）：93-100.

[79] 谢臻，卜伟．如何优化高技术产业专业化集聚对创新效率的作用效果?：基于工资激励效应的分析［J］．产业经济研究，2020（3）：72-84.

[80] 赵婷婷，许梦博．产业集聚影响区域创新的机制与效应：基于中国省级面板数据的实证检验［J］．科学管理研究，2020，38（1）：83-88.

[81] 赖一飞，覃冰洁，雷慧，等．“中三角”区域省份创新要素集聚与经济增长的关系研究［J］．科技进步与对策，2016，33（23）：32-39.

[82] 陶长琪，周璇．环境规制、要素集聚与全要素生产率的门槛效应研究［J］．当代财经，2015（1）：10-22.

[83] 陈建军，胡晨光．产业集聚的集聚效应：以长江三角洲次区域为例的理论和实证分析［J］．管理世界，2008（6）：68-83.

[84] 余泳泽，刘大勇．创新要素集聚与科技创新的空间外溢效应［J］．科研管理，2013，34（1）：46-54.

[85] 杨博旭，王玉荣，李兴光，等．从分散到协同：高新技术产业创新要素集聚发展路径［J］．科技管理研究，2020，40（12）：142-149.

[86] 李逸凡．产业内融合：新时期的创新发展新路径探索［J］．湖北社会科学，2017（1）：92-96.

[87] 余泳泽．创新要素集聚、政府支持与科技创新效率：基于省域数据的空间面板计量分析［J］．经济评论，2011（2）：93-101.

[88] 焦勇．生产要素地理集聚会影响产业结构变迁吗［J］．统计研究，2015，32（8）：54-61.

[89] 卓乘风，阿布都哈力克，白洋，等．创新要素集聚对区域创新绩效的非线性边际效应演化分析［J］．统计与信息论坛，2017，32（10）：84-90.

[90] 史安娜，王绕娟，张鎏依．长江经济带高技术产业创新要素集聚的空间溢出效应［J］．河海大学学报（哲学社会科学版），2018，20（1）：62-67，91-92.

[91] 吴卫红，董姗，张爱美，等．创新要素集聚对区域创新绩效的溢出效应研究：基于门槛值的分析［J］．科技管理研究，2020，40（5）：6-14.

[92] 张斯琴，张璞．创新要素集聚、公共支出对城市生产率的影响：基于京津冀蒙空间面板的实证研究［J］．华东经济管理，2017，31（11）：65-70.

[93] 郭爱芳，郭静，王正龙，等．产业创新研究脉络梳理和未来展望：基于知识图谱的可视化分析［J］．技术经济，2018，37（8）：61-68.

[94] 王孝松，张瑜．企业规模与创新效率：基于中国高技术产业的经验分析［J］．吉林大学社会科学学报，2021，61（3）：129-141，236-237.

[95] 付秀梅，王诗琪，林香红，等．基于SFA方法的中国海洋生物医药产业创新效率及影响因素研究［J］．科技管理研究，2020，40（13）：202-208.

[96] 闫俊周，齐念念．基于ISM的我国战略性新兴产业创新绩效影响因素分析［J］．科技管理研究，2019，39（12）：159-166.

[97] 冯旭，王凡．组态视角下高技术产业创新效率提升路径研究：一项模糊集定性比较分析［J］．科技进步与对策，2021，38（11）：54-60.

[98] 李盛楠，范德成．中国高技术产业技术创新效率影响因素研究：一个理论框架［J］．科技进步与对策，2020，37（7）：43-51.

[99] 黄晓琼，徐飞．科技服务业与高技术产业协同集聚创新效应：理论分析与实证检验［J］．中国科技论坛，2021（3）：93-102.

[100] 王宏起，刘梦，武川，等．区域战略性新兴产业创新生态系统稳定水平评价研究［J］．科技进步与对策，2020，37（12）：118-125.

[101] 高艳荣，舒颖．财政激励政策影响高技术产业创新效率研究［J］．哈尔滨商业大学学报（社会科学版），2020（1）：3-18.

[102] 张焱，苑春荟，吴江．5G背景下我国物流产业创新生态系统构建与演化研究［J］．科学管理研究，2020，38（1）：62-70.

[103] 赵玉帛，张贵．我国国家级新区产业创新效率研究及对雄安的启示［J］．科技管理研究，2020，40（24）：71-77.

[104] 范德成，谷晓梅．高技术产业技术创新效率提升的多元模式：创新环境视角［J］．科技进步与对策，2020，37（18）：52-59.

[105] 王俊鹏，石秀．我国汽车产业创新生态系统演进的影响因素研究［J］．技术经济，2019，38（12）：97-104.

[106] 王玉梅，孙珊，杨皎平，等．高技术产业创新能力评价指标体系构建［J］．财会月刊，2020（4）：69-75.

[107] 邱士雷，王子龙，杨琬琨，等．高技术产业创新能力的空间集聚效应分析［J］．研究与发展管理，2018，30（6）：128-137.

[108] 纪国涛，吕富彪．辽宁省装备制造业产业创新能力提升对策研究［J］．科学管理研究，2017，35（2）：66-69.

[109] 周明，李宗植．基于产业集聚的高技术产业创新能力研究［J］．科研管理，2011，32（1）：15-21，28.

[110] 赵志耘，杨朝峰．转型时期中国高技术产业创新能力实证研究［J］．中国软科学，2013（1）：32-42.

[111] 沙文兵，孙君．FDI知识溢出对中国高技术产业创新能力的影响：

基于分行业面板数据的检验［J］．经济学家，2010（11）：75-79.

［112］王章豹，郝峰．基于因子分析和黄金分割法的我国装备制造业区域产业创新力综合评价研究［J］．工业技术经济，2010，29（1）：2-8.

［113］冯梅．上海装备制造业产业创新能力研究［J］．现代经济探讨，2007（11）：62-65.

［114］陈旭升，岳文俊．产业组织对装备制造业产业创新能力的影响［J］．技术经济，2013，32（3）：13-17，40.

［115］张倩男，赵玉林．高技术产业创新能力演变与影响因素分析：以湖北省为例［J］．中南财经政法大学学报，2008（1）：134-138.

［116］王德平，陈建华，任宝莲．闽、浙、粤体育用品产业创新能力的评价与分析［J］．体育科学，2009，29（8）：73-81.

［117］万云虹，刘燕，王耀球．物流产业辨析［J］．物流技术，2005（8）：4-7.

［118］申静，耿瑞利，陈中华．中国物流业服务创新能力评价［J］．技术经济，2016，35（5）：38-45，131.

［119］刘艳，程恩萍，侯爱军．基于创新驱动的我国物流业创新发展评价［J］．科研管理，2018，39（S1）：20-30.

［120］王之泰．中国物流业创新的一些思考［J］．中国流通经济，2013，27（4）：8-12.

［121］宋志刚，赵启兰．物流服务供应链的研究：从供应到需求的视角转变［J］．商业经济与管理，2015（3）：14-22.

［122］彭本红，武柏宇，周叶．物流服务业创新轨道演进［J］．技术经济，2016，35（2）：34-41.

［123］曹云，孙彬，徐春．新时代激发物流业创新活力的有效途径研究［J］．技术经济与管理研究，2019（5）：123-128.

［124］蔺雷，吴贵生．服务经济［M］．北京：清华大学出版社，2003.

［125］张树山．信息技术能力与创新开放性对物流服务业创新的影响［J］．中国流通经济，2020，34（8）：3-13.

［126］刘刚．生鲜农产品电子商务的物流服务创新研究［J］．商业经济与管理，2017（3）：12-19.

［127］王坤，骆温平．开放式创新下跨组织协作对物流企业服务创新能力的影响：基于制造企业参与的视角［J］．中国流通经济，2015，29（4）：50-56.

［128］罗永泰，刘刚．物流服务创新与物流需求关系研究：基于共生理

论视角［J］．当代财经，2011（2）：61-68.

［129］谭狄溪．物流服务创新研究现状评介与研究框架构建［J］．科技管理研究，2014，34（6）：109-113.

［130］张德海，刘德文．联盟式物流服务创新的绩效评价指标体系构建［J］．统计与决策，2010（12）：37-38.

［131］张德海，刘德文．物流服务创新网络的多代理人协同策略分析［J］．华东经济管理，2009，23（12）：108-110.

［132］何会文，许欣，徐虹．互动导向对服务创新绩效的影响机制：一项 B2B 服务情境下的实证研究［J］．商业研究，2019（2）：1-9.

［133］张光明．物流服务创新模式研究［J］．经济管理，2006（18）：57-61.

［134］肖怀云．服务占优逻辑下物流服务创新的价值创造机理［J］．中国流通经济，2013，27（8）：44-48.

［135］陈松，惠青，王纪忠．开放式创新视角下海南物流业的影响机制研究：以知识整合能力为调节变量［J］．科技管理研究，2013，33（11）：143-148.

［136］姜燕宁，郝书池．基于低碳经济的物流服务创新研究［J］．湖北社会科学，2012（1）：83-86.

［137］刘刚．基于产业互动的制造业物流服务创新研究［J］．商业经济与管理，2011（5）：22-29.

［138］刘雯．制造业与物流业联动发展探析［J］．中国流通经济，2011，25（10）：34-38.

［139］王晓晶．辽宁区域物流创新：引入联动性思考［J］．资源开发与市场，2010，26（12）：1108-1110.

［140］杨依杭，鞠颂东．德国物流业与制造业联动发展对中国的启示：基于产业关联视角的研究［J］．国际贸易，2015（10）：25-29，44.

［141］王晓晶．物流产业创新研究：基于制造业联动发展的视角［J］．经济与管理，2010，24（6）：57-60.

［142］樊敏．中国城市群物流产业效率分析及发展策略研究：基于产业运作及联动发展视角［J］．软科学，2010，24（5）：11-16.

［143］徐玲玲．国内现代物流产业联动发展效应分析［J］．人民论坛·学术前沿，2017（17）：94-97.

［144］程永伟，龚英．我国物流业的产业联动发展研究［J］．北京交通大学学报（社会科学版），2014，13（1）：1-7.

[145] 黄先军，李亦亮．物流业与其他产业之间联动发展的路径及实证分析：以安徽省为例［J］．江淮论坛，2014（3）：70-74.

[146] 宋杨，高宏伟．物流产业与三大产业联动发展关系研究：以北京市为例［J］．北京交通大学学报（社会科学版），2013，12（3）：1-6.

[147] 王艳玲．区域物流整合与产业集聚联动发展［J］．经济理论与经济管理，2011（11）：78-87.

[148] 靳心远，马翔宇．物流业服务创新能力评价研究综述［J］．纳税，2019，13（7）：160-161.

[149] 秦立公，朱可可，王译晨．旅游服务供应链集成对旅游服务创新能力的影响：中介与调节效应检验［J］．桂林理工大学学报，2019，39（3）：751-757.

[150] 娜日，朱淑珍，洪贤方．基于扎根理论的互联网金融服务创新能力结构维度研究［J］．科技管理研究，2016，36（14）：205-209.

[151] 申静，耿瑞利，谷明．中国 B2B 电子商务业的服务创新能力评价［J］．情报科学，2016，34（2）：3-8，14.

[152] 周霞，祁宝忠，何健文．地方政府服务创新能力影响因素研究［J］．科技管理研究，2011，31（22）：21-23.

[153] 远亚丽，唐卫宁．低碳视角下物流产业集群服务创新能力提升的结构方程模型分析［J］．企业经济，2013，32（6）：21-25.

[154] 杨溢，龚剑．基于知识管理的高校图书馆服务创新能力研究［J］．图书馆，2016（9）：100-104.

[155] 辛枫冬．知识密集型服务企业服务创新能力的模糊综合评价［J］．西北农林科技大学学报（社会科学版），2010，10（4）：73-78.

[156] 张晓．第三方物流企业服务创新能力风险的模糊评价［J］．商业时代，2014（17）：31-32.

[157] 赵晟，周青，耿瑞利．中国信托业服务创新能力评价［J］．技术经济，2015，34（11）：85-92.

[158] 秦立公，朱可可，胡娇．服务供应链整合对服务创新能力的影响机理：知识共享的中介作用和环境动态性的调节效应［J］．商业经济研究，2019（7）：5-8.

[159] 刘念，简兆权，刘洋．服务供应链整合战略演进与服务创新能力升级［J］．科学学研究，2020，38（1）：145-157.

[160] 许晖，张海军．制造业企业服务创新能力构建机制与演化路径研究［J］．科学学研究，2016，34（2）：298-311.

［161］李靖华，瞿庆云，林莉，等．内外导向视角下的制造企业服务创新能力演进研究：探索性案例研究［J］．科学学与科学技术管理，2019，40（5）：87-104.

［162］李越洋，张静晓．基于 NK 模型的建筑业企业服务创新能力内部驱动路径研究［J］．建筑经济，2019，40（7）：106-110.

［163］綦静，李爽，王仙雅．基于知识转移的制造企业服务创新能力形成路径：内生力的中介作用［J］．企业经济，2018，37（11）：37-44.

［164］余维臻，周翼翔．制造企业服务创新能力形成机制研究：渠道的作用［J］．科研管理，2017，38（3）：18-28.

［165］王琳，赵立龙，刘洋．制造企业知识密集服务嵌入的内涵、动因及对服务创新能力作用机制［J］．外国经济与管理，2015，37（6）：73-82.

［166］梅亮，陈劲，刘洋．创新生态系统：源起、知识演进和理论框架［J］．科学学研究，2014，32（12）：1771-1780.

［167］申静，孟越，杨保珠．中国高技术服务业服务创新能力评价［J］．技术经济，2014，33（1）：39-47.

［168］魏江，黄学．高技术服务业创新能力评价指标体系研究［J］．科研管理，2015，36（12）：9-18.

［169］夏文飞，苏屹，支鹏飞．基于组合赋权法的高新技术企业创新能力评价研究［J］．东南学术，2020（3）：153-161.

［170］陈劲，陈钰芬．赢在服务创新［M］．北京：机械工业出版社，2004：90.

［171］孙永波，王晶．零售企业服务创新能力评价指标体系构建［J］．北京工商大学学报（社会科学版），2013，28（4）：44-49.

［172］陶颜，周丹．企业服务创新能力评价体系的构建与实证［J］．技术经济，2014，33（11）：25-30.

［173］任艳．区域协调发展与现代产业体系构建的政治经济学阐释［J］．经济纵横，2020（6）：11-17.

［174］倪外，周诗画，魏祉瑜．大湾区经济一体化发展研究：基于粤港澳大湾区的解析［J］．上海经济研究，2020（6）：33-41.

［175］许学强．中国改革开放的典范：珠江三角洲的发展［J］．经济地理，1992（3）：1-5.

［176］樊杰，梁博，郭锐．新时代完善区域协调发展格局的战略重点［J］．经济地理，2018，38（1）：1-10.

［177］许志桦，刘云刚，胡国华．从珠三角到大珠三角再到粤港澳大湾

区：改革开放以来中国的国家尺度重组［J］．热带地理，2019，39（5）：635-646.

［178］巫细波．粤港澳大湾区城市群空间结构演变与优化研究［J］．产业创新研究，2020（2）：69-75.

［179］覃艳华，曹细玉．粤港澳大湾区城市群科技协同创新研究［J］．华中师范大学学报（自然科学版），2019，53（2）：255-262.

［180］黄仁刚．"一带一路"背景下粤港澳大湾区港口物流发展问题研究［J］．价格理论与实践，2020（12）：148-151.

［181］田莉．纽约大都市区规划［J］．城市与区域规划研究，2012（1）：179-195.

［182］颜廷标，郭瑞东．世界著名城市群区域创新中心城市建设的经验及启示［J］．产业与科技论坛，2013，12（15）：5-8.

［183］潘芳，田爽．美国东北部大西洋沿岸城市群发展的经验与启示［J］．前线，2018（2）：74-76.

［184］李炳超，袁永，王子丹．欧美和亚洲创新型城市发展及对我国的启示：全球创新城市 100 强分析［J］．科技进步与对策，2019，36（15）：43-48.

［185］眭纪刚．全球科技创新中心建设经验对我国的启示［J］．人民论坛·学术前沿，2020（6）：16-22.

［186］张子霄，吕晨．京津冀城市群与波士华城市群空间结构对比分析［J］．湖北社会科学，2018（11）：59-68.

［187］周伟．波士华城市群对京津冀协同发展的借鉴意义［J］．经济研究参考，2016（52）：83-90.

［188］王江涛．美国华盛顿首都圈产业结构与职业教育关系研究［J］．职业技术教育，2018，39（15）：67-71.

［189］黄舒弈，章明．滨水工业区转型中的用地多样化过程与弹性规划机制：以巴尔的摩内港为例［J］．国际城市规划：2021：1-15.

［190］段婷，运迎霞．德国莱茵—鲁尔都市区轨道交通规划体系及启示［C］//活力城乡 美好人居：2019 中国城市规划年会论文集（06 城市交通规划），2019：687-697.

［191］刘则渊．日本开发东海道城市群的启示［J］．国际学术动态，1998（5）：4.

［192］李荣欣．日本东海道城市群建设启示录［J］．前线，2018（4）：76-78.

［193］孙佟，王大超．日本东海道城市群的发展及其对辽宁中部城市群发展的借鉴［C］//科学发展与社会责任（B卷）：第五届沈阳科学学术年会文集，2008：174-177.

［194］徐庆璠．长江经济带三大城市群创新能力比较研究［D］．南京：东南大学，2019.

［195］刘纯彬，张晨．波士华城市群与京津冀城市群的比较研究［J］．南京：城市观察，2009（1）：7.

［196］陈佳祺．莱茵鲁尔大都市区区域治理与协作研究［D］．南京：东南大学，2017.

［197］蓝宏，荣朝和．日本东海道新干线对城市群人口和产业的影响及启示［J］．经济地理，2017，37（8）：93-98.

［198］刘振灵，刘海滨．城市群及矿业城市的国际比较：以莱茵—鲁尔和辽宁中部城市群为例［J］．城市问题，2008（7）：21-26.

［199］樊建强，韩凌云，王超．交通基础设施门槛下旅游业与区域经济联动发展的实证分析：以关中城市群为例［J/OL］．［2021-12-11］．http：//kns. cnki. net/kcms/detail/61. 1294. N. 20211118. 2147. 006. html.

［200］王慧，张梅青．高铁对京津冀地区可达性及经济联系的影响［J］．地理科学，2021，41（9）：1615-1624.

［201］潘家栋，肖文．城市群经济网络结构演化及治理研究［J］．社会科学战线，2021（11）：78-85.

［202］吴思雨，钟业喜，吴青青，等．城市群多要素外向联系网络结构：基于长江中游城市群-长江经济带的实证［J］．长江流域资源与环境，2021，30（10）：2360-2372.

［203］吕拉昌，阎小培．现代物流经济与经济地理学［J］．地域研究与开发，2003（2）：5-7.

［204］王成金，金凤君．中国交通运输地理学的研究进展与展望［J］．地理科学进展，2005（6）：66-78.

［205］郭建科，韩增林，仉培宏．中国城市群物流研究述评［J］．地域研究与开发，2011，30（1）：51-54，121.

［206］陆大道．关于珠江三角洲大城市群与泛珠三角经济合作区的发展问题［J］．经济地理，2017，37（4）：1-4.

［207］杨孟禹，杨雪．规划引导型城市群战略深化路径研究［J］．区域经济评论，2020（3）：90-98.

［208］王俊，孙睿．京津冀都市圈区域物流对区域经济发展的影响

［J］．商业经济研究，2019（24）：84-87.

［209］梁晨．京津冀物流通道演化动力机制与趋势［J］．中国流通经济，2021，35（5）：98-108.

［210］彭晓静，宋国学．河北省建设全国现代商贸物流重要基地的对策［J］．河北大学学报（哲学社会科学版），2017，42（3）：97-104.

［211］温卫娟，邬跃，李石柱．京津冀协同背景下的北京物流系统重构［J］．中国流通经济，2016，30（6）：46-51.

［212］徐滢，赵滨元．优化天津港口岸营商环境对策研究：基于京津冀协同发展视角［J］．中国流通经济，2019，33（5）：30-37.

［213］郭子雪，康慧聪，赵婉，等．京津冀港口物流与区域经济发展的互动关系研究：基于格兰杰因果检验和灰色关联度的分析［J］．数学的实践与认识，2020，50（5）：32-39.

［214］熊彼特．经济发展理论［M］．北京：商务印书馆，1990：30-71.

［215］李攀科．技术创新赋能我国物流业高质量发展探讨［J］．商业经济研究，2020（12）：97-100.

［216］杨守德．技术创新驱动中国物流业跨越式高质量发展研究［J］．中国流通经济，2019，33（3）：62-70.

［217］肖建辉．粤港澳大湾区物流业高质量发展的路径［J］．中国流通经济，2020，34（3）：66-81.

［218］高秀春，王晓秒，王丽霞．全球分工下知识密集型服务业转型升级研究［J］．商业时代，2013（32）：126-127.

［219］韩明华．生产性服务业促进产业结构优化升级研究：以宁波制造业转型为例［J］．经济体制改革，2010（4）：51-55.

［220］裴恺程，穆怀中．环境规制对物流业绿色发展的影响研究：来自京津冀地区的实证检验［J］．工业技术经济，2021，40（5）：107-114.

［221］高秀春．基于产业对接的自主创新激励制度分析：以京津冀物流产业为例［J］．物流技术，2013，32（1）：98-100.

［222］杨莉虹，宋晓华，左晓丽．京津冀协同发展背景下产业转型与升级问题探究［J］．商业经济研究，2020（11）：186-189.

［223］程开明. 城市体系中创新扩散的空间特征研究［J］. 科学学研究，2010（5）：793-799.

［224］张莉，唐茂华．京津冀都市圈发展新格局与合作机制创新研究［J］．天津社会科学，2012（6）：88-91.

［225］李峰，徐付娟，郭江江．京津冀、长三角、粤港澳科技人才流动

模式研究：基于国家科技奖励获得者的实证分析［EB/OL］．［2021-11-14］．https：//doi. org/10. 16192/j. cnki. 1003-2053. 20210319. 002.

［226］张建升，胡秀忠．中国省域高技术产业自主创新能力评价［J］．经济与管理，2012，26（4）：93-96.

［227］李春艳，徐喆，刘晓静．东北地区大中型企业创新能力及其影响因素分析［J］．经济管理，2014，36（9）：36-45.

［228］张治栋，甘卫平．我国区域高技术产业自主创新能力综合评价与分析［J］．科技管理研究，2014，34（14）：11-16.

［229］丁美霞，周民良．中国各省区创新能力的动态趋势与影响因素分析［J］．经济学家，2008（1）：63-68.

［230］李健，鲁亚洲．京津冀创新能力预测与影响因素研究［J］．科技进步与对策，2019，36（12）：37-45.

［231］张冀新，胡维丽．基于"四三结构"的战略性新兴产业创新能力非均衡判别与评价［J］．科技进步与对策，2018，35（21）：65-72.

［232］董千里．两业联动布局与物流业高质量发展［J］．中国流通经济，2021，35（4）：3-12.

［233］张彤．价值链嵌入视角下的制造业与物流业互动升级［J］．中国流通经济，2016，30（5）：18-24.

［234］梁红艳．物流业发展对制造业效率影响机制研究［J］．东南学术，2015（1）：88-97.

［235］魏守华．国家创新能力的影响因素：兼评近期中国创新能力演变的特征［J］．南京大学学报（哲学·人文科学·社会科学版），2008（3）：30-36.

［236］张家峰，赵顺龙．区域技术创新能力的影响因素分析：以江浙沪两省一市为例［J］．国际贸易问题，2009（7）：56-60.

［237］宋河发，穆荣平．自主创新能力及其测度方法与实证研究：以我国高技术产业为例［J］．科学学与科学技术管理，2009，30（3）：73-80.

［238］魏守华，吴贵生，吕新雷．区域创新能力的影响因素：兼评我国创新能力的地区差距［J］．中国软科学，2010（9）：76-85.

［239］吴永林，赵佳菲．北京高技术企业技术创新能力评价分析［J］．企业经济，2011，30（3）：21-23.

［240］王斌，谭清美．产业创新平台评价指标体系及其权重设置研究［J］．科学学与科学技术管理，2013，34（12）：63-68.

［241］高孟立，崔立．基于 AHP-FUZZY 方法的服务企业创新能力评价

研究：以 KIBS 企业为例［J］．学术探索，2013（10）：56-61.

［242］张近乐，赵娟．中国航空航天制造业科技创新能力环境影响因素研究：基于结构方程模型的路径分析［J］．北京理工大学学报（社会科学版），2014，16（3）：100-106.

［243］郑霞．我国高技术企业技术创新能力影响因素研究［J］．财经问题研究，2014（11）：127-132.

［244］梁永康，杨水利．企业技术创新能力与服务能力耦合评价研究［J］．科技管理研究，2016，36（24）：48-53.

［245］李丹，王欣．辽宁省高技术产业创新能力评价研究［J］．科技管理研究，2016，36（7）：83-88.

［246］郑树旺，徐振磊．基于 PLS 的东北三省高技术产业技术创新能力及其评价［J］．科技管理研究，2016，36（19）：86-93.

［247］王文寅，梁晓霞．创新驱动能力影响因素实证研究：以山西省为例［J］．科技进步与对策，2016，33（3）：43-49.

［248］张鑫，梁佩云，陈茹茹．区域科技服务业服务创新能力评价：基于改进的 CRITIC-VIKOR 法［J］．科技管理研究，2020，40（16）：60-69.

［249］邵云飞，穆荣平，李刚磊．我国战略性新兴产业创新能力评价及政策研究［J］．科技进步与对策，2020，37（2）：66-73.

［250］高莉，陈阳．物流业服务创新特征及影响因素灰色关联分析［J］．物流技术，2013，32（5）：259-262.

［251］陈林杰．中国物流业自主创新能力评价与发展战略研究［J］．科技与经济，2009，22（4）：27-29.

［252］刘艳，程恩萍，侯爱军．基于创新驱动的我国物流业创新发展评价［J］．科研管理，2018，39（S1）：20-30.

［253］魏国辰，冀雪华．我国区域物流发展能力综合评价研究：基于 ANP-TOPSIS 模型对京津冀地区物流业分析［J］．价格理论与实践，2019（5）：134-137.

［254］倪晓婷．银行服务创新能力评价指标体系研究［D］．上海：东华大学，2013.

［255］李冠艺．互联网思维下电商物流创新与传统物流转型［J］．商业研究，2016（4）：187-192.

［256］穆杰．消费创造导向下实体零售供给侧改革路径：基于逆向营销的新零售模式构建［J］．商业经济研究，2020（9）：5-9.

［257］吴文娟，侯敬，冯姗姗．铁路物流服务供应链发展的研究［J］．

铁道运输与经济，2015，37（3）：35-41.

［258］刘明菲，陈威．基于集成 DEMATEL-ISM 的生鲜冷链前置仓物流服务质量风险影响因素研究［J］．安全与环境工程，2020，27（1）：118-125.

［259］陈劲．知识密集型服务业创新的评价指标体系［J］．学术月刊，2008（4）：66-68，75.

［260］郑素丽，胡一鸣．浙江省高技术产业创新效率评价与优化路径：基于双阶段 DEA 方法的实证研究［J］．科技管理研究，2019，39（5）：89-96.

［261］毛维青，陈劲，余利舰．产品-工艺组合技术创新能力评价指标体系研究［J］．科技进步与对策，2012，29（9）：113-117.

［262］宋文月，任保平．中国省域创新驱动发展水平评价及其影响因素分析［J］．统计与信息论坛，2019，34（1）：73-82.

［263］吕承超，崔悦．中国高质量发展地区差距及时空收敛性研究［J］．数量经济技术经济研究，2020，37（9）：62-79.

［264］徐星星．我国互联网经济发展评价指标体系构建与实证［J］．统计与决策，2020，36（11）：54-57.

［265］韩光道，杨雪．基于主成分分析法的商业银行财务评价研究［J］．金融理论与实践，2012（4）：35-41.

［266］邓雪，陈创杰，沈璐，等．基于 Malmquist-DEA 模型的科技金融绩效评价：以广东省为例［J］．科技管理研究，2020，40（21）：64-72.

［267］许琳，赵明星．城市居家养老服务可获得性评价体系：基于因子分析和层次分析法［J］．西北大学学报（哲学社会科学版），2017，47（6）：63-71.

［268］杨朋珏，胡昊，朱洁．上海市流通业发展能力评价：基于因子分析法［J］．华东经济管理，2014，28（7）：7-10.

［269］姚登宝，秦国汀．安徽省金融支持众创空间发展的评价指标体系研究［J］．华东经济管理，2020，34（9）：12-22.

［270］霍德利，刘龙飞，袁野，等．基于熵权法北京冬奥会社会风险预警指标权重研究［J］．沈阳体育学院学报，2019，38（5）：47-55.

［271］姜启波，谭清美．新时期我国高质量发展水平测度及空间差异研究：基于熵值 G2 与灰色关联 CRITIC 的变异系数组合赋权法［J］．管理现代化，2020，40（5）：24-30.

［272］程灏，逯与浩，刘淑芳．基于 G1-熵权-独立性权的装配式建筑绿

色施工评价［J］．数学的实践与认识，2021，51（4）：75-87.

［273］方若楠，吕延方，崔兴华．中国八大综合经济区高质量发展测度及差异比较［J］．经济问题探索，2021（2）：111-120.

［274］蒋致远，王力召．P2P 网贷平台竞争力评价体系研究：基于改进的 CRITIC-GRAP 模型［J］．系统科学学报，2019，27（3）：62-67.

［275］郭春燕，朱孔来．城市软实力评价指标体系和测度方法的实证研究：以山东省 17 市为例［J］．西安财经学院学报，2014，27（4）：79-85.

［276］周茂春，连洁．基于 AHP 和 FCE 的煤炭企业绿色物流绩效评价［J］．资源开发与市场，2015，31（10）：1179-1184.

［277］杨德权，薛云霞．基于交叉效率 DEA 和熵 IAHP 对物流企业绩效评价［J］．运筹与管理，2015，24（3）：172-178.

［278］潘立军，谭浩博，刘喜梅．基于超效率 DEA 的长株潭区域物流协同发展评价研究［EB/OL］．［2021-02-26］．http：//kns. cnki. net/kcms/detail/43. 1161. C. 20201130. 0922. 016. html.

［279］孟魁．基于三阶段 DEA 方法的中部六省物流效率评价［J］．统计与决策，2014（2）：57-60.

［280］陈战波，黄小舟．物流配送中心选址的改进灰色关联度评价方法［J］．统计与决策，2015（3）：52-55.

［281］潘冬，刘东皇，林新波．信息化背景下物流网络资源动态整合能力评价指标体系的构建：基于模糊评价法［J］．兰州学刊，2015（3）：67，147-153.

［282］李守林，赵瑞，陈丽华．基于灰色关联分析和 TOPSIS 的物流企业创新绩效评价［J］．工业技术经济，2018，37（4）：12-21.

［283］林鹏，杨晓辉，郭子雪．物流产业升级能力评价的改进 TOPSIS 方法及应用研究［J］．当代经济管理，2020，42（11）：24-28.

［284］魏敏，李书昊．新时代中国经济高质量发展水平的测度研究［J］．数量经济技术经济研究，2018，35（11）：3-20.

［285］杜栋，庞庆华，吴炎．现代综合评价方法与案例精选［M］．北京：清华大学出版社，2008.

［286］李永周，袁波．基于投入产出分析的区域创新驱动效率测度［J］．统计与决策，2018，34（8）：95-99.

［287］肖仁桥，钱丽，陈忠卫．中国高技术产业创新效率及其影响因素研究［J］．管理科学，2012，25（5）：85-98.

［288］刘军．物流业与国民经济相关产业关联研究［D］．北京：北京物

资学院，2007.

［289］古利平，张宗益，康继军．专利与 R&D 资源：中国创新的投入产出分析［J］．管理工程学报，2006（1）：147-151.

［290］曾灿，张司飞，李华．广东省地区经济差距的演变及来源分解［J］．广东社会科学，2017（4）：38-45.

［291］胡晨沛，李辉尚，郭昕竺．1978—2017 年中国区域农业经济发展差距与结构特征［J］．浙江农业学报，2020，32（12）：2253-2260.

［292］朱风慧，刘立峰．我国产业结构升级与经济高质量发展：基于地级及以上城市经验数据［J］．云南财经大学学报，2020，36（6）：42-53.

［293］林春艳，孔凡超．技术创新、模仿创新及技术引进与产业结构转型升级：基于动态空间 Durbin 模型的研究［J］．宏观经济研究，2016（5）：106-118.

［294］干春晖，郑若谷，余典范．中国产业结构变迁对经济增长和波动的影响［J］．经济研究，2011，46（5）：4-16，31.

［295］叶堂林，李璐．北京创新能力研究［J］．前线，2019（7）：59-61.

［296］陆园园．北京科技创新中心建设路径［J］．前线，2018（10）：86-88.

［297］黄群慧，崔志新，叶振宇．北京“三城一区”科技创新要素流动和联动发展路径研究［J］．北京工业大学学报（社会科学版），2020，20（3）：56-64.

［298］张勇，赵婉华．河北商贸物流产业集群现状及创新发展思路［J］．商业经济研究，2017（2）：103-106.

［299］韩英，马立平．京津冀产业结构转型升级的效果测度［J］．首都经济贸易大学学报，2020，22（2）：45-55.

［300］周玲，李宝瑜．中国地区间经济均衡增长路径研究［J］．统计与信息论坛，2020，35（9）：34-41.

［301］王青，金春．中国城市群经济发展水平不平衡的定量测度［J］．数量经济技术经济研究，2018，35（11）：77-94.

［302］陈套．加快高质量科技创新成果转化［J］．科技中国，2019（7）：24-29.

［303］GOTTMAN J. Megalopolis or the urbanization of the North－eastern Seaboard［J］. Economic Geography，1957，33（7）：31-40.

［304］FREEMAN C. Economics of industrial innovation［J］. The Social

Science Electronic Publishing, 1983, 7 (2): 215-219.

[305] FREEMAN C. Technology policy and economic performance: lessons from Japan [M] . London: Pinter, 1987.

[306] EDQUIST C. Systems of innovation: technologies, institutions and organizations [M] . London: Pinter, 1997.

[307] BRESCHI S, MALERBA F. Sectoral innovation systems: technological regimes, Schumpeterian dynamics, and spatial boundaries [C] . Lund: Charles Edquist, 1997: 130-156.

[308] COOKE P, HEIDENREICH M, BRACZYK H-J . Regional innovation systems: the role of governance in a globalised world [M] . London: Routledge, 2004.

[309] ROMER P M. Increasing returns and long-run growth [J] . Journal of political economy, 1986, 94 (5): 1002-1037.

[310] MARSHALL A. Principles of economic [M] . London: Macmillan, 1920.

[311] COOKE P. Regionally asymmetric knowledge capabilities and open innovation exploring "Globalisation 2" -A new model of industry organisation [J]. Research policy, 2005, 34 (8): 1128-1149.

[312] CONG H, ZOU D. The research on the mechanism and spatial - temporal differentiation of the coupling coordination development based on industrial cluster agglomeration [J] . Cluster computing, 2017, 20 (1): 195-213.

[313] SCHUMPETER J A. The theory of economic developments [M]. Boston: Harvard University Press, 1912.

[314] GADREY J, GALLOUJ F, WEINSTEIN O. New modes of innovation: how services benefit industry [J] . International journal of service industry management, 1995, 6 (3): 4-16.

[315] SUNDBO J. Management of innovation in services [J] . The service industries journal, 1997, 17 (3): 432.

[316] VRIES D. Innovation in services in networks of organizations and in the distribution of services [J] . Research policy, 2006, 35 (7): 1037-1051.

[317] DEN H P, WIETZE VAN DER A, DE JONG M W. Capabilities for managing service innovation: towards a conceptual framework [J] . Journal of service management, 2010, 21 (4): 490-514.

[318] HOGAN S, SOUTAR G N, MCCOLL-KENNEDY J. Reconceptualizing

professional service firm innovation capability: scale development [J] . Industrial marketing management, 2011, 40 (8): 1264-1273.

[319] YIN, ROBERT K. Case study research: design and methods (applied social research methods) [M] . London: Sage, 2011.

[320] HOLLANDERS H, ARUNDEL A. 2006 global innovation scoreboard (GIS) report [R] . Maastricht: MERIT, 2006.

[321] NADER N, ZULFIQAR A. Service value creation capability model to assess the service innovation capability in SMEs [J] . Procedia CIRP, 2015 (30): 390-395.

[322] BLOOMBERG M. A greener, greater New York [R] . New York: PlaNYC, 2006.

[323] CAO N, NULL H U, NULL H U . Comparison of spatial structures of urban agglomerations between the Beijing-Tianjin-Hebei and Boswash based on the subpixel-level impervious surface coverage product [J] . Acta geographica sinica, 2018, 28 (3): 306-322.

[324] LIU C, CHEN Z. A comparative study on the urban agglomerations of Boswash in the U. S. and Beijing-Tianjin-Hebei in China [J] . Urban insight, 2009.

[325] KENNETH J, ARROW. The economic implications of learning by doing [J] . The review of economic studies, 1962, 29 (3) .

[326] BOSCHMA R. Proximity and innovation: a critical assessment [J] . Regional studies, 2005, 39 (1) : 61-74.

[327] BATHELT H, MALMBERG A, MASKELL P. Clusters and knowledge: local buzz, global pipelines and the process of knowledge creation [J] . Progress in human geography, 2002, 28 (1): 31-56.

[328] ZAHRA S A, GEORGE G. Absorptive capacity: a review, reconceptualization, and extension [J] . Academy of management review, 2002, 27 (2): 185-203.

[329] EISENHARDT K M. Dynamic capabilities: what are they? [J]. Strategic management journal, 2000, 21: 1105-1121.

[330] DAMANPOUR F. Organizational innovation: a meta-analysis of effects of determinants and moderators [J] . Academy of management journal, 1991, 34 (3): 555-590.

[331] PHILIP C, MIKEL G U, GOIO E. Regional innovation systems:

institutional and organisational dimensions [J] . Research policy, 1997, 26: 475-491.

[332] FRANZ T, MICHAELA T. One size fits all?: towards a differentiated regional innovation policy approach [J] . Research policy, 2005, 34 (8): 1203-1219.

[333] VARGO S L, LUSCH R F. Service - dominant logic: continuing the evolution [J] . Journal of the academy of marketing science, 2008, 36 (1): 1-10.

[334] STAUSS B, HERTOG P D, WIETZE V, et al. Capabilities for managing service innovation: towards a conceptual framework [J] . Journal of service management, 2010, 21 (4): 490-514.

[335] DANIEL K, CHRISTIAN K, ERIK S. Enabling service innovation: a dynamic capabilities approach [J] . Journal of business research, 2013.

[336] LEE D. The role of R&D and input trade in productivity growth: innovation and technology spillovers [J] . The journal of technology transfer, 2020, 45 (3): 908-928.

[337] MOLDEN L H, CLAUSEN T H. Playing 3D chess, or how firms can thrive under complexity: The mediating role of innovation capabilities in the use of innovation input - Science Direct [J] . Journal of business research, 2021, 125: 1-13.

[338] MDP A, MB B, DR C. Business innovation modes and their impact on innovation outputs: regional variations and the nature of innovation across EU regions [J] . Research policy, 2020, 49 (8) .

[339] SILVA G, DI S, L C. Innovation in the small business: towards an owner - centered innovation approach [J] . Revista Brasileira de Gestão de Negócios, 2021, 23 (3): 519-535.

[340] CHARNES A, COOPER W W, RHODE E. Measuring the efficiency of decision making units [J] . European journal of operational research, 1978, 6 (2): 429-444.

[341] HWANG C L, YOON K. Multiple attribute decision making methods and applications [M] . Berlin: Springer, 1981.

[342] ADAMS J D . Science , R&D and invention potential recharge U S evidence [J] . The American economic review, 1993, 83: 458-462.

[343] JONES, CHARLES I . R&D - based models of economic growth [J] . Journal of political economy, 1995, 103 (4): 759-784.